Marius Hulpe

WILDE GRÜNE STADT

Marius Hulpe

WILDE GRÜNE STADT

Oder

Im Labyrinth des entwurzelten Lebens

ROMAN

DUMONT

»In den meisten Gärten stehen keine Häuser mehr; sie blühen und welken so vor sich hin, und es scheint kein Mensch von ihnen zu wissen. Aber selbst, wo noch Häuser sind, ist es schwer zu sagen, wer sie bewohnt. Man hört nur die Stimmen manchmal, wenn man an den Häusern vorübergeht, doch sie scheinen weit herzukommen von einem fernen Orte oder aus einer fernen Zeit ... Und wenn man da aufwächst, so denkt man immerfort an die Vergangenheit. Wie alles wohl war, denkt man, und man wird nicht müde zu suchen ...«

Rainer Maria Rilke

RAUSCHEN

Grüner Sandstein bröckelt leicht, und umso mehr unter Beschuss durch sauren Regen, oder durch sauren Urin. Oft porös und erwiesenermaßen lichtempfindlich, kann nichts und niemand ihn so ganz und gar beschützen. Gering bloß seine Quarzanteile, picken selbst die Spatzen hemmungslos die mineralhaltigen Krumen aus den abertausend Winkeln. Die Witterung mahlt unsichtbar durch die Dekaden. Über ganze Zeitalter hinweg zermarterten sich Dombauer, Pfaffen und Zimmerleute die schorfigen Köpfe darüber, wie sich der Stein nur besser hüten ließe, wobei es fromme Dominikaner in dieser zunehmend ewigen Angelegenheit nicht weniger zu Beflissenheit und Erfindungsreichtum trieb als hemdsärmelige Lutheraner. Hielt man es in allen Angelegenheiten des Glaubens und Hoffens stets so, einander Gottesfurcht und Demut abzusprechen, sich gegenseitig für teuflisch zu erklären und unhinterfragt zu bekriegen, so gab es in dieser Frage – der nach dem Erhalt der Häuser Gottes – keine Wahl, außer der jeweils anderen Seite aufmerksam zu lauschen und ihren Bemühungen möglichst unauffällig zu dienen.

Doch half selbst das schon bald nicht mehr, und so stimmten zunehmend auch die ursprünglich weniger Verzweifelten mit ins allgemeine Flehen und Klagen ein. Wer bloß einst auf die verfluchte und irrsinnige Idee gekommen sei, Kirchen und Gebäude aus dieser sinnlosen Mischung zu erbauen. Es sei doch immerhin um Gott gegangen! Durch die Jahrhunderte hinweg seien immer wieder Auswärtige vorbeigezogen, aus aller Herrgottswelt, hätten ihre sinnvollen Vorschläge eingebracht, und habe man denn je auf sie gehört? Ihre sanften Mahnungen erwogen? Ebenso scharf und unerbittlich blieben unterdessen die Verteidigungsreden, die auf die Vorzüge des Steins verwiesen. Man müsse ja nur einen Moment lang innehalten, dem Staunen lediglich eine Sekunde leihen, beschworen diese Stimmen hell und unermüdlich, man müsse doch nur aufschauen, mit unvoreingenommenem Blick aufschauen und wüsste schon alles. Wer in der Lage sei, mit diesem Stein, der zudem noch aus der Umgebung gewonnen werde, solche Erhabenheit zu erschaffen, der würde, der müsse es immer wieder so machen.

Als oben, in einer der höheren Gassen, an einem beliebigen Markttag in einem dieser elf Jahrhunderte, einer der fahrenden Händler, deren Stände sich am alten Vreithof reihen, es nicht mehr aushält, mitten auf der Gasse gegen die immer schon uralten Mauern pinkelt und ein nach Rosenkohl dünstendes Rinnsal sich seine Schneise hinunter zu den wackligen Ständen bahnt, wird über einem schattigen Portal mit Schwung ein Fenster aufgerissen, und eine der Schwestern oder auch Waschfrauen aus dem angrenzenden Hospital schiebt ihren Kopf hinaus. Sie brüllt etwas, ohne genau zu wissen, was sie brüllen soll, doch sie brüllt es mit einer Hingabe, die dem nun bereits flüchtenden Händler umgehend den Schrecken ins Gesicht fahren lässt und es, als es kurz in einem durch die düstere Gasse fahrenden Sonnenkegel erscheint, unschön verzerrt.

Über den niedrigen Giebeln breitet sich das Hallen seiner geputzten Absätze aus, und mit einer Handbewegung, in die sie alles hineinlegt, was der bisherige Vormittag ihr an Kummer bescherte, rammt die Frau das ächzende Fenster ins Scharnier.

ERSTES BUCH

1981

Grüner Sandstein. Sieben Kirchen. Rosenstöcke. Gräfte, Wall. Palmsonntag, weiße Kleider, Kommunion. Heißluftballons. Steigen in der Ferne auf, und mit ihnen die Embleme der regionalen Gebräue. Wimpel baumeln zwischen Häuserwänden, flappen hier und da unter den milden Frühlingsböen, und durch die von Rüschen gesäumten Tischreihen der Lokale jagen manisch Kleinkindtruppen, auf und ab.

Willi sitzt vorm Wilden Mann. Kaut Hirschleber, stemmt den schimmernden Krug. Frisch aus dem Zapfhahn vom alten Seeberg. Schützen ziehen vorbei, Flöte, Pauke, Schelle. Ihm noch immer zu viele Debütanten im Bild. Zetern und lärmen, keiner geht gerade. Die Marschmusik davon schon ganz beschädigt. Das gibt einen Rüffel.

Er lehnt sich zurück, lässt den weiten Platz auf sich wirken. Den Platz, auf dem er aufwuchs, auf dem er heute erster Mann ist. Oder zumindest zweiter. Seine kleinen, achtsamen Augen wandern. Wenigstens der Takt stimmt. Wie oft hat er das mit denen geübt, im Gleichschritt. Angebölkt hat er sie, bis es passte. Dabei ist er ein so höflicher Mensch. Nun ziehen sie an ihm vorüber, und er mustert ihre Bewegungen genau, die synchronen Schritte, das Einsetzen der Bleche und den aufrechten Gang. Fällt alles auf einen zurück.

Auf dem Markt stehen die Menschen Spalier. Weiße Hüte, getönte Brillen, die Oberflächen des Fachwerks glühen wie Hochschnee im Mittagslicht. Früher ist Willi noch selbst mitgezogen, aber dann kam der zweite leichte Infarkt, und nun nimmt er sich ein wenig zurück. Pils muss trotzdem sein, und es beruhigt ihn, dass er unter den Zuschauern immer mehr vertraute Gesichter entdeckt. Doch längst kennt er sie nicht mehr alle, und etwas daran stört ihn. Selbst, wenn er den Zug näher betrachtet, sind es immer weniger echte Originale. Meine Güte, denkt er, wo sind sie nur alle hin.

Neben ihm der Vorstand, die alten Schützenbrüder. Heben die Krüge zum Stoß, schwätzen, schunkeln, starren. Er sitzt neben Maurer, der kaum zum Luftholen kommt vor lauter Gewäsch. Das teppichartige Gesicht rot und blau vom Saufen, pulsieren in seinem Hals mächtige Blutgefäße, Schweiß treibt aus ihm hervor und verbrutzelt im Sonnenschein.

Willi setzt abermals an, lässt das kühle Bier in seine Mundhöhle strömen. So muss ein Sonntag sein. Er schließt beim Trinken genussvoll die Augen und öffnet sie auch gleich wieder, schließt und öffnet, sodass er fast tranceartig zu blinzeln anfängt. Diese Momente sind die reine Wonne, dafür schuftet er die ganze Woche. Hart. Ohne Rücksicht auf sich und andere. Was auch sonst. Die Sonne scheint so mächtig, so verheißend. Er spürt ihre Wärme auf seinen Lidern.

Dann setzt er langsam wieder ab. Sein Blick weitet sich, über den Glasrand hinweg sieht er schon in die Ferne. Und muss sich gleich fürchterlich ärgern. Am anderen Ende des Zuges, noch am Rand der für seinen Geschmack elendig neumodisch geratenen Fußgängerzone, erspäht er niemand Geringeres als seine erste Schneiderin, wie sie mit einem riesigen Beutel voller Felle um die Ecke schleicht. Der Beutel ist kurz vorm Platzen, oben quillt alles heraus. Auch Frau Doubek selbst sieht nicht gerade nach Feiertag aus, unter ihrem Mantel lugt der gelbe Arbeitskittel hervor, und er ahnt, dass es sich bei dem, was sie da an diesem heiligen Tag in die Tüte gestopft hat und nun durch die halbe Stadt schlört, um nicht weniger handelt als die ausgesuchtesten Stücke, die die Kleiderschränke der hier anwesenden Bürgerschaft hergeben. Wintermäntel, die Willi schulterklopfend anvertraut wurden; um sie zu hüten, um sie zu retten. Er weiß, wie sehr er sie unter Druck gesetzt hat, alles bald fertig zu bekommen. Aber so? Er betet, dass niemand sie sieht. Und wenn doch, dann vielleicht mit einem wohlwollenden Auge oder sogar mit ein wenig Mitleid, dass sie auch heute ackern muss und nicht den Probezug verfolgen kann. Aber es bleibt eine Schmach. Niemand hier hat sich im Griff. Davon wird er irgendwann noch irre.

Doch dann sieht er etwas, das ihn Frau Doubek schlagartig vergessen lässt. Seine Augen weiten sich jäh vor stillem Entsetzen, er merkt sofort, wie er ganz starr wird vor Angst, jemand von den Schützenbrüdern könne es … könne sie ebenfalls sehen. Könne sie erkennen. Er will es ja selbst nicht glauben, nicht wissen, nicht mitbekommen. Der Vorstand darf es auf keinen Fall bemerken. Aber es ist schon zu spät.

– Ist das da vorne nicht dein Töchterlein?

– Was, wo denn?

Willi stutzt, zaudert, grämt sich. Natürlich ist *sie* es, und an ihrer Seite, er will es nicht wahrhaben, ein bärtiger Orientale. Dabei hat sie schon ein Kind von einem Ausländer, diesem flüchtigen Rumänen, für den sie Kopf und Kragen riskiert und alle Hebel der Welt in Bewegung gesetzt hat, um ihn aus dem Sozialismus loszueisen, und alles bloß, um sich nach ein paar Jahren wieder von ihm zu trennen. Dabei war er doch zumindest Zahnarzt, also ein Arzt, der auch etwas vom Handwerk versteht.

Ab einem gewissen Zeitpunkt hatte er ihn sogar gemocht, denn der Rumäne war fleißig und wollte hoch hinaus, zudem ist ihm sein erstes Enkelkind ein wahrer Segen. Die kleine Sheva ist so süß und lebensfroh, dass Willi gar nicht umhinkommt, ihr jeden Tag aufs Neue eine hübsche Aufmerksamkeit ins Haus zu tragen, und im Erdgeschoss gibt es für seine Anschaffungen neuerdings einen eigenen Raum, einen Spielraum. Puppenhäuser, Holzpferde, Kaufmannsläden, Kinderküchen. Eigentlich sollte aus dem Zimmer eine moderne Heimwerkstatt werden, um immer spontan zu sein für die ganz besondere Kundschaft. Auch am Abend noch auf spezielle Wünsche reagieren zu können, das war sein großer, unerfüllter Traum. Doch nun hat er ihn endgültig aufgegeben, der kleinen Sheva zuliebe. Endlich ein Kind, das seine Aufmerksamkeiten wertzuschätzen weiß. Nur für ihren Namen, sagt er immer, kann er nichts.

Willis Stolz darauf, dass er sich das alles problemlos leisten kann und die Dinge so eine rasante Entwicklung genommen haben, ist beträchtlich. Willi selbst hat alles von der Pike auf gelernt, das Ändern und Füttern, Stopfen und Zwecken, bis er das Unternehmen von seinen Eltern übernahm, so wie sein Vater und sein Großvater von ihren. In guten und in stürmischen Zeiten hielt er die Stellung, etwa als sein dämlicher Schwager wieder einmal zu viele Empfänge gab und auch ganz allgemein über seine Verhältnisse lebte, Willi daraufhin wiederholt für ein Familienmitglied bürgte und im Handumdrehen der Kuckuck auf sämtlichen Möbeln der Geschäftsräume, schnell auch des Privathaushalts klebte. Weil aber das ganze Land ohnehin nichts als ackerte, ackerte auch Willi, und manchmal ahnt er, dass er ohne den Schuldenberg nicht der geworden wäre, der er ist.

Den Krieg im Kessel vor Smolensk überstand er seltsam unbeschadet als Fahrer eines feigen Majors, während zwei seiner drei Brüder für immer in Russland blieben. Danach baute er das Geschäft aus Schrott und Trümmern wieder auf, erweiterte allmählich das Angebot, stellte erst Kürschnerinnen, später Verkaufskräfte ein und ließ sich tagelang nicht mehr zu Hause blicken. Willi weiß, was schwere Arbeit ist.

Noch immer hatte es den Anschein, als wisse sie das auch. Eine interessierte Tochter hat er, das will er gar nicht abstreiten, zugleich treibt sie sich noch immer auffallend häufig mit Studenten herum, und das nächtelang. Dass sie ihm nicht noch eine Intellektuelle wird? Eigentlich wäre es an der Zeit, ihr den ganzen Spaß zu übergeben, doch ohne Bindung an die richtigen Leute wird das nichts. Nie lässt sie sich bei den Schützen blicken. Es ist eine Schmach.

Allmählich beginnt Willi zu glauben, es wachse ihm über die Ohren. Ist also doch etwas dran am Gerede, an den Gerüchten, die er bislang so sicher zu parieren wusste; dass bei ihr die Muselmanen Schlange stehen; dass sie schon wieder einen Neuen habe, schon wieder so einen Hallodri? War der das etwa eben? Der Herr stehe ihm bei. Und Maurer? Auch Maurer hat es gesehen. Verdammt. Und natürlich fragt er gleich nach. Wer war denn der Knilch? Hiesig sah der ja nicht gerade aus, haha. Maurer meint es nicht so, denkt Willi. Trotzdem ist er ein verdammter Trottel. Und er hat es gesehen.

Spät am Abend torkelt Willi über die Allee nach Hause. Obwohl es noch lange hin ist bis zum Schützenfest, konnten es einige der Idioten wieder nicht lassen, hinten im Park eine ganze Ladung Schüsse abzugeben. Danach zog ein Gewitter auf, woraufhin sich alles unter das Festzelt presste. Für einen Moment hätte man meinen können, der Wind würde es wegreißen, doch er pfiff bloß gespenstisch und zerrte am schwarzen Stoff, während drinnen die Gläser klirrten. Auch jetzt nieselt es noch immer leicht, die Bergamotten im Vorgarten von Frau Stein haben ihre Blüten verloren, und Willi scheitert bei seinen albernen Versuchen, über Pfützen zu springen.

Mit nassen Socken schleppt er sich die Einfahrt und die Treppe hinauf, wühlt in seiner Innentasche nach dem Schlüssel. Er bekommt ihn zwischen lauter Kleingeld zu fassen und fischt ihn umständlich heraus, kann sich kaum gerade halten, beugt sich hinunter und findet im Halbdunkel den Schlitz nicht. Beinahe kippt er, stellt die Beine breit, hantiert mit den Armen, hält sich eben so. Durch das fahle Halblicht sieht er auf seine zitternde Hand, dann gibt er auf.

Er stützt sich an der Hauswand ab und richtet sich auf, wankt hinunter zur Garage, wuchtet nach kurzem Innehalten mit Schwung das schwere Tor nach oben und produziert dadurch gerade so viel Lärm, dass beim Nachbarn kurz darauf das Erkerlicht angeht. Willi schlurft hinein, ertastet die klamme, bröcklige Wand und schiebt sich vorsichtig am Taunus vorbei, der schimmernd in der Dunkelheit steht. Doch als er die Klinke der Zwischentür zum Waschkeller hinunterdrückt, gibt sie nicht nach. Obwohl es sinnlos ist, versucht er es noch mehrfach, drückt hinunter und nach vorn, als ließe sich dadurch ein geheimer Mechanismus aushebeln, dann lässt er los und schlägt mit der Faust gegen den hohlen Stahl.

Als er wieder aus der Garage tritt, erlischt nebenan das Licht. Einen Schatten meint er noch zu erkennen, dann ist es düster.

Immer auf Wache sind diese Leute, allzeit bereit und auf der Lauer, da hat sich in dreißig Jahren eigentlich nicht viel geändert, und es bleibt ihm wohl nichts anderes übrig, als seine Frau aus dem Bett zu klingeln. Vom Moment an, in dem er den silbernen Knopf in seine Fassung drückt, bis zum Aufsummen des Türöffners versucht er noch, sich eine halbwegs glaubwürdige Geschichte zurechtzuklauben, doch er merkt, wie wenig Sinn es hat.

– So zu warst du ja lange nicht.

Natürlich, sie mosert. Ohne auch nur ein Wort zu erwidern, geht er, konzentriert auf seinen schaukelnden Gang, an ihr vorbei ins Büro, während Berta kopfschüttelnd im Schlafzimmer verschwindet. Er lässt sich in die tiefe Garnitur fallen,

langt zum Telefon und wählt eine Nummer. Es tutet ewig, er sucht nach Worten, und als er gerade auflegen will, hebt sie ab.
– Ja?
– Ich bin's.
Sie antwortet nicht sofort.
– Ich war schon weggenickt, Wilhelm! Den ganzen Abend hab ich über deinen blöden Fellen gehangen.
– Helga, ich … ich schaffe …
– Was ist denn *jetzt* wieder?
Er spürt den Widerstand in sich, dieser ehrbaren Frau gegenüber mit der Wahrheit herauszurücken. Doch er muss.
– Ich, sagt er, ich … schaffe es … einfach nicht mehr …
– Was denn?
– Na was wohl, bellt er in die Muschel.
– Mal ganz ruhig, Meister.
Er stößt Luft durch die Nase und greift nach einer Porzellanbrosche, die auf dem Beistelltisch liegt, wendet und knetet sie, sagt kurz nichts. Holt wieder Luft.
– Es geht nicht. Sie *muss* es machen.
Er lauscht gebannt, wie sie reagiert, und betont atmet Helga durch.
– Sie wird es schon machen.
– Aber, ich meine, jetzt. Jetzt muss sie voll einsteigen, sofort.
– Ach, stöhnt Helga, nun lass doch mal deine Tochter in Frieden. Hat sie mit dem Kind denn nicht schon genug zu schaffen? Und ich finde ja, es ist kein einfaches Kind.
– Dem *Kind* – die Berta kümmert sich doch! Um alles!
– Wilhelm.
– Helga, bitte.
– Du hast gesagt, du gibst ihr Zeit.
– Gute Nacht, Helga.
Mit dem Daumen langt Willi auf die Gabel. Dann hängt

er ruhig ein, knipst das Stehlicht aus und schleicht über den Flur ins Schlafzimmer. Dort bettet er sich neben seine Frau, die mit einem dicken Klos im Hals und weit aufgerissenen Augen in der Dunkelheit liegt.

Zunächst wälzt er sich ein wenig unruhig hin und her, sie noch immer unbeweglich neben ihm, doch ganz langsam treibt es ihn davon, immer mehr verliert er sich, und als er gerade angenehm eingenickt ist, hört er es von weit her schallen.

– Und wehe! – Wehe, du kommst nicht hoch!

Mit aller Kraft verteidigt sich sein Schlaf gegen den Eindringling, doch noch ist er nicht fest genug, ihre Stimme hämmert weiter in seine wohlige Ferne hinein und reißt ihn schließlich hoch. Er sieht, wie sie aufrecht dasitzt, sich zu ihm hinwendet und wieder wegdreht.

– Ich gehe nicht zum Termin. Das ist deiner!

Ihr Recht ist das eine. Auf jeden Fall aber erwartet sie eine Antwort, für die es wiederum heute schon zu spät ist. Sie wird sie nicht bekommen, vielmehr schweigen sie es aus, und darüber schläft er endgültig ein. Berta knipst noch einmal das Stehlicht an, betrachtet ihren Mann einen Augenblick lang im Zwielicht, und weil sie ein wachsamer Mensch ist und jedem kleinen Detail eine Bedeutung beimisst, fällt ihr mit Schrecken der Substanzverlust auf, wird sie der Furchen und Schatten gewahr, die sich um seine hohen Wangenknochen, am Kiefer und sogar am Hals breitmachen. Statt adrett und hager sieht er nur noch ausgemergelt aus. Trotzdem fehlt ihr eine Idee, wie sie alle Parteien zueinander bringen könnte, wie sie ein Problem von solchem Ausmaß angehen soll. Ihr leuchtet ein, dass es Willis allerhöchstes Ziel ist, seiner Tochter ein florierendes Unternehmen zu hinterlassen, doch jetzt, wo er es gerade so hinbekommen hat, will Clara von diesem Geschenk nichts mehr wissen.

Berta knipst das Licht aus, sinniert noch eine Weile über

diese Gedankenkette, ohne dabei großartig in vollständige Sätze zu verfallen, dann gleitet auch sie hinein in einen tiefen, bewegungslosen Schlaf, aus dem sie erst wieder aufschreckt, als der Wecker rasselt und sie sieht, dass ihr Mann nicht mehr da ist.

Also hat er es geschafft. Er hat es geschafft, hochzukommen, und mit der unmittelbaren Eingebung, dass es heute einmal *ihr* vorbehalten sein wird, sich über die Blaumacher zu amüsieren, die die Feierei in schöner Zuverlässigkeit hervorbringt, dreht sie sich nochmals zur Seite, spürt sogar ein wenig Freude in sich aufsteigen und schläft zufrieden und versöhnt mit dem Lauf der Dinge wieder ein.

1959

Der Spätsommer im Hamadaner Land ist eine Jahreszeit, die nie zu enden scheint. Steinalte Trinkwasserbrunnen schwappen hemmungslos über, Obstwiesen sprießen in allen erdenklichen Farben. Lichtflecken zucken durch kurze, trockene Nächte. Weiter oben, an den kahleren Hängen, stehen endlose Reihen geflochtener Körbe, aus denen hellgrüne Trauben quellen. Unten läuft der erste Saft durch die Ritzen, tropft auf dampfende Wege. Hunde und Katzen, Ratten und Vögel, sogar Kinder kommen von überall her, um hastig vom süßsauren Fluss zu naschen, der sich langsam eine Schneise bahnt, hinab ins Tal. Moos lappt über die Kanten der Felsen. Ein Wanderfalke späht und lauscht.

Noch sieht niemand, was sich unter der wuchernden Flora verbirgt, noch einmal atmet und stoffwechselt alles. Lange aber dauert es nicht mehr, bis die Luft immer goldener und die Nächte an den staubigen Ufern des Qareh kühler werden und man oben am Massiv die ersten weißen Hänge erkennt. Klammheimlich zieht sich die satte Natur zurück, zuerst sind es nur ein paar verdorrte Reben, aber schon bald verwandeln sich die Wiesen ungesehen, fast über Nacht wieder in braunes Geröll, und wenn der allerletzte Falke unter den kreischenden Lauten des Aufbruchs dahinsegelt, wissen die fröstelnden Soldaten draußen vor den Toren, dass der Winter naht.

In diesem Moment, als das Jahr wieder einmal in Ödnis endet und dem Hörensagen nach zu allem Überfluss auch noch ein Krieg droht, schließlich das Öl knapp wird und sein Land ihn mehr als je zuvor braucht, fällt Reza, einem kleinen, wieselflinken Unteroffizier, zunächst einmal nichts Besseres ein, als seinem General lautstark zu widersprechen. Wer Recht hat, der hat Recht.

Der General sieht ihn entsetzt an. Was haben sie denn hier für ein selbstgefälliges Söhnchen aufgetrieben? Wohl aus feinem Hause und offenkundig nicht bereit, sich den Anforderungen des Militärdienstes gebührend zu stellen. Dem wird er schon zeigen, wo der Thymian wächst. Ohne jede sichtbare emotionale Regung, die Augen klar, schreitet er in aller Ausführlichkeit und voller Ankündigung auf den Soldaten zu, mustert das ausdrucksstarke, glattrasierte Gesicht von der Seite, tritt schließlich mitten hinein in Rezas Blick und ergreift, eben noch vollkommen gelassen und in der Reserve, jetzt mit Wucht seinen Kragen. Die schwarzen Lederhandschuhe knarzen unter dem mächtigen Kinn, und der General will gerade mit seinem Vortrag beginnen, da ist es auch schon um den Soldaten geschehen, und er holt mit einem Ruck aus, nimmt regelrecht Maß und hämmert seine Faust mitten hinein in das Generalsgesicht, das ohnehin schon vor Verärgerung flimmert.

Als der General sich fängt, erhebt er sich von der Liege, auf die man ihn nach einigem Tumult gehievt hat. Seine Fassungslosigkeit lässt ihn zögern. Ihm ist bewusst, dass er umgehend ein Exempel statuieren müsste, aber ebenso weiß er ganz genau, dass das kleine Scheusal aus höherem Hause stammt, also muss er vorsichtig sein. Abermals schleicht er zum inzwischen gefesselten Meuterer. Er versucht, an sich zu halten, spürt sein wütendes Zittern. Eigentlich hätte die Ratte längst am Galgen baumeln müssen, aber etwas an ihm imponiert dem General. Also noch einmal. Er sammelt sich und stellt sich, so breitbeinig es nur geht, vor den Aufmüpfigen. Der registriert es und fährt hoch, wird zurückgerissen von den Ketten.

– Deine Finger, Soldat, brüllt der General, deine Finger gehören deinem Land, und darum gehören sie auch an keinen anderen Ort als den Abzug deines Gewehrs. Das Volk will es so. Dein Körper ist ein Schild, für unsere Kultur und unsere Zivilisation, und dein kümmerlicher Verstand soll ein Opfer sein für die neuen Generationen, die kommen werden und unsere Riten pflegen, und wenn dein Blut verspritzt wird auf den Feldern draußen hinterm Talysch, dann soll der Boden, den es benetzt, fruchtbar werden und erblühen für eine Zukunft, von der dieses Land und erst recht du noch nicht einmal ahnen, wie würdevoll und herrlich sie sein wird!

Soso, denkt Reza und kann nur knapp verhindern, es auch zu sagen.

In den kommenden Tagen wird er einer ganzen Reihe von Verhören unterzogen, die immer wieder auf die Frage hinauslaufen, weshalb in Gottes Namen er sich nicht dem Willen des Volkes unterordne, was nur in ihn gefahren sei und weshalb er den unehrenhaften Tod am Galgen nicht fürchte. Vielleicht, weil er ein Spion sei?

Es hat keinen Sinn. Sie beschwören, schreien und toben, sie fuchteln wild mit den Händen in der Luft, immer kurz davor, sich zu vergessen. Der junge Gutsherrensohn verweilt ruhig auf seinem Stuhl. Der Schnauzer des Kommandeurs steht wie eine algebraische Gleichung unter der herben Nase, und Reza beschließt, sich auch so einen stehen zu lassen, wenn er hier heil wieder rauskommt.

Dann unterläuft es ihm doch. Obwohl er der Geschichte schon fast entkommen scheint, er ihre aufgrund seiner Stellung zwangsläufige Gnade spürt, entgleitet ihm doch noch eine Kleinigkeit, und die Militärs schauen ihn an, als sei er schon längst im Jenseits.

Dann sehen sie einander an. Hat er das gerade wirklich gesagt? Und wie kommt er dazu, so in ihren Gedanken zu lesen? Der eine greift schon zum Knüppel, wird aber vom Ranghöheren zurückgehalten. Der will es noch ein letztes Mal im Guten versuchen. Er beugt sich über Reza, der gleich seine Zugewandtheit, sein ehrliches Interesse spürt, die ganze Ladung an Vereinnahmung.

– Was bezweckst du damit, Junge?

Reza schnauft. Er möchte kein Verständnis, und er möchte es vor allem nicht von diesem Wichtigtuer, der rein gar nichts für ihn wird ausrichten können. Es scheint Reza offensichtlich, dass es ihm bloß darum geht, seine Macht zu dokumentieren, und zwar in Form von Wohlwollen, einem widerlichen, gönnerhaften Wohlwollen, und wenn er nicht darauf eingeht, ahnt er, wird der Spinner allen Grund haben, vor dem Gefolge des Schahs zu behaupten, dass diesem Meuterer schlichtweg nicht zu helfen sei, weil er sich nicht einmal von *ihm*, einem *wirklich Wohlwollenden*, helfen lasse.

– Rein gar nichts bezwecke ich!

– Nicht ...?

Zu Rezas Verwunderung scheint das schon zu genügen. Die beiden wechseln unsichere Blicke.

– *Kuni*, murmelt Reza in sich hinein.

– Was hast du da gesagt?

– Was? Nichts.

– Du musst mir schon Glauben schenken, sonst kann ich dir nicht helfen, sagt der Wohlwollende.

– Ach, ich bitte dich, dir soll ich glauben?

Der Militär mustert ihn ausführlich mit seinen hellgrünen Augen, und Reza lächelt ihm freundlich ins Gesicht. So lange, bis es nicht mehr freundlich ist.

– Es wird dir nur nützlich sein, Junge.

Doch Reza schüttelt den Kopf, was ein dämlicher Hund.

– Geh nach Hause, sagt er, geh sofort los und sieh zu, dass deine Alte dir glaubt. Das ist mein Rat an dich.

Der Tritt trifft ihn unglücklich. Wehrlos durch die Fesseln, kippt er mitsamt dem Stuhl zur Seite weg. Kiefer und Nase hat es voll erwischt, und bevor er sich weiter mit diesem elenden Schmerz herumplagen muss, gibt Reza sich lieber seiner Ohnmacht hin.

1989

Niklas kann auf seiner Zimmerwand fliegen. Bis gerade eben war es noch sehr laut in seinem Kopf, aber das hier beruhigt ihn immer. Sein Blick ist ein junger Vogel, der in hohen Bögen die Stationen abflattert, vom Regal zum Türrahmen oder auf den Schatten des Lampenschirms. Manchmal ist es auch bloß ein Flummi oder er selbst in Miniaturform, was da herumhüpft. Das hängt ganz vom Gefühl ab. Über das Vielfache seiner neuen Körpergröße hinweg kann er von Sims zu Sims springen. Stundenlang könnte er so dasitzen. Weit zurückgelehnt ins Kindersofa, vollkommen bewegungslos, nur sein Blick rast geschmeidig über die Zimmerwand auf der anderen Seite.

Er hat nicht die blasseste Ahnung, warum er das macht. Aber das Flattern und Springen mit den Augen ist etwas, das mittlerweile fest dazugehört zu seinem sogenannten Tagesablauf, so wie den Opa durch das Erdgeschoss zu schieben oder sich die Namen und Quadratkilometer aller Länder auf dem riesigen Weltatlas zu merken, der im Büro seiner Mutter hängt. Auch die Busfahrpläne lernt er auswendig, obwohl sie im Zentrum wohnen, und natürlich die Stände der wichtigsten Aktienkurse. Er mag den DAX sehr mit seinen unberechenbaren Sprüngen. Aber beim Flattern entspannt man am meisten. Er spürt, wie er ganz anders wird dabei, wie ihm ganz anders wird. Wenn er aus dem Fenster schaut, sieht er einen Ausschnitt des gerade wolkenlosen Innenstadthimmels.

Auch die leicht gebogene Kirchturmspitze, um die Tauben, Krähen und Elstern kreisen. Und nun macht Niklas etwas ganz Verbotenes, denn er bindet sie einfach ins Flattern ein, er flattert zwischen ihnen umher. Verboten ist das, weil er dafür den Fensterrahmen, also eine abgeschlossene Linie, mit seinem Blick durchbrechen muss. Die Fläche des Fensters wird dadurch zu etwas, auf dessen oberem Rand er nicht nur mit seinem Blick zum Stehen kommt, sondern das er mit ihm von nun an auch seitlich betreten kann, indem er sich durch den Rahmen hindurchbeamt, um auf den dahinter erscheinenden Konturen zu landen. Doch auf dem Blau des Himmels flattert Niklas plötzlich nicht mehr, er schwimmt. Das Fenster mit der Welt dahinter kann nur ein Aquarium sein. Auf den Kondensschlieren der Düsenjäger verbietet es sich zu landen, und weil es in diesem Ausschnitt vom Himmel nichts anderes gibt außer dem Kirchturm, sinkt er ihm langsam schräg entgegen. Auf der Spitze kommt er zum Stehen, doch sie ist klein und bietet gar keine richtige Fläche, auf der er beruhigt landen könnte, und ihm fehlt auch die Lust, wieder aufzutauchen, also springt er nun doch mit seinem Blick aus der Wand beziehungsweise aus dem Fenster heraus, zuerst auf die Heizung, und von dort mit einem kräftigen Satz weiter auf den kleinen Tisch, der vor ihm steht.

Niklas versucht zu vergessen, wie übel ihm ist. Auf dem Tisch steht immer noch das angeknabberte Marmeladenbrot. Darunter schwimmt flüssige Butter, die durch das warme Brot auf den Teller gesuppt ist. Eben hat Niklas erfahren, dass es noch mehr von seiner Sorte gibt. So jedenfalls haben sie es ihm gesagt, *noch mehr von deiner Sorte*. Noch begreift er es nicht ganz, obwohl im Grunde alles mehrmals klar und deutlich wiederholt wurde. Dein Vater hat noch ein paar Kinder mehr. In aller Selbstverständlichkeit haben sie das so vor sich hingesagt, ohne auch nur ein bisschen seltsam zu gucken, ohne einmal unruhig zu werden. Als sei das ebenfalls eines dieser angstmachenden, aber auch ganz selbstverständlichen Geheimnisse, die jederzeit aus dem Boden schießen können wie samstags die Fontänen am Feuerwehrhaus. Es sind böse Geheimnisse, in die man nach und nach eingeweiht wird und sich so nach den ersten Malen immer schon innerlich auf das nächste vorbereitet, um bloß nicht von den Begleitumständen oder Neuerungen, die diese Geheimnisse mit sich bringen, überrumpelt zu werden.

Seine Mama ruft. Ihre Stimme schallt grell durch das Treppenhaus, und mit der Stimme breitet sich auch ihr Gehetztsein aus, bis unter den Dachgiebel. Das Gehetztsein zischt an Niklas vorbei, macht wie ein Bumerang kehrt und rauscht auf ihn zu, wummert in sein Ohr hinein, und schon wird ihm wieder mulmig vor dem Mittagessen. Dem Mittagessen mit Mama. So wie fast jeden Sonntag, denn neuerdings hat es sich Mama angewöhnt, einmal in der Woche zu kochen. Auch wenn es ihr sichtlich Mühe bereitet. Wenn sie kocht, ist es ganz anders als bei seiner Oma, die wochentags alles in vollkommener Entspanntheit dahinzaubert. Wenn man nach Hause kommt, ist das Essen einfach vorhanden, bei niedriger Temperatur dünstend im Topf, und schon halb weggedämmert sitzt Oma am Fenster. Manchmal steht ihr Mund weit offen, die Augen sind fest geschlossen, aber trotzdem sitzt sie ganz gerade da. Erst nach einer Weile kippt der Kopf fast unmerklich nach hinten weg und kommt allmählich, wie von einer unsichtbaren Hydraulik gefedert, auf der Stuhllehne zum Liegen.

Jetzt aber wird Oma bestimmt wach sein. Niklas lehnt sich über das Treppengeländer und rutscht langsam hinunter, macht auf halber Höhe, in der Kurve, einen Zwischenschritt, gleitet bäuchlings weiter auf dem blankpolierten Holz.

– Kannst du mir mal verraten, was du da machst?

Er hat seine Mama weder kommen hören noch sie hier, am Fuß der Treppe, erwartet.

– Was, ich?

Niklas hat sich sehr erschrocken, möchte das aber verbergen. Claras Stimme vibriert.

– Nein, der heilige Geist!

– Ich … sagt Niklas.

– Würdest du den Mist wohl lassen? Ich glaub, ich spinne.

Oben im Dachgeschoss springt die Tür auf.

– Könnt ihr mal die Klappe halten?

Sheva hämmert die Tür wieder zu.

Weil das die Aufmerksamkeit kurz von ihm fernhalten wird, stiehlt sich Niklas an Clara vorbei in die Wohnung und gesellt sich zu seiner Oma in die Küche, wo sie gerade wieder mal in die Welt hinter der Gardine verreist ist und die Vorgänge auf dem dortigen Bürgersteig inspiziert. Mit ihren Unterarmen, deren Speck er immer gern und ganz zu ihrem Vergnügen zum Schwingen bringt, lehnt sie auf der Fensterbank. Ihr Hörgerät fiept.

– Hallo Omma!

Sie zuckt ganz leicht, dreht sich in winzigen Trippelschritten um und strahlt ihn an. Fast reißt sie die Gardine von der Stange.

– Ach, der Niklas!

Auch er strahlt. Sofort strahlt Oma noch mehr.

– Wollen wir mal sehen, was deine Mutter wieder geschmötkert hat, sagt sie, dreht sich weiter und betrachtet verstohlen den Herd. Ein ganz komisches, zusammengequetschtes Gesicht macht sie dabei, zuckt mit den Schultern, hebt die Brauen und spitzt den Mund. Als sie die Etagentür hören, erschlafft alles an ihr wieder ruckartig. Sofort nehmen sie ihre Plätze ein. Sie haben jetzt keine andere Wahl, Oma und Niklas lachen.

Clara stapft mit klackenden Absätzen hinein, sieht kurz zum Tisch, an dem bequem und grinsend ihre Mutter und ihr Sohn sitzen, wendet sich ab zur Einbauküche, tritt mit roher Gewalt eine Schublade zu und rührt ein letztes Mal in dem herum, was sie dort fabriziert hat, während ihre Mutter schon wieder anfängt zu grienen. Auch Niklas muss prusten. Dagegen kann er angesichts ihrer Wut gar nichts machen. Fest drückt er sich die Hand auf den Mund, und nun bekommt seine Oma doch schon sehr früh ihren Lachanfall. Clara fährt herum.

– Könntest du mir bitte verraten, was so lustig ist?

Niklas lehnt sich in seinen Stuhl zurück und rutscht langsam nach unten.

– Ohhh, macht seine Oma und lacht ganz offen alles hinaus, jetzt gibt's wieder Ärger! Sie johlt mehr, als dass sie es sagt.

Clara überhört es und konzentriert sich auf Niklas.

– Würdest du bitte deine Schwester holen? Das Essen ist fast kalt.

– Aber es ist doch gerade erst fertig, sagt Niklas.

– Ich wiederhole mich nicht, sagt sie zwar leiser, doch ihre Augen weichen nicht mehr von ihm.

– Oh nein, bitte nicht, quengelt er. Sie kommt eh nicht bei mir.

– Doch. Ich erwarte, dass sie kommt, wenn du sie holst.

– Ich möchte aber lieber …

Clara packt Niklas am Arm.

– Ich geh ja, sagt er, seine Stimme klingt dabei für seinen Geschmack ganz seltsam hoch, kurz fragt er sich, ob das gerade aus *ihm* herauskam, und während ihn eben noch das Lachen mit seiner Oma trug und vom Gedanken an das gemeinsame Mittagessen abzulenken vermochte, ist das nun wieder der Abfall in jenen Zustand, für den er noch keinen Namen gefunden hat, doch es drückt sich durch ihn hindurch und pocht und zerrt und fließt nach unten, wo es sich als böse, faule Kraft in seinem Magen sammelt.

Er reißt sich los und geht die Treppe hinauf, unten in der Tür Clara, die seinen Gang verfolgt.
– Geht das vielleicht etwas schneller? Wenn ich auch alles in dem Tempo machen würde, bekämt ihr nie was zu essen.
– Jaja, macht er und springt über die knarzenden Stufen.

Von oben hört er ein Poltern, hinter der Etagentür brummt der Bass von Rock. Was dahinter liegt, erscheint ihm als eine abgeschottete, nicht zu betretende Welt, und als er um die letzte Wendung geht und sein Blick auf die Tür fällt, spürt er schon das Weiche in seine Knie dringen. Ganz schlabbrig werden sie und taub, und von Stufe zu Stufe wird es schwieriger, die Beine zu heben.

Der Bass dröhnt und nähert sich. Niklas ist oben angekommen. Er hebt den Arm und macht eine Faust zum Klopfen, lässt sie wieder sinken. Er betrachtet die Klingel. Vorsichtig greift er in ihre Richtung, die Fingerkuppen voraus. Seine Hand kommt kurz zum Stehen, er pustet aus und lauscht, dann legt er sie auf die Taste. Er tippt und lässt los, in ihm pocht es. Aber das war zu wenig Druck, es klingelt nicht. Nur das ferne Echo eines Tons, verschluckt vom Rock.

Drinnen wechselt das Lied, sie spielt etwas Leiseres. Auch beginnt es bloß ganz langsam. Jetzt. Er drückt fest zu, ein wenig zu lang, sodass der Ton sehr gedehnt klingt. Aber er übertönt das beginnende Lied. Niklas hört Schritte, sie stampft über das Parkett, kommt näher, ist nah, öffnet. Ein Blick aus einer düsteren Sphäre.
– Was willst du?

Sheva wirkt wie immer auf dem Sprung, mit ganz anderem beschäftigt, in fernen Kosmen unterwegs, und hiervon hält er sie nun wieder einmal ab. Nach einem zuckenden Moment, in dem er noch zögert, ist sie schon wieder kurz davor, die Tür zuzuknallen, was ihm nur recht wäre.
– Nichts, sagt Niklas und sieht an ihr vorbei in die kleine, frü-

her einmal helle Dachgeschosswohnung, in die er, wie auch das Licht, nicht mehr hineingelangt, seit Sheva dort haust. Auf dem Esstisch liegen aufgeschlagene Fotoalben und Schminkzeug wild verstreut, Tuben, Kajalstifte und Puderdöschen, auf dem Boden die Gitarre. Es müffelt nach kaltem Rauch.

– Na was jetzt, willst du mich verarschen?

– Nein. Ich will nichts. Mama …

– Was Mama? Könntest du mal einen vollständigen Satz von dir geben?

– Mama will, dass du jetzt essen kommst.

– Dann muss sie mir das schon selbst sagen.

Sie will die Tür zudrücken. Er fasst sie am Handgelenk und fängt an, daran zu zerren. Sofort reißt sie sich los. Starrt ihn kurz ungläubig an und schlägt ihm mit der Faust auf die Schulter. Niklas brüllt ungebremst. Mit Macht schiebt sie ihn über die Schwelle, haut nochmal wahllos in seine Richtung und trifft ihn mit ihren Nägeln an der Lippe, dann springt sie zurück in die Wohnung und knallt die Tür, dass es kracht. Niklas lehnt am Geländer und hält sich den Mund.

– Wie lange dauert das denn?, ruft seine Mutter die zwei Stockwerke hinauf.

Durch die Lücke zwischen den Streben linst Niklas nach unten, sodass sich ihre Blicke treffen.

– Was ist? Kommt sie?

Hastig spurtet er die Treppe hinunter, sofort wird sie lauter.

– Du bleibst jetzt da und holst sie!

Er läuft weiter, bis er vor ihr steht. Sie sieht ihn an, als sei ihm etwas sehr Wichtiges nicht gelungen. Ihre Augen sind vollgepresst mit Müdigkeit.

– Kann ich noch nicht einmal erwarten, dass du deine Schwester zum Essen an den Tisch bringst? Ist das wirklich zu viel verlangt?

Sie drückt sich an ihm vorbei, schleppt sich die Treppe hinauf.

Niklas sagt nichts und verfolgt ihre Schritte. Nach ein paar Stufen dreht sie sich noch einmal um.

– Es bleibt wie immer alles an mir hängen.

Sie geht weiter, er hört die Schwere in ihren Schritten. Oben angekommen, hämmert sie ohne zu zögern auf die Tür ein.

– Machst du bitte sofort auf, ruft sie, sofort!

Sheva öffnet, und es gibt ein unverständliches Gezeter, von dem Niklas lieber nichts hören will, darum flieht er schnell zurück in die Küche, wo seine Oma gerade wieder die Gardine anhebt und beschwingt vor sich hinmurmelt. Als sie ihn bemerkt, lässt sie die Gardine fallen und sieht ihn mit schimmernden Augen an. Freudentränen. Ihre blonden Locken glänzen.

– Was hat die Frau Erlhöfer einen fürchterlichen Hut!, sagt sie so vergnügt, dass sie es kaum hinausbekommt. Er nickt zustimmend.

– Und, was machen die beiden jetzt?

Niklas zeigt nach oben und tippt sich an die Schläfe. Sie lacht kollernd und gedämpft, fast nach innen, ihr Kopf wird ganz rot. Niklas geht zum Herd und isst direkt aus dem Topf einen Löffel von den zermanschten Steckrüben seiner Mutter. Gar nicht so schlimm, denkt er.

– Wenn das deine Mutter sieht, flötet Oma. Sie ist schon wieder so gereizt. Pass ja auf.

Niklas setzt sich wortlos zu ihr, sieht nun selbst hinunter auf den gerade menschenleeren Bürgersteig, und er fragt sich, wie es ist, als Stein dort irgendwo zu liegen. Es scheint ihm in diesem Moment nicht anders möglich, als dass die Steine leben und denken können und somit auch alles sehen, was vor sich geht. Vielleicht so ungefähr wie Bäume. Aber auch Steinen kann man nichts vormachen, sie sind Zeugen von allem.

Man hört etwas von oben, mehrere Füße trampeln über die Stufen, die untere Etagentür macht ihr Scharniergeräusch, und schon stehen Clara und Sheva mit voller Wucht im Raum. Oma erstarrt, sucht ebenfalls den Blick hinaus, und Niklas versucht, sich nicht zu rühren.

– Du setzt dich sofort gerade hin, herrscht Sheva ihn an. Sie droht mit einer Gabel, Niklas hebt schützend die Arme. Ihre Lippen schimmern rosa von zu viel Gloss.

– Gerade!

– Mach ich doch!

– Wieso ist dein Sohn schon wieder so unverschämt?, wendet sie sich an ihre Mutter.

Clara steht gebeugt über der Spüle, die Züge dunkel und versunken. Das Wasser rauscht, im Hintergrund plärrt das Radio, und wie seit jeher, wenn eine solche Geräuschkulisse herrscht, entschwindet sie an einen anderen Ort, lässt alles in einem bedeutungslosen Brei zerfließen, und zumindest für einen kurzen Moment muss sie es sich nicht antun, das Gewese und Gezeter der Menschen um sie herum.

Was soll sie noch tun, außer sich Mühe zu geben? Als sie klein war, empfand sie ihre Eltern als laut und dominant, und jetzt, findet Clara, sind es ihre Kinder, die sie nicht bremsen kann, die mit ihrer Energie über alles hinwegrollen. Zwei kleine nimmermüde Züge, die ahnungslos und schutzlos in die Dunkelheit rauschen, so stellt sie sich sie manchmal vor, wenn sie nachts über ihren Akten hockt und an sie denkt. Doch wie oft hat sie gesagt, dass sie es nicht gut verträgt, die Zänkereien und den Aufruhr, ja wird das denn niemals aufhören, hat sie gesagt. Und ihr bleibt das Gefühl, nicht gehört zu werden, bis heute nicht. Von ihrer Mutter, das verdrängt sie schon viel zu lange, wird sie ohnehin sabotiert. Sich einmal in der Woche ein ruhiges Beisammensein zu wünschen, guten Willen einzufordern und ein wenig Unterstützung, ist das zu viel verlangt? Hat sie geschuftet, Kopf und Kragen im Osten riskiert, um sich nun von denen vorführen zu lassen? Bei dem, was hinter ihr und vermutlich auch noch vor ihr liegt, soll diese Gleichgültigkeit alles sein?

Dieser innige Wunsch, ihre Kinder einmal in der Woche zu bekochen, ganz gleich, mit welchen Spötteleien ihre Mutter über ihr Essen herzieht, manchmal scheint er schon zu viel verlangt. Diese Kinder fühlen sich noch immer zu häufig nicht von ihr gemeint, leben nicht in Wachsamkeit für das, was ihre Mutter sich wünscht. Sie halten niemals still, lassen ihr nicht die Konzentration für ihre Fürsorge. Und sogar jetzt nicht, wo sie doch sichtlich über alles nachdenkt. Sheva tippt ihr fest und ungeduldig auf die Schulter.

– Könntest du bitte hier für Ordnung sorgen?

Clara schweigt, sieht zwischen allen umher, bleibt mit ihrem Blick an ihrem Sohn hängen, der reglos aus dem Fenster starrt, und versucht, in ruhigem Ton von Neuem anzusetzen. Doch scheint ihre Mutter genau hier ihren Einsatz gekommen zu sehen, lacht schrill hinein in Claras Bemühungen, und auch Sheva greift ihre sichtbare Zerstreutheit dankbar auf.

– Ich kann ja auch einfach gehen, sagt Sheva.

– Du setzt dich jetzt wie alle anderen hierher zu uns an den Tisch, erwidert Clara ruhig, deutet auf den leeren Platz, hebt den Kochtopf auf das große Brett in der Mitte des Tisches. Dazu stellt sie Petersilie, und in einer kleinen Pfanne, die Niklas zu seiner Verwunderung bislang gar nicht wahrnahm, hat sie Filetstreifen gebraten. Sie legt sie auf einen Teller und kippt die Pfanne darüber aus, langsam läuft der Sud über das zarte Fleisch, und jetzt bekommt Niklas doch Lust auf ihr Essen. Sogar richtigen Hunger hat er. Gut, dass er beim Fliegen auf der Zimmerwand, und auch davor, beim Transformers-Schauen, nicht geschnuckert hat.

Oma kramt zwischen Heizung und Fensterbank herum,

zieht eine zerknüllte Zeitung hervor, fängt an, sie auszubreiten. Weil sie ein unausgesprochenes Abkommen haben, dass er mitlesen darf, hebt Niklas die Zeitung an. Auf der Rückseite erkennt er das Bild eines Jungen, der anscheinend entführt wurde, von dem jedenfalls jede Spur fehlt. Die großen roten Buchstaben lassen sich leicht lesen. Auch die Fotos sind sehr groß, findet Niklas. Der Junge hat schwarze Haare und ist auch sonst ziemlich dunkel. Seine Oma dreht die Zeitung um und entdeckt nun auch das Bild.

– Schlimm, sagt sie, was alles so passiert auf der Welt.

– Oma, weist Sheva sie zurecht, das geschieht hier überall, um die Ecke!

Aber sie bekommt es gar nicht mit.

– Der Junge hier, grient sie, das könnte der Niklas sein!

Sie hebt die Zeitung an und streckt sie ihm entgegen, findet sichtlich Freude an der Feststellung.

Niklas betrachtet ruhig das vor seinen Augen flatternde Bild.

– Nein!, schreit er, nein, und haut mit der Faust auf den Tisch.

Sofort hat er die Hand seiner Schwester im Gesicht. Er schreit wieder und weiß, gleich kippt er ins Weinen. Bertas Augen weiten sich vor Erstaunen über das Treiben vor ihr am Tisch. Nur momentlang hat es den Anschein, als würde ihr Ausdruck ausnahmsweise ins Entsetzen kippen, das grundsätzlich immer leicht mitschwingt in ihrem Blick, doch schon kehrt wieder ihre Freude an der reinen Situation darin zurück.

– Jetzt kriegst du wieder was an die Ohren, sagt sie und klingt genau so, halb erfreut, halb entsetzt. Hab ich's dir doch gesagt …

– Wenn jetzt nicht gleich Schluss ist!

Clara sagt es so bestimmt, dass sie über sich selbst verwundert ist. Sheva springt auf und greift nach der Türklinke.

– Schluss klingt gut!

Kaum hat sie es ausgesprochen, hört man sie aus der Wohnung und über die Treppe stürmen. Clara möchte ungern zeigen, was gerade wieder in ihr zerbricht, darum versucht sie, etwas Souveränes zu sagen.

– Das habt ihr ja toll gemacht.

– Hier ist wieder was los, sagt Oma erfreut.

Clara scheppert mit Geschirr herum, schleudert sich eine Kelle auf den Teller und verlässt die Küche.

– Oje, macht Oma und runzelt die Stirn. Was haben die schon wieder eine Wut. Fürchterlich!

Langsam erhebt sie sich, wirft noch einen verächtlichen Blick in den Topf und geht an den Kühlschrank. Sie klaubt Butter, Blutwurst und einen halben Aal zusammen, nimmt das Brot aus der Dose und macht es sich wieder bequem. Dann schnitzt sie so lange zufrieden an ihren Zutaten herum, bis alles zu kleinen handlichen Häppchen verarbeitet ist. Eines nach dem anderen schiebt sie sich in den Mund und spült mit kaltem Frühstückskaffee. Dabei schüttelt sie immer wieder kaum merklich den Kopf und grient. Niklas isst allein die Stampfe und das Filet. Es schmeckt.

1959

Es hämmert metallen. Der Nerv, auf dem er die ganze Nacht – es ist doch Nacht? – gelegen hat, zuckt, und mit ihm Reza. Langsam taucht er auf aus einem Schlaf voll abwegiger, wilder Träume. Um ihn herum nur tiefe Schwärze, doch was heißt schon »nur«. Er tastet unsicher ins feuchte Nichts. Noch kann der Rest seines Geistes nichts fassen, mit suchenden Händen fährt er durch die Leere des Raumes. Dann erst erinnert er sich, wo er ist.

Wieder hämmert es gegen die schwere Eisentür. Reza kann nicht deuten, woher es kommt, seine Orientierung hat gelitten. Er rafft sich hoch vom Feldbett, streift sich den Lumpen über, den sie ihm gelassen haben, und stellt sich in die Richtung auf, in der er die Tür vermutet. Ihm wird übel, mit Macht hält er sich auf den Beinen. Seit Tagen liegt er im Dunkeln, hat sich kaum bewegt, nur auf der verfluchten Pritsche herumgegammelt, dabei stellte er sich vor, er fliege durch den Weltraum. Zwischendurch schoben sie ihm eine Schale mit ein paar Klecksen Humus und Rinde von uraltem Brot durch das Sichtfenster, dazu gab es einen Becher Wasser, das extrem nach Metall schmeckte, und er betet nur noch, dass sie ihm jetzt etwas Richtiges geben.

Das Eisenschloss der Zellentür kracht, und langsam, mit einem gedehnten Ächzen öffnet sie sich. Licht dringt erst spärlich, dann gleißend in die winzige Kammer. Reza muss sofort die Augen schließen. Natürlich ist er hilflos, aber das darf

ihm nicht zu viel ausmachen. Allein aus diesem Grund, sagt er sich, haben sie ihn ja hier hineingesteckt, in dieses Loch. Damit es ihm etwas ausmacht.
– Vorwärts, ruft der Soldat. Nicht im Stehen einschlafen!

Reza setzt einen Fuß vor den anderen, er spürt den Boden kaum unter seinen Sohlen. Aus der Schwärze des Lochs tritt er ins Licht der Halle – zerrupft, verschrammt, das Gesicht von Blut und Dreck verschmiert, ein verkniffener Blick ins Leere. Im Gehen flankieren ihn zwei hünenhafte Wachen, die so unauffällig wie möglich, aber doch Rücksicht auf sein Tempo nehmen. Er spürt, wie sein rechtes Lid unaufhörlich zuckt, und kann es nicht ändern.

Sie führen ihn einmal quer durch das Lager. Von allen Seiten fallen die kleine Gruppe ernste Blicke an, einige sind voller Verachtung, andere enthalten spürbar Mitleid, das Reza für genauso unangemessen hält. Einige lachen über ihn, und er versucht, von den Wachen unbemerkt in ihre Richtung zurückzulachen. Einer der Lachenden erkennt es und erbost von einer Sekunde zur nächsten ganz fürchterlich, er hebt den Arm und droht mit der Faust, sein Gesicht verzerrt sich. Die Wächter sehen es und wettern zurück. Sie bedeuten ihm mit Gesten, er möge mit seiner Arbeit fortfahren. Der Tobende ist davon so überrascht, dass seine Kollegen mit dem Finger auf ihn zeigen und noch lauter lachen als zuvor. Auch ihnen droht er mit der Faust, greift schließlich nach seiner Spitzhacke, holt aus und rammt sie mit Schwung in die trockene Erde.

Dann aber erkennt Reza in der Ferne einen Freund, Arvand. Ganz hinten am Zaun steht er, bei den Pferden, doch Reza weiß, dass er es ist. Vollkommen unbeweglich steht er dort. Reza weiß nicht, ob er ihn auch erkennt, denn Arvand sieht schlecht, doch sein Gesicht ist ihm vollständig zugewandt.

Es muss ein Reflex sein. Reza will die Arme heben, um Arvand zu grüßen, ihm ein Zeichen zu geben, irgendwas. Aber weil er verkettet ist, gelangt er mit den Händen nur bis auf Höhe des Bauchnabels, dann zerrt das kalte Metall an seinen Gelenken und im Kreuz.

Reza schüttelt sich. Wenn seine Mutter ihn jetzt sähe, fällt ihm ein, wäre sie sicher gleich dem Weinen nahe. Aber wieso nur immer weinen? Weinen um ihn? Ihm ist doch gar nichts passiert, obwohl er sich viel erlaubt hat. Wieder mal. Was soll ihm, Reza, schon passieren?

Die beiden an seiner Seite ziehen das Tempo an und bringen ihn ins Hauptquartier, einen einstöckigen Lehmbau, der sich dafür umso mehr in die Breite erstreckt. Sie führen ihn durch lange, gekachelte Gänge, das Hallen ihrer Schritte scheint überall zu sein. Eine hochgewachsene Soldatin kommt ihnen entgegen, und Reza muss sich beherrschen, sie nicht anzulächeln. Sie klopfen an einer stuckierten weißen Tür, die ruckartig aufspringt.

Ein mittelgroßer Saal, gelbes Licht, hinten an der Wand eine lange Tafel, an der die Generäle sitzen. Offenbar warten sie schon ungeduldig. Als sie die drei sehen, winkt einer sie eilig herbei, sofort packen die Wächter Reza an den Oberarmen, führen ihn im Stechschritt vor die Tafel. Reza kann kaum folgen und gerät ins Stolpern, und kurz versucht er, sich schwer zu machen, auch wenn er weiß, dass es albern ist; doch als er merkt, dass er dadurch nur noch unkontrollierter mit den Zehenspitzen über den Fußboden stottert, macht er wieder mit.

Ein einzelner Stuhl steht verloren im Raum, und nach einer kurzen Musterung darf Reza auf ihm Platz nehmen. Es herrscht eine Stille, als nähmen sie zu etwas Anlauf.

Unter den Militärs scheint eine gewisse Unsicherheit vorzuherrschen, was Reza nicht versteht. Liegen nicht alle Hebel in ihren Händen? Einer ergreift nun das Wort, indem er sich leicht vorbeugt und die Augenbrauen hebt.

– Wir freuen uns sehr, junger Soldat, dich hier zu sehen.

Sofort wird wieder geschwiegen, als prüften sie nun die Wirkung dieser einleitenden Worte. Ihr Nachhall ist merkwürdig, trotzdem bemüht sich Reza inständig, keine Reaktion zu zeigen. Er sieht den Mann an.

– Arbeitest du nicht viel auf dem Land deines Vaters? Siehst du nicht jeden Tag die Mühen der Knechte? Die Sonne brütet, es ist trocken, die Ernte verbrennt. Ist es nicht so?

Reza überlegt. So schlimm ist es, wenn er darüber nachdenkt, eigentlich nicht. Aber er muss jetzt mitmachen.

– Was brächte es mir, das zu leugnen?

Diese Antwort scheint ihnen nicht zu gefallen, sie sehen einander ausdruckslos an, dann wieder ihn.

– Sei nicht so berechnend, Junge. Du hättest wirklich alles haben können. Bist gebildet, kennst dich mit vielem gut aus. Aber jetzt ist hier kein Platz mehr für dich.

Der Mann macht wieder eine kleine Pause. Es scheint, als erwarte er eine Reaktion. Vor seinem inneren Auge sieht Reza sich brüllen, dass sie wahnsinnig sind, und sofort danach sieht er sich am Vordach baumeln.

– Ist das nicht schrecklich und grausam? Hätte es so kommen müssen? Nach wie vor haben wir den Eindruck, dass sich all diese Missverständnisse hätten abwenden lassen können. Mit ein bisschen mehr Verständigung, du weißt schon. Aber das haben wir sichtlich verpasst.

Das scheint das Zeichen für seinen Sitznachbarn zu sein.

– Trotzdem, sagt er, sich einfach davonstehlen, indem man sich danebenbenimmt, das funktioniert so nicht. Du musst dich selbstverständlich auch weiterhin für unser Land nützlich machen, jetzt erst recht.

Es kommt Bewegung in die Sache, die beiden scheinen sich gegenseitig zu beflügeln.

– Was du getan hast, du wirst verstehen, bleibt ein schäbiges Vergehen und wird ordnungsgemäß sanktioniert. Aber … er zögert … es offenbart auch eine gewisse … eine gewisse, na ja … Unverzagtheit, eine Unbestechlichkeit auch, und zu deinem Glück sind das Eigenschaften, die wir uns angesichts der Flut ausstehender Operationen gern zunutze machen würden. Der verfluchte Mossad ist uns weit voraus, machen wir uns da nichts vor. Schmach genug, es auszusprechen.

Er atmet kräftig durch, fast schon gehetzt.

– Und du lernst, müssen wir ehrlich zugeben … du lernst wirklich nicht langsam … bist gewieft, sprachbegabt … du setzt dich durch, bist trainiert … und, du siehst auf herrlich durchschnittliche Weise auch noch fabelhaft aus. Und wir, ja, wir brauchen Wissen, sehr viel Wissen. Technisches Wissen, landwirtschaftliches Wissen, politisches Wissen. Wissen ist die Substanz von allem, das ist dir in deinen bisherigen achtzehn Lebensjahren sicher nicht verborgen geblieben.

– Wir statten dich mit allem aus, funkt nun ein Dritter dazwischen. Papiere, Zeugnisse, Stipendien, du hast ja auch die Schule nicht so übel abgeschlossen.

Reza spürt Schwindel in sich aufsteigen, sein Atem wird mit jedem Zug flacher, er möchte dazwischenfahren und augenblicklich diesen Spieß herumdrehen, alles zurückweisen und ihnen drohen, doch er ahnt, dass ihn das spätestens jetzt nur noch ins Grab brächte.

– Du studierst Ingenieurwissenschaften, am besten … für Agrarmaschinenbau, und dazu … vielleicht so etwas wie … Politikwissenschaft. Du saugst dort alles auf, ihre Technologien, ihre Methoden, schau dir alles ganz genau an, sodass du nachher weißt, wie sie ihre höllischen Maschinen bauen, wie sie ihre Äcker bewirten, wie sie ihre Länder regieren, und dann … er öffnet die gefalteten Hände, streckt sie zur Decke und sieht ihnen hinterher … dann kommst du zurück.

Er lässt sie wieder fallen, starrt Reza erwartungsvoll an.

– Ist das nicht der schönste Auftrag, den man haben kann?, wirft der andere ein. Während deines Aufenthaltes lässt du uns alles zukommen, was du in die Finger kriegst. Zunächst aber vor allem Dinge, die ja gar nicht schwer zu beschaffen sind, etwa die Kopien deiner Studienunterlagen. Zwischendurch werden wir uns mit kleinen Bitten an dich wenden. Was genau das sein wird, können wir zum jetzigen Zeitpunkt noch nicht genau sagen, denn es geht ja immer auch darum, die richtige Idee zu haben, verstehst du? Wo bekommen wir her, was wir haben wollen?

Der erste Redner, von dem er nun schon eine Zeit lang nichts gehört hat, mischt sich wieder ein.

– Was ist es eigentlich, was wir wollen? Welche Details sind entscheidend? ... Um das herauszufinden, brauchen wir dich. Wir stehen immer in Kontakt, nicht wahr, du beendest dein Studium, dann sehen wir weiter. Du gehst in die Wirtschaft, in die Politik, mal sehen. Oder bleibst weiter inkognito, das kann auch reizvoll sein.

– Alles heraussaugen, verstehst du, uns übermitteln. Alle drei Jahre darfst du für zwei Wochen herkommen.

Was zum Himmel ist in diese Menschen gefahren? Er will jetzt endlich einschreiten, auf die Beziehungen seines Vaters zum Hof und die Stellung der Familie verweisen, denn das alles kann unmöglich wahr sein. Doch ihm versagen die Worte. Leer und bleich sieht er in die Runde. Er hat das Spiel verloren, er gehört ihnen. Schach. War es das? Wird er nun von seinem Vater verdammt und kann gleich auf ewig wegbleiben? Würde seine Mutter, wenn dieses Gerede wahr würde, es überleben, und wenn ja, würde sie auch ohne Rezas wachendes Auge von seinem Vater noch genügend gestützt und geliebt? Würden ihre Worte weiter wertgeschätzt?

Schon verhallen die Worte der Männer vor ihm in der Ferne, und je länger er über diesen Fragen kreist, desto deutlicher wird ihm, was sich hinter ihren Worten tatsächlich verbirgt, welches Leben und welche Länder ihm damit offenstünden, und obwohl er sich nach wie vor entsetzlich fürchtet angesichts dessen, was ihm dort gerade vorgetragen wurde, verspürt er zugleich auch schon wieder diese seltsame Lust auf das Ungewisse. Ist es am Ende doch ein Gefallen, den sie ihm erweisen und von dem sie möglicherweise noch gar nichts ahnen? Schenken sie ihm eine Freiheit, mit der sie selbst nicht rechnen? Und wie hoch ist der Preis?

Er wird bei den Schultern gepackt, in einen Jeep gesetzt und in ein anderes Militärzentrum gefahren, wo sie ihn baden und gründlich desinfizieren. Es folgen gesundheitliche Tests. Ein Kommandant und mehrere Ärzte ringen sich um den nackten Reza, der auf einem kleinen Podest steht. Nur einer der Ärzte ist offenbar Ausführender. Er besieht sämtliche Körperöffnungen, greift in sie hinein, horcht Reza ab. Wo etwas zu vermessen ist, dort misst er. Am merkwürdigsten erscheint es Reza noch, dass sie ihn einfache Dinge sagen lassen, während der Arzt seine Hoden betastet, Dinge wie *Ich bin iranischer Staatsangehöriger* oder *Bitte teilen Sie mir Ihren Standort mit.*

– Ein guter Klang, sagt einer der Ärzte.

Der Kommandant nickt, die anderen lächeln unscheinbar. Überhaupt äußern sich alle kaum, sondern agieren nur in kleinen und leicht zu übersehenden Gesten. Doch ihrem Austausch scheint das nicht zu schaden. Es geht immer weiter voran, sie scheinen sehr zufrieden.

Über ein Ausstattungssystem, das immer schon alle weiteren Schritte bereithält, gelangt Reza auf die nächsthöhere Ebene. Zwei Kommandeure führen ihn von Räumlichkeit zu Räumlichkeit, wo jeweils neue Mitarbeiter warten, die ihn entsprechend seiner neuen Entwicklungsstufe ausstatten. Mit erlesenen Handgriffen legen und falten sie seine Montur zu-

sammen. Als er ihnen zur Hand gehen will, winkt der Kommandeur ab.
– Eure Durchlaucht werden doch wohl nicht!

Der andere, an den Schulterklappen gut erkennbar der Höherrangige, schnaubt durch die Nase.
– Na, na … langsam können wir den Ton anpassen. Das hier ist jetzt unsere Zukunft. Wenn man ihn nimmt, muss man auch dazu stehen. Kein Gewäsch mehr, ja?

Zur Kleidung gibt es haufenweise Wäsche. Er zieht Unterhose und Socken an und erhält einen stattlichen, aber kompakten Reisekoffer. Sie sind schon bei der Alltagskleidung angekommen, als Reza fragt, ob er mit dieser altmodischen Kleidung nicht auffallen werde. Zwar sind die Sachen nicht ohne Eleganz, aber so herumlaufen werde dort sicher niemand, egal in welches Land sie ihn auch schickten.
– Was willst du denn damit sagen?
– Ach, gar nichts eigentlich. Ich dachte nur …

Der Ausdruck des Ranghöheren bekommt eine bissige Note. Er holt betont Luft.
– Ochse! Fährst du dorthin oder wir? Wer wird verhaftet, du oder wir? Wenn du sicher sein willst, musst du schon selbst dafür sorgen. Oder verlässt du dich etwa auf andere? Schau, eure Durchlaucht, diese Sachen zählen zu den feinsten in ganz Persien, schau dir doch nur diese weichen Hemden und Pullover an, hast du das auf den Straßen von Teheran schonmal gesehen? Also. Halt bloß dein Maul.

Reza schweigt, wahrscheinlich besser so. Er sieht sich nach allen Seiten hin um, betrachtet die Gesichter, und außer ihrer Entschlossenheit entdeckt er nichts, woran er sich heften könnte. Er hofft nur, dass ihr Plan einigermaßen ausgereift ist, dass sie in etwa wissen, wo hinein sie ihn da schicken, in welche Gemengelage sie ihn verstricken, und vor allem hofft er, dass es zum Überleben ausreicht, wenn er einfach nur funktioniert. Eben noch war er Staatsfeind, und jetzt soll er der Staat selbst sein? Schon der Militärdienst hat ihn dahin geführt, wo er jetzt steht. Wohin, in welchen Schlund, führt ihn dann erst das hier?

Doch wenn das alles nicht wäre, wenn diese Nummer hier nicht abliefe vor seinen ungläubigen Augen, dann wüsste er eigentlich auch nicht, wohin er gehen sollte. Wahrscheinlich würde er einfach wieder loslaufen, wandern so weit ihn seine zähen Füße tragen, wohin sie ihn auch führen. Das hat er schon häufiger gemacht und bereut es keine Sekunde, auch wenn die Strafen seines Vaters nach jeder Rückkehr höllisch waren.

Sicher, zurück aufs Land ginge es, auf die Höfe, was sonst. Aber wäre das alles? Ihm geht auf, dass er sich trotz seines Nachdenkens über die Welt dort draußen nie selbst in Bezug zu dieser Welt gesetzt, sich noch nie als einen ihrer möglichen Akteure betrachtet hat. Es war immer eine statische Angelegenheit; seine Philosophiererei mit freier Sicht auf das glasklare Firmament, das lustvolle und gefährliche Spiel mit politischen Haltungen, die genauso aus aller Welt ins Land gespült kamen wie Dollarnoten. Was aber wirklich möglich wäre, also praktisch, daran hat er nie einen Gedanken verschwendet, und ihm ist, als hole ihn das Auslassen dieser Frage nun in fataler, nicht mehr revidierbarer Weise ein, als wolle ihm eine höhere Logik eine Lehre erteilen, seine Pläne selbst zu schmieden, denn sonst schmieden sie andere.

Was hätte er gemacht, was hätte er gewollt, wenn all das nicht geschähe? Sein Vater, die Höfe, die Felder. Er war dazu bestimmt, ein Leben lang den Knechten einzuheizen, und die bisherige Vorbereitung darauf, wird ihm nun klar, lief in vollen Zügen. Doch je stärker er versucht, sich in das neue Leben hineinzuimaginieren, desto absurder wirkt auf ihn auch die Aussicht, auf ewig die Ländereien rings um Hamadan zu bewirtschaften. Am Ende weiß er nur, dass an diesem unscheinbaren Wochentag etwas Neues vorbereitet wird. Alles wird sich ändern. Es gibt ein Davor und ein Danach.

1971

Bertas unruhiger Blick wandert hinunter auf ihren Schoß, auf dem eine Armada von Krümeln lagert. Sie klopft sie ab, wendet langsam den Kopf zur Seite, sieht aus dem Fenster, wo sie nichts als den leergefegten Bürgersteig vorfindet, dann sieht sie wieder auf, sieht ihrer Tochter ins Gesicht.

– Hure.

Jetzt ist es Claras Blick, der zu Boden geht, das hat sie nicht erwartet. Aber das Schweigen, das sich rings um dieses Wort in der kleinen Küche ausbreitet, ist zu eindeutig, zu nachdrücklich, um sich noch größere Hoffnungen auf irgendeine Form von Verständnis zu machen, und immerhin, nun hat sie es hinter sich und den schwarzen Peter an ihre Mutter abgetreten, deren unermessliche Wut sie an sich nicht weiter überrascht.

Auch die Gründe liegen derart auf der Hand, dass sie die Notlage ihrer Eltern sogar ein Stück weit versteht, denn weder ist sie verheiratet noch gäbe es weit und breit jemanden zum Heiraten, und einer der zwei möglichen Übeltäter sitzt noch immer fest im fernen Cluj, wo er brav Physik studiert und davon träumt, einmal Zahnarzt im Westen zu werden. Der andere lungert in Berlin, studiert Politik und schreibt angeblich ein Buch. Vor allem aber, denkt Clara, wird er sich durch die Charlottenburger Nacht vögeln und im Morgengrauen mit lasziven Halbschönheiten vom Ku'damm Bleche erhitzen.

Doch Clara tippt auf den Rumänen. Immer wieder spielt es sich vor ihr ab, wie er in Mamaia, einem sozialistischen Touristenparadies nördlich von Constanta, auf ihre Decke sprang, direkt am überbevölkerten Strand des Schwarzen Meeres, wo sie sich eigentlich bloß mit Margot erholen wollte von der Plackerei des letzten Jahres. Im Zweifel hat Clara schon immer gemacht, was sie wollte, und grundsätzlich war sie auch fest davon ausgegangen, niemals selbst Kinder zu bekommen, woher auch immer dieser fatalistische Gedanke stammen mag. Schon ihre Mutter hatte ihre Problemchen damit, den Wunsch der Familie nach einem Erben entsprechend zu erfüllen, denn so sehr sie und ihr Willi sich auch anstrengten, es wollte nichts werden. Als man schon längst nicht mehr daran glaubte, sprang zur Überraschung aller doch noch Clara dabei heraus. Für sie selbst fühlt es sich manchmal an, als wollten ihre Eltern sagen: immerhin. Willi verkniff sich mit der Zeit die Klagen darüber, ohne Sohn zu bleiben, und bringt seiner Tochter bei, was er nur kann, und auch wenn Berta seinen stillen, aber andauernden Groll kaum mehr ertragen kann, sieht sie doch, wie sehr Vater und Tochter in einer Weise harmonieren, die ihr persönlich unheimlich ist.

Diese Harmonie wird nun bis aufs Äußerste gefährdet. Wie soll man dem alten Holzschädel nur begreiflich machen, was eigentlich nicht auszusprechen ist. Er wird toben und wüten, er wird Berta verantwortlich machen und Clara keines Blickes mehr würdigen. Berta sieht es schon alles vor sich.

– Bist du dir ganz sicher?, platzt es aus ihrem Mund.

Aber genau das ist sich Clara leider so gar nicht, denn auch wenn der mysteriöse Perser zu dieser Zeit nicht im Ort verkehrt, bleibt er noch immer ein Kandidat.

Also *der* oder der andere. Beides eine einzige Katastrophe. Beides nicht zu vertreten, wobei sich Clara wie auch ihre Eltern weniger vor Gott selbst fürchtet als vor dem, zu was sich die Leute stellvertretend für ihn bemüßigt fühlen. Dazu noch die Ungewissheit und die Tatsache, dass es zwei verschiedene sein könnten. Zwei ganz verschiedene Ausländer. Da bringt es gar nichts, dass offenbar beide sehr gebildet sind. Berta ist kreidebleich und sagt nichts mehr. Clara rennt aus der Küche, aus dem Haus, es ist sonnig und warm, sie rennt besinnungslos die lange Allee hinunter bis zur Umgehungsstraße, und es gibt nichts, das sie unternehmen könnte. Sie merkt, wie ihr die Menschen aus den Vorgärten hinterherschauen, und wie immer ist es ihr größtes Problem, dass man sie kennt.

1989

– Haben die anderen denn auch Pistolen?
– Ja!

Das ist zwar gelogen, denn: Allen soll es ausgetrieben werden, das Geballer. Aber trotzdem. Diejenigen, die sie am Ende trotz aller Verbote haben, sind immerhin die Coolen. Selbst wenn sie dann eine Woche den Hof kehren.

– Nein, sagt Clara, ich hab auch schon mit Frau Ritter darüber gesprochen, das kommt nicht in Frage.

Sie seufzt und sieht aus dem Fenster in den verregneten Garten, wo sie ihren Blick einige Sekunden umherstreunen lässt, bevor sie sich wieder an ihren Sohn wendet.

– Wie wär's denn wieder als Biene?

Niklas bekommt einen Schrecken, weil er weiß, wie sehr er einmal um dieses Kostüm gebettelt hat: als Willi, der Freund von Biene Maja, woraufhin seine Mama ihm Flügel gebaut hat, aus Gaze. Doch das war im Kindergarten, jetzt geht das nicht mehr.

– Neiiinnn ... quengelt er.
– Aber warum denn nicht?, fragt Clara mit einem Unverständnis in der Stimme, das Niklas Sorgen bereitet.
– Ich könnte doch als Wolf gehen!
– Bitte?

Auf welche Dinge dieses Kind doch immer wieder kommt, aber zumindest hat es Fantasie. Clara staunt und ahnt nicht, mit welcher Aufmerksamkeit Niklas seit einiger Zeit die Landkarte oben im Firmenbüro studiert hat, auf der statt der Länder und Städte die verschiedenen Tierarten aufgeführt werden, die in den jeweiligen Regionen der Erde beheimatet sind, darunter Otter genauso wie das Bison, Lämmer und Geparden, und vor allem angetan haben es ihm die unzähligen Unterarten von Fuchs, Luchs und Wolf. Lange hat ihn die Karte nicht sonderlich interessiert, doch seit er begriffen hat, dass sich die Weltkarte, die er ja ohnehin gründlich studiert, nicht nur nach Nationen, sondern auch nach ihren Lebewesen unterteilen lässt, hält sie ihn fest im Bann.

– Mit den Fellen!

Er scheint es ernst zu meinen. Clara schnappt künstlich nach Luft, als er nicht reagiert, lacht sie und besieht ihren Sohn zugleich mit derselben Schärfe wie auch sonst, doch Niklas stellt fest, das noch mehr darin liegt, ein ernsthaftes, ungläubiges und prüfendes Mustern, das noch kein Urteil enthält, und nun darf er sich nicht mehr regen, sonst verliert sie ihre Spur.

– Ja, gut, sagt sie, und wirkt jetzt fokussiert, darüber können wir reden. Sie denkt nach. Ich gehe gleich mal in den Keller und sehe mich um, aber komm mir bloß nicht hinterhergestiefelt. Ich sag dir Bescheid.

Niklas setzt das Wippen seines Kopfes in Gang, hält es einige Sekunden lang aufrecht. Ein wenig zu lang.

– Ist alles in Ordnung mit dir?

Er antwortet nicht, muss zu sehr staunen und ist sich nicht einmal sicher, ob er über seinen eigenen Vorschlag staunt oder darüber, dass sie ihm stattgegeben hat.

Er geht hinunter in den Garten, schießt ein paar angeschnittene Bälle auf die Pergola. Als er die Regenrinne trifft, splittert etwas Plastik. Reflexartig wirft er den zurückspringenden Ball ins Gebüsch, doch Oma sitzt am Fenster und hat es gesehen. Sie legt die Stirn in Falten, plustert die Wangen auf und lässt langsam die Luft entweichen, hebt drohend den Zeigefinger. Aber er weiß, dass es nur gespielt ist, und kaum denkt er es, füllt sich der weißblonde Kopf auch schon wieder mit Blut.

Er nähert sich der, wie seine Mutter immer betont, schlecht isolierten Terrassentür, sofort werden Omas Laute vernehmbar, und als er die Tür mit einem Klicken aufdrückt, platzt ihm das Hallen ihrer Stimme entgegen, als würde er die Tür seines Klassenzimmers aufreißen, hinter der ohne Lehrer alles tobt. Sie hat die Füße hochgelegt, liegt weit zurückgelehnt im Sofa, stellt nun das Lachen ein und gähnt. Mit sichtlichem Anlauf beugt sie sich vor, umgreift krampfhaft die Sessellehne, rafft sich nach oben.

– Wenn sie das mal nicht sieht, sagt Oma.

Niklas legt den Finger auf den Mund. Oma reißt die Augen auf und nickt. Von oben hören sie Schritte auf der Treppe, und in ihren gewohnt winzigen Schritten bewegt sie sich zur Tür, dreht sich noch einmal um, macht hektische Handzeichen.

– Geh du mal lieber, flüstert sie.

Doch Niklas will etwas von seiner Mutter, er will sein Kostüm. Wenn sie es nicht schafft, einen echten Wolf aus ihm zu machen, will er die Pistole. Schon steht Clara im Flur.

– So, mein Lieber, dann komm mal.

Erst vorsichtig, dann hastig geht er ihr nach, bis sie stehenbleibt und sich umdreht.

– Was bist du denn schon wieder so unruhig?

– Bin ich doch gar nicht, beschwört er.

– Geh mir jetzt nicht auf den Geist, sagt Clara.

Niklas versteht seine Mutter nicht. Ob ihr nicht selbst auffällt, dass sie ausnahmsweise etwas sofort erlaubt, als er danach fragt, und dass das sein Überraschtsein wert ist? Aber was sie wirklich vorhat, kann er sich noch nicht ausmalen. Sie knipst das Kellerlicht an, greift nach dem wackeligen Geländer und geht die Stufen hinab; bedeutet ihm, zu folgen.

Sie öffnet die quietschende Tür zur Werkstatt, in der er fast noch nie war, weil er den Keller ohnehin meidet. Die stabartigen Halogenlampen benötigen mehrere Anläufe, flimmern und geben ein rhythmisches Wumpen von sich, bis sie erleuchtet bleiben und leise vor sich hinsirren.

Aus einer Ecke wuchtet Clara einen Karton hervor, setzt ihn auf dem Zwecktisch ab. Von dem Tisch weiß Niklas immerhin, dass sich seine Arbeitsplatte wenden lässt und darunter Rotlichtlampen installiert sind, um das seidige Fell zu bestrahlen. Aufmerksam folgt er den Griffen seiner Mutter, mit dem Kürschnermesser schneidet sie die Kanten auf, und als der Karton sein Inneres preisgibt, schiebt Niklas seinen Kopf über die Öffnung.

– Weg da, Niklas, das ist scharf.

– Ich will ja nur gucken!

– So, sagt sie, jetzt mal langsam.

Sie entfaltet die aufgetrennten Pappschichten, und schimmernde Fellstücke mit langem flaumigem Haar werden sichtbar, das Haar hat verschiedene Farben. Schwarz, dunkelbraun, hellbraun, silber, grau und weiß sind zu sehen, und Niklas hüpft.

– Jetzt gucken wir erstmal, sagt Clara.

– Was ist das?, fragt Niklas, welches Tier, und will nach einem Stück greifen, doch seine Mutter patscht ihm leicht auf die Finger, und er zieht die Hand wieder weg.

– Du musst dich jetzt bitte mal ein bisschen gedulden, sagt sie und entnimmt dem vor ihnen liegenden Haufen einige Teile, setzt sich hinüber an die Maschine an der Wand, knipst das Stehlicht an, und in der folgenden Stunde muss Niklas immer wieder hinübergehen und Maß an sich legen lassen, sich drehen und die Arme ausbreiten, er spürt ihre Fingerspitze mit dem metallenen Hütchen darauf gegen seine Schultern drücken, gegen seine Hüften, und es liegt etwas Angenehmes in diesen Momenten, eine Konzentration, die er immer nur dann an sich wahrnimmt, wenn jemand etwas Gezieltes mit ihm anstellt, ihn ruhig und bestimmt bearbeitet. Deshalb geht er so gern zum Friseur und zum Hausarzt. Zu Letzterem besonders gern dann, wenn er ihn abhorcht mit dem kühlen Metall, und aus demselben Grund geht er gar nicht gern zur Physiotherapie, weil er dort bei einer unangenehmen Sache selbst schwer mitarbeiten muss. Nun beginnt hinter seiner Stirn etwas zu kribbeln, aber es ist eher ein Nichts, das kribbelt, alles ist weit weg, und trotz der fortwährenden Geräusche, die seine Mutter macht, ist alles wie still.

Das hier ist weit angenehmer als erwartet, vor allem in Voraussicht auf das Ergebnis. Zwischendurch darf er sich wieder entfernen, was bedeutet, sich durch den Raum zu bewegen, sich auf den Hocker zu setzen oder herumzugehen und die Werkzeuge und Maschinen zu betrachten. Sobald er sich einer Sache zu sehr nähert, stellt Clara ihre Arbeit ein und sieht ihn an, bis er es merkt. Sofort nimmt er wieder Abstand, sodass Clara weiternähen kann.

Beim Vermessen, fällt ihm auf, hat sie meistens eine Nadel im Mund, und in Niklas kommt eine tiefe Sorge auf, dass sie in ihrem Mund verschwinden könnte. Er findet es nicht nachvollziehbar, dass sie ihren Finger mit einem Fingerhut schützt, sie sich aber nicht fürchtet, am Mund gestochen zu werden. Ihre Bewegungen sind so schnell und vor allem ruckartig, dass sie sich in jedem Fall stechen *muss*. Aber es geschieht nicht.

Auch sieht sie ihm über die ganze Zeit hinweg kaum ins Gesicht, sondern immer nur starr und ernst auf seinen Körper, an dem das Probestück anliegt, umso unerwarteter schießt hier und da ein Lächeln dazwischen, von dem er nicht weiß, was es bedeutet.

– Ich frage mich, ob wirklich alles in Ordnung mit dir ist, sagt sie plötzlich und rollt das Zentimetermaß auf. Du bist wieder so komisch heute.

Niklas schaut erschrocken, sagt aber nichts. Zum Glück geht sie der Frage nicht weiter nach.

– So, du darfst gehen. Ich nähe das hier noch zusammen, und dann probieren wir nachher mal an.

Er stolpert die Treppen hinauf, und beduselt von der seltsamen Konzentration der letzten Stunde wirft er sich aufs Bett, fällt sofort in einen leichten, aber erfrischenden Schlaf.

Als er aufwacht, dunkelt es draußen. Durch das Zwielicht tastet er sich zur Tür, zieht sie auf. Von nirgendwo her ist etwas zu hören, er tastet über die Wand, was er normalerweise unterlassen soll, da sie sonst wieder ganz schwarz wird um den Schalter herum, doch als er ihn findet und das Licht anspringt, glaubt Niklas, nicht richtig zu sehen. Da ist etwas. Etwas anderes.

An der Kommode hängt, fast als sei es eben erst erlegt, ein Tier. Durch den gegenüberliegenden Spiegel sieht er es zuallererst, was den Eindruck seiner Präsenz nur verschärft. Ganz still und reglos ist es, doch auch vollkommen da, ganz und gar vorhanden in diesem Raum. Sein Blick wandert vom Spiegel zum Original, zögerlich nähert er sich der Kommode, tastet mit den Kuppen nach dem Fell.

Ihm wird anders. Etwas Derartiges hat er in seinem Leben noch nicht gesehen. Und vor allem, hat das wirklich seine Mama gemacht? Wer sonst. Niklas klopft das Herz, und langsam hebt er das ganze Kostüm samt Bügel vom Garderobenschlüssel, an dem es hängt. Hält es fest in den Händen, dreht es und zuckt zusammen. Eine Wolfsschnauze starrt ihm direkt ins Gesicht. Mit zwei Schlaufen ist sie am Rest befestigt, lässt sich sogar umklappen. Er hört, wie sich jemand vom Wohnzimmer her nähert.

– Da bist du ja schon, ich dachte du schläfst noch.
– War schon genug Schlaf.
– Und?
– Gut.

Sie verdreht die Augen.

– Nein, das Kostüm meine ich.
– Ja ... sagt er und weiß nicht, was er sagen soll, denn noch ist er restlos geschockt, auch wenn er sich freut. Aber er besinnt sich. Das ist ja heftig, sagt er. Danke!

Clara lächelt. Sie wünscht ihm eine gute Nacht, auch wenn er ja nun ausgeschlafen habe, aber um elf sei Schluss, da möchte sie, dass er wieder im Bett liege.

– Klar, sagt Niklas, und obwohl er wirklich noch nicht müde ist und auch eine Stunde Abendprogramm mit Oma nicht hilft, liegt er zu seiner eigenen Verwunderung um Punkt elf ohne Licht im Bett und atmet ruhig ein und aus.

Noch mehr verwundert ihn, wie wenig ihm das ausmacht. Es ist, denkt er, ja auch abends ganz schön, im Bett zu liegen, nicht nur morgens. Und hierüber dämmert er ein.

Von weit her funkt der Wecker seinen Viervierteltakt in Niklas' Halbschlaf. Seine Mutter kommt ins Zimmer, knipst das Licht an und betrachtet ihn beinahe reglos, doch als er auf ihren Hinweis, dass sein Wecker bereits mehrfach geklingelt habe, nicht reagiert, bloß gähnt und sich die tränenden Augen reibt, wird sie unruhig. Warum eigentlich hat sie es nie geschafft, ihren Kindern diese Tendenz zur Antriebslosigkeit zu nehmen? Vorgelebt, wie man anpackt, hat sie zur Genüge. So, wie es von den Pädagogen empfohlen wird. Geht es also doch nur mit Zwang? Ist es doch die billigste und nach wie vor zweckmäßigste Lösung, wieder mehr Druck auszuüben, materiellen wie verbalen, weil es ansonsten kein Ankommen mehr gibt gegen die Eigendynamik, die der häusliche

Alltag, auf den sie spürbar zunehmend Einfluss verliert, mit sich bringt?

Niklas reibt und trocknet, hebt die Lider, allmählich verschwinden die Schlieren, und er erkennt, dass seine Mutter angespannt in der Tür steht, was meist nichts Schönes bedeutet. Irgendein Traum hängt ihm noch nach, auch wenn er sich an nichts genau erinnert, jedenfalls war er schlimm. Das Licht brennt in den Augen, sie hat den Regler ganz nach oben gedreht, vom abermaligen Gähnen laufen ihm neue Tränen über die schon getrockneten Wangen.

– Wie lang warst du denn bitte noch wach gestern?

– Nicht lang, sagt Niklas.

– Ich muss los, sagt Clara mit Nachdruck. Willst du nicht dein Kostüm anziehen? Ohne mich kannst du das nicht. Los, komm ...

Niklas lässt Bein nach Bein aus dem Bett plumpsen und richtet sich wie immer in unendlicher Langsamkeit auf.

– Würdest du jetzt bitte *einmal* deine Spielchen lassen.

– Welche Spielchen?

– Jetzt mach!

Er steht auf und folgt ihr auf den Flur. Sie nimmt den Wolf vom Haken, gibt ihm Anweisungen, wo er hineinzusteigen und hineinzugreifen habe, ruckelt und zerrt an ihm herum, verschließt ein paar Druckknöpfe und fegt einen Faden von der Schulter. Sie greift ihm sanft in den Nacken und zieht die Maske nach vorn, über seine Stirn, sodass die Schnauze des Wolfes exakt mit seiner Nasenspitze endet. Kurz betrachtet sie ihren Sohn, zuerst misstrauisch, dann kann sie nicht mehr anders als zu lachen.

– Siehst gut aus, sagt sie und dreht ihn zum Spiegel.

Nun sieht er sich. Niklas kann noch immer nicht glauben, dass sie ihm das erlaubt. Er dreht sich hin und her, zieht die Maske noch etwas tiefer ins Gesicht, sieht seine Mutter an, dann kniet er sich hin und setzt seine Hände auf den Boden, wie beim Brückemachen, geht auf allen Vieren, beginnt zu knurren und zu hecheln und durch den Raum zu stromern.

Clara lacht laut auf und sieht ihm ein wenig zu.

– Jaja, schon gut jetzt. Sieh zu, dass du loskommst. Tschüss! Noch einmal betrachtet sie ihn kritisch, schmunzelt wieder und rauscht durchs Treppenhaus nach unten.

Er hechtet durch die Gassen, den kleinen Schleichweg am Parkhaus entlang, noch scheinen die Laternen auf den Gehweg hinab, und als er auf die Schonekindstraße einbiegt, befindet er sich mit einem Mal unter einer Horde von Verkleideten. Einige erstarren sofort, als sie ihn sehen, können ihren Blick nicht von ihm lassen, beginnen zu lachen, einer zeigt mit dem Finger auf ihn. Niklas sieht nicht hin und geht stur geradeaus, die Treppen zum Hof hinauf, nimmt im Gegensatz zu sonst den rechten Eingang, weil er dort nur am Lehrerzimmer vorbei muss und nicht an anderen Klassen. Zumindest deren Blicken möchte er nicht ausgeliefert sein. Der morgendliche Schulgeruch aus Kakao, Schweiß und zitronigem Putzmittel fährt in seine Nase, und als er die Klasse betritt, setzen Kreischen und Jaulen ein, ein Fiepen und Krakelen. Niklas spürt, wie es kalt unter seiner Brust klopft, geht aber ruhig weiter und setzt sich auf seinen Platz. Für einen Moment wird es leiser, doch als er aufblickt, ist ihm, als seien überall nur noch Augen. Wieder beginnt die Schreierei, und Jonas, der ein Cowboy ist, der sich nicht mehr einkriegt und immer wieder mit dem Finger auf ihn zeigt, pickt sich Niklas heraus.

– Was ist denn, Mann! Hast du Schiss?

Jonas' Kopf wechselt die Farbe.

– Vor dir doch nicht!

– Doch, hast du!, schreit Niklas. Ist ja wohl cooler als deins.

– Guck dich mal an, sagt Jonas so böse wie möglich.

Niklas spürt an derselben Stelle, an der es eben von innen klopfte, nun einen feinen Stich, aber er reißt sich zusammen.
– Du bist ja einfach nur neidisch.

Er sieht zu seinen beiden Freunden, Heike und Erik, die als Waldfee und Pirat ruhig an anderen Tischen sitzen, an die Frau Hasenjäger sie versetzt hat, weil sie zu viel mit Niklas gequatscht haben. Erik lächelt kurz, dann sieht er auf den Boden. Auf seiner sonst meist milchverkrusteten Oberlippe ist ein schwarzer Schnurrbart aufgemalt. Heikes Kostüm ist blütenweiß und richtig echt.
– Wolf passt zu dir, brüllt der blöde Haller aus einer Ecke.

Niklas muss erst die Richtung orten, aus der es kommt, setzt die Maske auf, wendet sich um und fixiert ihn.
– Ich zerfleische dich, verkündet Niklas.
– Dummer Spinner, tönt Haller.
– Halt doch mal die Fresse, Haller, hört Niklas knapp hinter sich plötzlich Erik rufen, wenn auch ein bisschen kraftlos. Sogar aufgesprungen ist er, setzt sich aber gleich wieder verstohlen hin.

Wegen der Lautstärke im Raum bemerken nur wenige, wie Frau Hasenjäger das Zimmer betritt, den letzten Ausruf gerade noch vernimmt und gleich die Chance wittert, den ganzen Karnevalskram gewaltig einzudämmen. Sie nähert sich langsam, und weil sie so vertieft sind in die Situation und sie natürlich auch niemand warnt, haben sie ihre Anwesenheit noch immer nicht registriert. Erst als Frau Hasenjäger in die Mitte der Gruppe tritt, stehenbleibt und mit metallener Stimme dazwischenfährt, zucken sie zusammen. Die paar, die sie haben kommen sehen, lachen.
– Das habe ich ja wohl nicht gehört!

Niklas spürt den Schweiß aus seinen Achseln rinnen. Wenn sie das wirklich gehört hat, denkt er, ist Erik erledigt. Doch es kommt nichts mehr. Frau Hasenjäger sieht ihn erstarrt an und formt ihren Mund kreisrund, so ähnlich wie Oma und Mama. Jetzt erst erinnert er sich an das Wolfsgesicht auf seinem Kopf, nimmt es schnell ab.

– Oh, haben Sie sich erschrocken?

– Bitte, was?

– Erschrocken.

Sie setzt ihr typisches Lehrergesicht auf, ohne das sie keine ihrer Moralpredigten hält, pustet kräftig durch, deutet ein Kopfschütteln an.

– Erstens. Bitte immer in ganzen Sätzen sprechen, Niklas. Und nein, ich war es nicht, ich *bin* es.

– Aber wieso denn?

– Niklas, das ist ein echtes Tier, das einmal gelebt hat, sagt sie, obwohl sie selbst Pelze trägt. Ein paar hat sie sogar von seinem Opa, und je mehr er daran denkt, desto weniger kann er sich zusammenreißen. Er muss es sagen und herausfinden, wie sie darauf reagiert. Denn es ist ja wahr.

– Sie tragen auch Pelze, sagt er. Das ganze Jahr, außer im Sommer!

Wie lange es dauert, bis ihr darauf etwas einfällt, macht Niklas Angst.

– Um Gottes Willen, Niklas, also sag mal. Was fällt dir überhaupt ein, so mit mir zu reden?

– Entschuldigung, sagt er.

– Also wirklich, sagt sie. Und muss so ein Kostüm in der Schule sein, Niklas? Das ist ja grauenhaft. Und ausgerechnet du?

Zur Strafe muss er schließlich den Kakao vom Hausmeister aus dem Keller holen, obwohl ein anderer eingeteilt ist. Der Hausmeister hat Kindern schon das halbe Ohr abgerissen, auch nach seinem wollte er schon einmal greifen, gerade eben konnte er noch wegrennen. Doch als er mit dem Milchkasten vor ihm steht, schüttelt der nur den Kopf, schaut dabei aber nicht unfreundlich.

– Gar keine schlechte Idee, sagt er, da hat aber jemand richtig für dich gewerkelt. Sein Blick wandert an Niklas auf und ab. Mein lieber Freund und Kupferstecher!
– Danke, sagt Niklas. Aber manche haben Schiss und ärgern einen.
– Lass dir bloß keine Gülle verklickern. Hat was, wirklich.

Niklas rennt mit dem vollen Kasten nach oben und überlegt kurz, ob er Haller und Jonas nicht in ihren Becher spucken sollte, aber das Abnehmen der Deckel hier im Treppenhaus wäre zu umständlich. Den ganzen Morgen über flüstern sich die beiden noch Dinge zu und zeigen dabei grinsend auf Niklas, aber weil er es schafft, ihnen mehrfach den Mittelfinger zu zeigen, ohne dass es Frau Hasenjäger sieht, macht es ihm nichts mehr aus.

Weil die meisten Jungen wie erwartet Cowboys sind und den ganzen Tag durch die Gegend schießen, riecht das Zimmer zunehmend nach verschröggeltem Papier, aus dem die Patronen gemacht sind, eine lange Rolle. Mehrmals reißt Frau Hasenjäger alle Fenster auf, schimpft lauthals und verbietet von nun an das Schießen, doch nach einer Weile haben alle, sie selbst eingeschlossen, das Verbot wieder vergessen, und nach jedem Vergessen wird das Geballer noch stärker und unnachgiebiger. Frau Hasenjäger dagegen immer stummer. Es fallen, denkt Niklas, so viele Schüsse an diesem Morgen wie in einem ganzen Krieg.

Zwischendurch kommt auch der Rektor vorbei und bringt zwei riesige Teller voller Berliner. Alle greifen zu, der Rektor schmunzelt selbstzufrieden. Doch als er Niklas sieht, gefriert er.
– Was ist das denn?
– Ein Wolf, sagt Niklas. Frau Hasenjäger verdreht die Augen und schüttelt den Kopf. Der Rektor sieht sie an, dann wieder Niklas.
– Haha, macht er. Erschrick mir nicht die i-Männchen.

– Nee, sagt Niklas. Ich fresse nur ausgewachsene Menschen.
– Niklas, zischt Frau Hasenjäger. Dann kichert sie verlegen.

Als der Rektor draußen ist, sagt sie, dass es nur Ärger gebe mit einem solchen Kostüm, was er an den Reaktionen ja wohl sehen könne, und dass sie dies hinterher ausbaden müsse. *Dies* sagt sie, nicht *das*.

Den Rest des Morgens singen sie Lieder, spielen Plumpssack und Eckenrechnen, wobei die Lautstärke schleichend einen Pegel erreicht, der Frau Hasenjäger irgendwann verkünden lässt, dass sie jetzt keine Lust mehr verspüre. Daraufhin greift sie in ihre Handtasche und geht heimlich rauchen, wie jeder weiß, und so können sie noch eine Viertelstunde unkontrolliert toben. Niklas wird einige Male geschubst und ausgelacht, Erik, der sich einmischt, sogar von Haller geohrfeigt, und die letzten Minuten harren sie darum lieber mit Süßigkeiten ausgestattet vor der Tür aus. Bis es gongt.

Vor der Treppe, die vom Hof auf die Straße führt, bleiben sie noch einmal stehen.
– Ich finde dein Kostüm schön, sagt Heike.
– Lüg doch nicht, sagt Niklas.
– Tu ich nicht, sagt Erik. Ist echt super.

Niklas hebt die Arme wie bei einem Überfall, dann klatschen sie ein.
– Ciao!, sagen sie, weil das Wort neuerdings von ihren älteren Geschwistern benutzt wird.

Am Treppenaufgang zum Schulhof steht Clara und macht große Augen, als sei es unglaublich, was dort auf sie zugelaufen kommt. An ihrem Arm baumelt ein kleinerer Henkelkorb aus dunklem Bast. Als Niklas bei ihr angekommen ist, betrachtet sie ihn mit milden Zügen.
– Na?
– Was?, sagt Niklas scharf.
– Na, wie war's?

– Normal.
– Was soll das heißen?
– Ja, normal halt.
– Also, Niklas, erzähl doch einfach mal vernünftig, wie es war.

Hierauf erwidert er nichts mehr, reißt die Wagentür auf und schleudert seinen Sportbeutel in den Kofferraum. Clara steuert den Friedhof an, durch den Rückspiegel betrachtet sie in regelmäßigen Abständen ihren Sohn, der angestrengt nachzudenken scheint, zwischendurch in der Nase popelt und mit den Fingern das dort Geborgene verkrümelt. Sie überlegt, nachzuhaken, lässt es aber sein.

Die Handbremse ratscht, doch Niklas ist noch versunken in den Stoff der Kopflehne vor ihm, und jetzt hat sie genug.
– Würdest du bitte aussteigen?

Mit zeitlupenartigen Bewegungen schnallt er sich ab, öffnet die Tür und setzt ein Bein hinaus. Kurz sieht er sich zu allen Seiten hin skeptisch um, dann setzt er den anderen Fuß nach. Vom Brunnen holen sie grüne Gießkannen mit städtischen Aufdrucken, Niklas dreht mit beiden Händen den mächtigen Hahn auf, doch Clara bittet ihn, das Wasser aus dem Becken zu schöpfen, das sei genauso gut. An einigen Gräbern bleiben sie stehen, stellen die schweren Kannen ab, und Clara erzählt Niklas eine kurze Anekdote zum jeweiligen Grab. An einem, auf dem ein Name steht, den er noch nie gehört hat, sagt sie nichts, betrachtet es nur eindringlich, und als sie mit einem Ruck zu ihm hinübersieht, kommt es ihm vor, als würde sie sich ertappt fühlen bei einer Erinnerung. Sogar eine seltsame Angst meint er in ihrem Ausdruck zu erkennen, was ihm umso mehr auffällt, weil er fein unterscheiden kann zwischen dem üblichen Schrecken, der seiner Mama ständig ins Gesicht springt, wenn er Unsinn gebaut hat, und diesem jetzigen Ausdruck, den er noch nie an ihr vernommen hat.

Als sie am Familiengrab ankommen, um dessen letzte Plätze sich Willi bis zum Infarkt noch mit seiner jüngsten Schwester und ihrem Mann stritt, begrüßen sie freundlich die Ahnen. Niklas macht sogar eine winzige Verbeugung, allerdings so, dass seine Mutter es nicht sieht. Clara zupft Laub aus den Begonien, dem Liguster und den zwei Buchsbäumchen links und rechts des schwarzen Steins. Auch den kleinen Kiesgang in der Mitte befreit sie von vertrockneten Blättern, doch als Niklas ein paar Schritte auf die noch immer frische Erde setzt, um ein letztes, schwer erreichbares zu bergen, herrscht sie ihn an. Niklas zuckt und macht, um das Gleichgewicht zu wahren, einen weiteren Schritt auf dem neuen, empfindlichen Untergrund. Claras Arm schnellt vor, packt ihn und zerrt ihn durch den halben Busch vom Beet.
– Du bleibst jetzt mal da stehen, sagt sie halb über ihn gebeugt und deutet mit der flachen Hand zum Pfad.

Nachdem die letzte Kanne vergossen ist, werfen sie am Kompost den Müll ab und schlendern zurück zum Haupttor, verlassen den Friedhof.
– Entschuldige bitte. Redest du nicht mehr mit mir?, fragt Clara ihn nach einer Weile, aber Niklas vergisst zu antworten, weil er gegenüber auf dem Parkplatz etwas sieht, das ihn staunen lässt. Aus einem braunen Audi – den bemerkt Niklas zuallererst – steigt kein anderer als sein Vater, und während sich seine Augen weiten und ihm die Stimme im ersten Anlauf versagt, verdüstern sich Claras Züge, und mit ein wenig Überwindung bringt Niklas doch noch die längst offenkundige Information hervor.
– Da ist ja Reza!

Woher und wieso auf einmal, fragt er sich, und warum ist seine Mama nicht überrascht? Und wenn sie nicht überrascht ist, weshalb hat sie ihm nichts gesagt? Aber Niklas versteht schnell, dass seine einzige Chance darin besteht, diesen seltenen Moment zu nutzen, und dass er dafür zu sorgen hat, dass es jetzt schön wird. Vom einen Augenblick auf den anderen will er nichts anderes mehr, als dass es ein gutes Treffen wird und ist dafür bereit, alle sonstigen Umstände zu vergessen. Er rennt los, über die Straße, auf der anderen Seite öffnen sich die Arme. Niklas beschleunigt, bremst ab, springt, landet und hebt sogleich wieder ab, kreiselt jetzt durch die Luft, getragen von Armen, wie sie niemand hat, den er kennt, und die so kräftig sind wie Beine.

Sein Vater macht ein paar merkwürdige Pfeifgeräusche, und als er Niklas wieder absetzt, verschränkt Clara die Arme. Noch immer steht sie auf der anderen Straßenseite und macht die Augen zu kleinen Schlitzen. Kaum merklich schüttelt sie den Kopf. Nachdem sie ausführlich nach links und rechts geschaut hat, obwohl die Straße weit einsehbar und nirgends ein Motor zu hören ist, geht sie hinüber. Als sie bei ihnen ankommt, strahlen beide, während ihr Blick Niklas düsterer erscheint als je zuvor. Aber sie regt sich nicht.

– Hallo Clara, sagt Reza.

– Das ist ja mal ein Wunder.

– Bitte?

– Dass du etwas einhalten kannst.

– Wusstest du, dass Reza hier ist?, fragt Niklas.

Sie schnauft höhnisch.

– Zufall wird's wohl nicht sein!

– Clara, mischt sich Reza ein, was möchtest du denn damit sagen ...

– Nichts, gar nichts. Ihr habt ja euren Spaß.

– Bitte?

– Bis später, Reza.

Langsam dreht sie sich weg, setzt sich in den Wagen, wartet, bis ihr Sohn einsteigt.

– Wir unternehmen was die Tage, sagt Reza, ich bin jetzt wieder ein bisschen hier. Lass uns Pommes essen gehen, und an den See, ja?

Es dauert eine gute Woche, bis Niklas etwas von seinem Vater zu hören bekommt, was in ihm wilde Vorstellungen darüber heraufbeschwört, was der eigentlich noch alles so treibt, wenn er hier in der Gegend ist. Als er anruft, holt ihn Clara ans Telefon, und glücklicherweise, fällt ihm jetzt wieder ein, redet sein Vater im Gegensatz zu seiner Mutter immer von sich aus, sodass er gar nicht viel sagen muss, außer auf seine Fragen zu antworten.

Am frühen Nachmittag holt er ihn ab, es kommt Niklas vor wie ein etwas kleinerer Geburtstag. Sie steigen in seinen Wagen und fahren aufs Land hinaus, und Niklas gefällt es, dass er wieder einmal von seinem Vater mit dem VW kutschiert wird. Dörfer, Hänge, Türme, überall gibt es etwas zu zeigen. Sie essen Pommes am Möhnesee und Spaghettieis im Park, nicken einander zu, auch wenn keiner etwas gesagt hat. Ohnehin redet meistens sein Vater, und Niklas merkt, dass es mehr ist als bloß Reden, dass sein Vater, anders als Lehrer, die ebenfalls sehr oft sehr lange reden, und das nicht einmal alle, die einzelnen Dinge darin so miteinander verbindet, dass man gern immer weiter folgen möchte, die Dinge werden zu echten Geschichten, auch wenn Niklas nicht genau sagen kann, woran das liegt, doch als Reza gerade mit einer neuen Geschichte anfängt, die sehr bald wieder in die nächste Geschichte übergehen wird, wünscht sich Niklas, jetzt auch wieder einmal etwas von ihm gefragt zu werden, denn er spürt, wie er auch dazu in der Lage wäre, solche ganz vielen Dinge nacheinander zu erzählen, ohne dass daraus eine neue Geschichte würde. Es bliebe immer die gleiche.

Aber sein Vater fragt wenig. Und wenn, nur das, was Niklas am wenigsten interessiert, seine Noten in der Schule und

ob er lieb ist. Das müsse er nämlich sein, das ginge gerade nicht anders, die Mutti habe viel zu bewerkstelligen.
– Du könntest ihr doch helfen.

Reza atmet ein und aus, wird ruhig, sieht zu Boden. Es sei eben nicht immer so, wie man sich das wünscht, flüstert er Niklas zu, es kommen Dinge dazwischen, und bis du die wieder im Griff hast, tja ... er wird wieder lauter ... da brennt dir in der Zwischenzeit der Arsch ab, mein lieber Sohn, und dann ist plötzlich alles, wie es ist, und du hast keine Wahl mehr.
– Welche Wahl?
– Du bist ein cleveres Kerlchen, das weiß ich, und du wirst das auch ohne mich hier alles gut schaffen.

Niklas stutzt und wünscht sich jetzt doch wieder, dass sie nur über Noten, Fußball und Pommes reden. Oder dass sein Vater irgendwas erzählt.

Als sie den Park unter dem alten Tor zur Teichsmühle hin verlassen, spaziert ihnen ein Mann im grauen Anzug entgegen. Er mustert Niklas, blickt dann hinauf zu Reza, hebt die Augenbrauen. Als er vorbei ist, flüstert Reza wieder.
– Sauviele Arschlöcher hier, sagt er, aber damit kommst du klar. Das ist mein Befehl.

1963

Am Gatter eines Vorgartens in Bahnhofsnähe stehen Clara und ihre Cousine, in der Mauer steckt das Messingschild eines Orthopäden. Theresa ist wieder einmal ganz das nervöse Hemd, das Claras Mutter ihr schon länger andichtet, etwas Starres beherrscht ihren Blick. Hektisch dreht sie sich in alle Richtungen. Die Haare trägt sie gesträhnt und aufgefönt, alles ist mit hartnäckigem Spray befestigt. Eine Spur von Rouge auf den rundlichen Wangen und hellroten Lack auf den Nägeln, steht es ihr sogar beinahe, denkt Clara. Sie selbst hat ihr Haar bloß ausgiebig gekämmt und trägt ein zartes, dunkelblaues Kleid. Das hat sie schon vor Längerem heimlich erworben, von ihren ersten, durch tüchtiges Zutun bei ihrem Vater angehäuften Ersparnissen, schon ganz voller Ahnung, dass dieser Moment kommen wird. Wochenlang hat sie es im hintersten Winkel ihres Kleiderschranks versteckt, und als sie es zum ersten Mal lüftete und vor Theresa anzog, erkannte sie sofort deren Missgunst, selbst wenn sie lächelte. Selbst wenn sie erstaunt und freundlich tat. Nun schauen sie erwartungsvoll hinauf zum kleinen Weg, der von alten Eichen gesäumt hinunter in die Altstadt führt. Doch nach wie vor ist nichts zu sehen, und nun fordert Theresa sie auf, endlich weiter zu gehen, zumindest bis an den Rand des Walls, denn dort kämen die beiden ohnehin entlang, hätten sogar selbst betont, dass es ein unauffälliger Treffpunkt sei. Dort könne man sich viel besser begrüßen und müsste nicht so an sich halten.

– Schon gut, sagt Clara, können wir gerne machen.

In ihrem Schuh pikt ein Steinchen. Sie greift nach unten, pult unter ihrer Sohle herum. Theresa betrachtet sie mürrisch. Diese wenig damenhafte Haltung, diesen Anblick kann sie unmöglich kommentarlos an sich vorbeiziehen lassen.

– Na dann, raunzt Theresa, komm in die Pötte, oder kneifen die Puschen?

Unwillkürlich muss Clara, die den Stein schon gefunden hat und wieder auf beiden Beinen aufrecht vor ihr steht, ihren Blick zurück nach unten richten, auf die flachen und vielleicht etwas schlichten, für ihren Geschmack aber sehr eleganten Ausgehschuhe. Sie sieht wieder auf, während Theresa lacht, und Clara erinnert sich an ihren Vorsatz, sich nicht mehr alles gefallen lassen zu wollen, sammelt schon Kraft, drückt es hinaus.

– Damit komm ich schneller über's Pflaster als du mit deinen ollen Pumps.

Das ist nun so offenkundig und unbestreitbar, dass Theresas Gesicht in Sekundenschnelle gelangweilt nach unten rauscht, sie sich schweigend in Laufrichtung wendet und so eilig, wie es ihr in ihren Stöckeln möglich ist, voranstakst.

Sie gelangen auf Wallhöhe und betreten seitlich den kleinen Spielplatz, der zu Füßen der Wälle liegt. Aus ihrer Handtasche zückt Theresa einen Piccolo und grinst hämisch. Clara zuckt kurz, obwohl sie es sich hätte denken können.

Sie nippen abwechselnd am Flaschenhals, wobei Theresa gleich herumplörrt. Clara weicht zurück, damit ihr Kleid nichts abbekommt. Beide kichern sie nun etwas läppisch. Die Welt fühlt sich blendend an für diese paar Augenblicke der Vorfreude. Über ihnen rauschen die Linden auf dem Wall, Sonnenstrahlen erreichen ihre bleiche Haut in sanften Dosen. Theresa hält den Piccolo mit abgespreiztem kleinen Finger, zwischendurch legt sie die Außenseite ihrer Hand an die Stirn, schließt die Augen und neigt den Kopf nach hinten.

– Du verwöhnte Miezekatze, sagt Clara.
– Bitte?
– Ja, bist du doch.
– Na, na, motzt Theresa, Vorsicht!
– Wehe, du drangsalierst mich heute vor denen.
– Wirst du wohl jetzt die Klappe halten, heute haben wir Spaß! Los, justier mal deine Haare.
– Wieso? Was ist mit denen?
– Kindchen, stöhnt Theresa und mustert Claras Haar. Die sind vom Wind ganz strubbelig!

Clara schüttelt den Kopf, fährt aber trotzdem einmal mit beiden Händen durch sie hindurch.
– Besser, sagt Theresa und nippt.

Vom anderen Ende des kleinen Weges, der hinter der Spielplatzmauer liegt, hören sie Pfiffe und Gelächter, sich schnell bewegende, springende Füße. Theresa stellt die Flasche ab und greift sich umständlich in Gesicht und Haare, ohne dabei auch nur ansatzweise etwas zu verändern. Die Köpfe der Jungen erscheinen hinter der Mauer, die Stimmen und das Lachen werden eher noch lauter, bis sie durch den Eingang preschen und auf die beiden zustürzen. Innige Umarmung, freudiges Palaver, schon sind sie auf der Hauptstraße angelangt und streben zur Fußgängerzone. Es gibt reichlich zu witzeln, was Clara entspannend findet, denn nach dem Piccolo verspürt sie keinen Drang, sich auf komplexe Themen zu konzentrieren.

Hauptgesprächsthema sind natürlich die neuesten Alben, vor allem die aus England, von denen die Jungen immer noch ein bisschen mehr erzählen können als das, was man ja ohnehin schon hört. Und so laufen Clara und Theresa durch die Einkaufspassage, an den Geschäften entlang, gehen in manche hinein und schnell wieder hinaus, lachen lauthals und entwischen den nur zum Schein ungeschickten Jungen, springen über Bänke und Brunnen und vergessen, was sie umgibt.

Bis sie etwas hören, das eindeutig *sie* meint. Erst ist es einfach da, aber noch immer leicht zu ignorieren, doch schnell verbindet es sich mit einer deutlichen Bewegung in ihrem Rücken, während sie beide erstarren, und auch die Jungs erstarren und verstummen. Mit gefalteten Händen schauen sie, schon fahl und ernst im Gesicht, nach unten. Von der Seite tritt ein Herr ins Bild, und Clara erschrickt, denn es ist nicht irgendein Herr, sondern der Herr Schuldirektor.

– Ja, beginnt er zischend, sagt mal, ich glaube, ich traue meinen Augen nicht, was soll denn das hier werden, wenn es fertig ist? ... Das ist ja ... er bemüht sich sichtlich, noch mehr Empörung auszustrahlen ... wirklich eine Ungeheuerlichkeit.

Er mustert sie sauertöpfisch, inspiziert und bemisst ihr Äußeres, sieht hinauf und hinab an den reglosen Gestalten, die allesamt zittern, seinem Blick ausweichen, unverständlich stammeln. Als von ihnen nichts mehr kommt, wird er laut.

– Es darf *nicht* wahr sein, posaunt er, bäumt sich weiter auf und wendet sich an die Mädchen. Das interessiert euch also? Mit den Lümmeln hier um die Häuser ziehen und Flegeleien anstellen und was nicht noch alles. Ich will es gar nicht wissen! Er macht eine kleine Pause und beobachtet mit verärgert-suchendem Blick ihre Reaktionen, holt wieder Luft, schreit. Was glaubt ihr kleinen Pippi-Mädchen eigentlich, wer ihr seid? ... So lauft ihr am hellichten Tag mitten durch die Stadt? Könnt ihr mir verraten, wo ihr das gelernt haben wollt? Denn bei uns habt ihr das nicht gelernt, damit *das* schon mal feststeht!

Theresa macht einen Schritt nach vorn, und ehe Clara mit Blicken oder Gedanken eingreifen kann, schießt sie es heraus.

– Aber Herr Rektor, wir gehen doch nur mit unseren Cousins spazieren!

Das Wort Rektor allein hätte sie sich besser verkniffen, denkt Clara, von der Lüge ganz abgesehen. Aber sie stimmt ein.

– Genau. Zu unserer Familienfeier.

Es wird nicht besser, und Clara befürchtet, spätestens hiermit zu weit gegangen zu sein. Er weicht minimal zurück, sieht zwischen ihnen hin und her, scheint nun eher noch erboster als zuvor.

– Achso, ja? Um diese Uhrzeit. Da werde ich mich aber mal erkundigen, was das für eine Feier sein soll. Um diese Zeit steht deine Mutter doch noch lange im Geschäft, wenn ich nicht irre? ... Und dein Vater? Einmal über den Büchern, kommst du als Geschäftsmann nicht so schnell dort weg, mein Kind. Merk dir das am besten jetzt schon. Und sowieso, merk dir immer das Schlimmste, dann kann dir weniger geschehen.

– Sagen Sie mal, Herr Direktor, sprudeln plötzlich die Worte aus Claras Mund, ohne dass sie noch groß darüber nachdenken könnte, was geht sie das alles eigentlich an? ... Mit wem wir uns treffen, kann Ihnen das nicht egal sein? ... Und übrigens, meine Eltern sind da sehr empfindlich, wenn die Leute über sie reden.

– Sag mal, Kind, bist du noch ganz ... er zögert und hält einen Moment lang den Atem an ... also, das werden wir noch ausführlicher besprechen, darauf kannst du dich verlassen. Ist ja wohl die ...

– Herr Direktor, schallt es aus einem Geschäftseingang.

Er zuckt, sieht sich um, ein Mann im weißen Kittel winkt fröhlich. Noch einmal wandert sein knittriger Blick durch die Runde, dann hebt sich der schmale, längliche Kopf, deutet ein Schütteln an und wippt grußlos davon.

Ganze Armeen bringen sich in ihren Köpfen in Stellung. Armeen von Wörtern, die voll wütender Angriffslust sind. Doch weil sie wissen, dass der Feind übermächtig ist und seinen Worten auch hehre Taten folgen, sobald sie auch nur Anstalten machen, ihn zu tangieren, beginnt vor allem Clara, ihre eigene Armee vor lauter Desillusion gleich wieder zu demontieren, sobald sie einmal vollständig dasteht. Der Respekt, den die anderen ihr zollen, bedeutet ihr schon nichts mehr, zumal ihr Aufmucken für ihren Geschmack nicht viel bewirkt hat. Der Alte hat sie trotzdem zittern lassen.

Am liebsten würden sie ihm auflauern, irgendwo im Morgengrauen, aber sie können schon froh sein, wenn auf die Begegnung nichts weiter folgt. Die Jungen fluchen noch eine Weile, durchmessen innerlich die Folgen, und es dauert, bis sie wieder am Nachmittag teilhaben können, in den etwas Größeres, Beklemmenderes und Unbeschreiblicheres hineingefahren ist als bloße Wut. Als sie sich wieder einigermaßen gefangen haben und ohne ängstliche Hintergedanken weitergehen können, schaffen sie es sogar, bald wieder lautstark mit den Mädchen durch den Park zu toben, fühlen eine seltsame Erleichterung, als sie sich vor ihnen hinwerfen und zum Spaß ein wenig treten lassen, natürlich vor allem von Theresa, während Clara sich nicht allzu weit auf die feuchte Wiese traut und die anderen aus schmalen, nachdenklichen Augen heraus beobachtet. Als sie sich später auf die Stufen am Ufer setzen, reden sie noch dies und das, woran sich Clara später kaum wird erinnern können.

An eine Sache aber doch. Und zwar an das, was der Ingmar zwischendurch sagte, und dass sie dabei so ein ernstes Gefühl überfiel. Es war, als die Sonne wieder herauskam und der Vorfall halbwegs vergessen schien. Noch drei Jahre, sagte er. Dann bin ich weg.

1989

Der Morgen, der Niklas unendlich lang erscheint, neigt sich dem Ende zu, und doch hält er noch eine Überraschung bereit. Ohnehin hat er sich gewundert, weshalb schon die gesamte Stunde über ein dicker Packen Hefte auf dem Lehrertisch liegt, und nun klemmt Frau Hasenjäger den Haufen unter ihre Achsel und wandert kommentierend durch die Reihen. Hier eine Durchschnittlichkeit, dort ein unerwartetes Versagen, und nachdem die Hefte hastig aufgeschlagen wurden, stürzen die ersten auch schon panisch aus der Klasse. Frau Hasenjäger versucht noch, ihnen hinterherzubrüllen, denn selbstverständlich ist es verboten, sich vor dem Gong auch nur von seinem Holzstuhl zu erheben. Doch ihrer Stimme versagen auf halbem Weg zur Tür die Kräfte. Allerdings beruhigt sie der Umstand, die Flüchtenden am nächsten Tag gleich von der ersten Stunde an wieder bei sich zu haben und somit rasch die notwendigen Maßnahmen einleiten zu können, ohne sich noch lange ärgern zu müssen. Schließlich tritt sie vor Niklas' Tisch.

– Schreiben kannst du ja, Niklas. Aber sei bitte nicht immer so arrogant.

Obwohl er manchmal bereits recht ausführliche Aufsätze schreibt, die sogar immer mehr Sinn zu ergeben scheinen, wie er den überraschten Reaktionen seiner Umwelt entnimmt, ist ihm dieses Wort noch nicht geläufig, aber er tut so, als würde er es verstehen.

– Verstehst du, sonst bekommst du wirklich Probleme, bei denen wir dir hier auch nicht mehr helfen können.

Sie lässt das Dikatheft vor ihm auf den Tisch klatschen und beobachtet seine Reaktion. Langsam greift er nach der Deckseite und schlägt sie auf, lässt den Blick über das erste Blatt wandern, das noch genau so aussieht, wie er es abgegeben hat.

– Na los jetzt, sagt sie, auf der ersten Seite steht sicher keine Note.

– Aber ich möchte doch auch sehen, was Sie geschrieben haben.

– Niklas, bitte. Was soll ich denn geschrieben haben? Das war ein Diktat.

– Na ja, Kommentare eben.

– Bei einem Diktat gibt es nichts zu kommentieren, Niklas. Da gibt es nur richtig oder falsch.

In aller Ausführlichkeit inspiziert er den Text, und von denen, die aus Angst vor Bestrafung noch im Klassenraum sitzen, gibt es niemanden, der ihn nicht dabei anschaut.

– Sie haben ja gar nichts hineingeschrieben!

– Niklas!, brüllt Frau Hasenjäger nun unvermittelt.

Er blättert um, und jetzt kommt doch noch etwas rot zum Vorschein. 0 F., sehr gut, steht dort, sowie das gestrige Datum und ein paar Kringel, die ihr Name sein sollen. Niklas spürt, wie ihm Hitze in den Kopf steigt, und kann es trotz größter Mühen nicht verhindern, dass sein Gesicht zu strahlen anfängt.

– Na, das ist doch ein super Grund, um fröhlich nach Hause zu gehen, oder etwa nicht?

Nun ertönt die Schulglocke wirklich, die Verbliebenen stopfen ihr Zeug in die Tonnies, noch bevor Frau Hasenjäger ihr übliches *Wie viel sind vier Packen weniger drei Packen?* in den Raum schleudern kann. Mit Heike, deren kaum merkliches und verschwörerisches Nicken er sofort einfängt, läuft

Niklas hinaus auf den langen Flur, in den nur fahles Licht einfällt und auf dem es jetzt nach Erbsensuppe riecht, wegen der Mittagskinder. Die beneiden sie wahrlich nicht. Nur die Suppe würde Niklas interessieren.

Auf dem Schulhof schließen sie ihre Räder auf und schieben sie den kleinen Hang hinab, der in die Altstadt führt. Seines ist silbern und leuchtet prächtig in der Sonne, dennoch findet er das gelb-violette von Heike noch um einiges imposanter. Im Diktat hat Heike einen einzigen Fehler gemacht, über den sie sich nun ärgert, obwohl sie damit eine Eins minus hat.

– Also, versucht es Niklas, sie hat gesagt, dass es nur zwei Einsen gebe. Und wir beide haben eine Eins. Niemand sonst hat eine!

– Aber mein Vater macht immer Witze, sagt Heike, für jeden Fehler macht er einen Witz, obwohl ich ja immer nur einen oder zwei habe.

– Ist doch egal, am Ende ist er doch zufrieden.

– Aber er sagt nie was außer den Witzen. Ich muss ihm die Arbeit zeigen, und er schaut sich nur die Fehler an, und dann guckt er mich an und fragt mich irgendwas Seltsames oder sagt etwas Blödes über die Fehler und lacht.

– Ach, jetzt freu dich doch, sagt Niklas.

– Ich würde so gern sehen, was er sagen würde, wenn ich mal keinen Fehler mache, dann könnte er keinen Witz machen, aber müsste ja doch irgendwas sagen. Das würde ich gerne erleben, aber ich schaffe es nie.

– Aber du hast doch überall gute Noten.

– Aber im Diktat wäre es am einfachsten, einmal keinen Fehler zu machen. Es gibt nichts, in dem ich keinen Fehler mache.

Sie nehmen einen kleinen Umweg, um in der Eisdiele eine Kugel im Hörnchen zu kaufen. Heike nimmt Zitrone, Niklas

Nuss. Sie schieben ihre Räder die Fußgängerzone hinunter und lecken an den im Licht glänzenden Kugeln, an manchen Stellen schauen sie in die Schaufenster hinein und zeigen einander, was sie gut finden; darunter sowohl Dinge, die sie verstehen und aus klassischen Gründen begehren, aber auch solche, die aus der Erwachsenenwelt stammen. Denn was ein Busen ist, wissen sie, doch warum mitten in der Stadt so viel von ihm sichtbar wird, bleibt ihnen unerklärlich. Sogar zu Hause dürfen Erwachsene nicht nackt herumlaufen. Die Frau auf dem Plakat kann Tag und Nacht hier in der Fußgängerzone von allen betrachtet werden, wie sonst nicht mal im Freibad. Sogar von ihnen.

Außerdem liegen Handschellen unter dem Plakat, mit einem Preisschild versehen. Neunundreißig Mark. Niklas überlegt, ob er zu lange die Frau angesehen und ob Heike das möglicherweise bemerkt haben könnte. Doch als er zur Seite blickt, starrt sie noch immer. Und wohin? Sein Blick zuckt zurück auf das Schaufenster. Auf den Busen starrt sie.

Sie biegen auf einen kleinen Seitenweg der Fußgängerzone ein, der nach Norden führt, so können sie noch ein wenig länger gemeinsam gehen. Die Gasse wird immer enger, sie kommen am Spielplatz vorbei, auf dem sie schon von Weitem eine Gruppe vom Endlosen Weg erkennen, einer berüchtigten Gegend.

– Siehst du die, sagt Heike, die waren wahrscheinlich gar nicht in der Schule.

– Jaja, egal. Nicht hinsehen. Komm.

Weil es etwas bergauf geht, können sie nicht schnell auf die Räder springen und davonrasen. Jede sichtbare Fluchtbewegung würde die Jagd auslösen.

Sie laufen weiter. Aber dafür, Coolness auszustrahlen, reicht es nicht. Einer springt mit einem Satz, dessen Wucht allein Niklas erschrickt, vom Gerüst und kommt zum Spielplatzausgang gelaufen. Er hat rotblonde Haare, trägt eine Jeansjacke und ist vielleicht zwei, drei Jahre älter als Niklas, gegen den hat er jedenfalls keine Chance.

– Na, Kanacke, was wollt ihr denn hier!

Er stellt sich breit in die Gasse, sie bleiben stehen. Heike gibt Niklas ein Zeichen, weiterzugehen, aber er geht nicht darauf ein. Er starrt sein Gegenüber an. Der hat eine Zigarette hinters Ohr geklemmt, verschränkt die Arme vor der Brust.

– Ey, ich bin katholischer Deutscher, sagt Niklas. Da, dein Kumpel, der ist doch Türke!

Heike starrt Niklas ungläubig an. Sofort macht der andere zwei Schritte auf ihn zu und runzelt die Brauen.

– Hast du ein Problem? Das ist ’n Portugiese, Junge!

– Wir gehen ja nur nach Hause, sagt Niklas.

– Und warum fahrt ihr nicht?

– Wieso?

Der andere sieht ernst zu seinen Leuten, wieder zu Niklas und macht mit der Hand eine unerwartete Boxbewegung in die Luft. Kurz vor seinen Augen kommt sie zum Stehen.

– Wieso, wieso ...

Er schnaubt spöttisch und lacht hallend. Die anderen grölen sofort mit. Einer hängt mit dem Kopf nach unten am Klettergerüst und lässt einen Speichelfaden durch die Zähne in die Tiefe baumeln.

– Weil wir uns lieber unterhalten möchten.

Mit dieser Antwort, er hätte es ahnen können, dämmt er das Gelächter nicht ein. Und falls die Typen bislang nur ausloten wollten, wie weit sie es mit ihm treiben können, haben sie spätestens jetzt freie Fahrt.

– Na, dann macht das doch mal schön. So lange kannst du mir ja dann ruhig dein Fahrrad leihen.

Mit einem Ruck entreißt er es Niklas, der sich nicht sonderlich wehrt. Eher überreicht er es ihm beinahe zustimmend, wie etwas, das sich in diesem Moment leider nicht umgehen lässt, während die anderen Niklas bereits umzingeln, und diesen Moment nutzt Heike, um mit einem kräftigen Anlauf an ihnen vorbeizuradeln, über den kleinen Hügel hinweg. Niklas ist froh, dass sie nicht hinfällt, vor allem aber, dass sie jetzt nicht mehr da ist und sich somit auch diese Erniedrigung nicht länger anzusehen braucht.

– Bekommst du schon noch wieder, später. Hast du noch mehr bei? Kohle?

– Nee, nix.

– Zeig mal.

Sie greifen ihm von allen Seiten in die Taschen und finden fünfzig Pfennig, die der Rothaarige einkassiert.

– Warum hast 'n nicht mehr, he? Schelle.

Mit der Innenhand schlägt er an Niklas' Hinterkopf entlang.

– So, wir probieren das mal 'ne Runde. Geht bestimmt ab.

– Aber vorsichtig mit der Schaltung, die wurde neulich repariert.

– 3-Gang, kein Ding. Passiert nix.

– Kann ich es nicht doch wiederhaben?

Doch schon rast der andere die moosige Gasse hinab. Niklas greift mit seinem rechten Arm nach vorn, in die Luft hinein, und kann diese Geste selbst nicht ganz einordnen, zumal er damit natürlich nichts ausrichtet, außer den eigenen sprachlosen Willen zu bekunden. Auch die anderen laufen dem Radelnden hinterher, von Heike ist nirgends mehr eine Spur. Niklas will gehen, da blitzt es zwischen den glitschigen Pflastersteinen. Er bückt sich, und dort liegt eine Fünf-Mark-Münze, die er eilig einsteckt. Dann rennt er davon.

Als er zu Hause ankommt, steht seine Mutter im Hof und fegt frisches Laub. Sofort hebt Clara den Kopf, den ein weißer Sonnenhut bedeckt, wegen ihrer empfindlichen Haut. Sie stützt die Hände in die Hüften und beobachtet Niklas' Weg von der kleinen Kreuzung bis hinauf zum Treppengeländer, an dessen Ende sie sich nun in Wartehaltung positioniert. Fast sieht es so aus, als würde sie dort Spalier stehen, ihn in Empfang nehmen, mit dem vollständigen Gestus der Vereinnahmung. Sein Blick ist starr nach vorn gerichtet, auf die Haustür zu, die sich ihm rettend hinter ihr darbietet. Milde rauscht der Wind durch die japanische Pflaume. Weil sie erkennt, dass er ansonsten an ihr vorbeigehen würde, macht sie einen Schritt nach vorn, auf seinen Weg. Sucht den Blickkontakt.

– Wo ist dein Fahrrad, Niklas?

Er bleibt stehen. Ihm fällt nichts ein, das er sagen könnte. Darum sagt er auch nichts und sieht auf den Boden, dann zur Tür, wieder auf den Boden.

– Wo bitte ist dein *Fahrrad*?

– Wurde geklaut.

– Das darf ja wohl nicht wahr sein.

Niklas hört, wie ihre Atmung schwerer wird.

– Wie kann denn das passieren? Ich kaufe dir nie wieder ein Fahrrad, das kannst du mir glauben.

Niklas versucht, wie so häufig, nichts davon zu hören, es nicht in sich zu dulden, ihrem Schimpfen kein Recht zu geben. Darum hebt er jetzt nur ratlos die Arme und geht weiter in Richtung Tür, doch damit kommt er dieses Mal nicht durch. Sie greift nach ihm.

– Moment mal. Du sagst mir schon wieder nicht, was passiert ist. Du sagst nicht die Wahrheit, das merke ich! Stimmt's?

– Später, brummt Niklas, mir ist schlecht, dreht sich um und läuft hinauf in sein Zimmer, wirft sich aufs Bett und stellt sich schlafend. In seinem Kopf pocht es.

Clara kommt ihm hinterhergelaufen, sieht den auf dem Bett liegenden Niklas, der das Gesicht ins Kissen presst, flucht etwas wie *Das ist ja unmöglich* vor sich hin und wuchtet die Tür zu. Reglos bleibt er liegen, lauscht, wie sie im Haus gegen Dinge tritt, Schubladen zurammt und die Flurtür donnert, bis irgendwann Stille einkehrt. Auch der lauscht er noch eine Weile hinterher, so lange es ihm möglich ist und sein Geist sie fassen kann, bis schließlich das Pochen nachlässt und er, ohne es zu merken, wegdämmert.

Fünf Minuten später kreuzt Heike am Spielplatz auf, gemeinsam mit ihrem Vater, doch alles ist verwaist.

Allmählich nur, wie fast immer nach dem Mittagsschlaf, gehorchen ihm seine Gliedmaßen wieder. Gerade nach dem Aufwachen fühlt er sich besonders schwach statt erholt und benötigt einige Versuche, um aufzustehen. Immerzu möchte er sich im Schlaf wälzen, er kann sich derzeit kaum einen besseren Zustand denken.

Doch als würde sein Aufwachen durch die Türen und Flure hindurch bereits registriert, beginnt in der Ferne auch schon wieder das Rumpeln. Niklas hat sich angewöhnt, dieses Rumpeln vollständig auf sich zu beziehen. Stimmen sind zu hören, erfüllt von Geschäftigkeit und dem Glück, sich mitten im Tagwerk zu befinden, das bald einen redlich verdienten Ausklang nimmt. Beides schwingt in diesen Feierabendlauten mit, Erschlaffung *und* Ärger, und nicht mehr lange wird es dauern, bis die letzten Kräfte, die dieser Vorgang mobilisiert, auf ihn verwendet werden.

Er stützt sich in die Matratze, richtet sich mit aller bereits zur Verfügung stehenden Kraft auf, atmet langsam ein und aus, um zu schauen, ob es schon funktioniert. Aber es geht. Es muss gehen, befiehlt er sich, streift die Decke zur Seite und dreht sich auf dem Hintern aus dem Bett, in den aufrechten Sitz. Als sich das Poltern in Form zielgerichteter Schritte nähert. Die Tür springt auf.

– So, was *ist* denn jetzt?
– Was denn?
– Na was wohl … wo ist dein Fahrrad?
– Weiß ich nicht.
– Das kann ich mir nicht vorstellen. Ich kenne dich, mein Freund.
– Ich glaube, dieser Junge hat es.
– Bitte? Was für ein Junge?

Er fährt unter dem Aufbrausen von Claras Stimme zusammen, was sie erst recht herausfordert.
– Jetzt sagst du mir sofort, was für ein Junge!
– Mit so roten Haaren.

Sie zögert.
– Das ist ja unglaublich schon wieder …
– Aber der hat es geklaut!
– Wie hat der es denn geklaut, hast du es gesehen? War es nicht abgeschlossen?
– Nein, ich hatte es bei mir.
– Und dann hast du es dir wegnehmen lassen?
– Ja.

Sie macht eine noch größere Pause, in der sie den Grad der Bitterkeit in ihrem Blick feinjustiert, immer die Augen auf Niklas gerichtet.
– Du kannst doch nicht einfach so dein Fahrrad hergeben, Niklas.
– Hab ich auch nicht!

Kurz ist er erschrocken darüber, mit welcher Lautstärke das aus seinem Mund kommt. Doch es tönt ja schnell zurück.
– Und warum hat er es dann?
– Ich … er spürt, wie langsam wieder Dinge in ihm aufsteigen, die nicht schön sind, daran gemessen, wie er eigentlich gern mit seiner Mutter spräche … ich weiß *es* nicht.

– Dann gehen wir es jetzt holen. Wo war das? Komm, mach dich fertig.
– Aber Mama ... die sind übel.
– So ein Blödsinn.
– Doch. Der hat Türke zu mir gesagt!
– Bitte? Wieso das denn? So ein Quatsch.
– Aber wenn er das zu mir sagt?
– Wieso, bist du etwa ein Türke?
– Niklas antwortet nicht.
– Das ist ja wohl schon wieder die Höhe! So eine Unverschämtheit ...

In ihrem Gesicht entlädt sich der Zorn, als hätte *er* die Unverschämtheit begangen.
– Ich kann doch nichts dafür, rutscht es ihm heraus.

Sie blickt ihn nun wieder neutraler an, fast wirkt es mitleidig.
– Du bist aber auch empfindlich, meine Güte.

Sie tapern durch die graubewölkte Fußgängerzone, Niklas immer einen Schritt hinter seiner Mutter, die ihn mit Blicken ermahnt, Schritt zu halten. Sie biegen auf den von Gärten umschlossenen Weg in Richtung Spielplatz ab und halten Ausschau nach Rad und Dieb, doch ist niemand zu sehen weit und breit. Niklas will schon umkehren, hinunter zur Fußgängerzone, doch sie geht einfach in die andere Richtung weiter, ohne sich nach ihm umzusehen.
– Komm doch, Mama, ruft er.

Sie reagiert nicht, er ruft nochmal, sie dreht sich um, und erst in diesem Moment erkennt er, wie wild entschlossen sie ist, erkennt es in ihren Augen, an ihrer lauernden Haltung, entschlossen und auf Hochtemperatur.
– Nein, wieso?, ruft sie.
– Da nicht ...

Aber sie ist längst nicht mehr abzubringen.
– Ich gehe hier entlang.
– Wieso denn?

Auch das kommt schon wieder lauter aus ihm heraus, als er es gewohnt und es ihm lieb ist. In diesem Moment legt Clara den Zeigefinger an den Mund. Und tatsächlich, aus der Ferne, von der anderen Seite der Gärten her, einer dort gelegenen Parallelgasse, sind Schreie zu vernehmen. Keine Schmerzensschreie; eher solche, die von einer Verfolgungsjagd herrühren, wilde, ungehobelte Schreie. Clara lauscht, wohin sie sich bewegen. Niklas steht reglos da.
– Was ... ist das?, fragt Clara, um sich gleich selbst zu antworten ... Das sind sie! Komm!

Widerwillig folgt er ihr, sie geht jetzt einen strammen Schritt, ihr Abstand wird immer größer.
– Wenn du nicht sofort kommst, ruft sie.

Er rennt ein paar Meter, bis er knapp hinter ihr ist, geht normal, gerät sofort wieder in Rückstand. Sie kommt zuerst am Fuß der Gasse an, und kaum hat sie einen Schritt auf den etwas breiteren Seitenarm der Fußgängerzone gemacht, auf dem es Sportgeschäft, Versicherungsbüro und Eckkneipe gibt, springt ihr glücklicherweise genau aus der Richtung, in die sie sich intuitiv wendet, etwas entgegen; nicht sofort, nicht nach ihrem ersten Schritt aus der Gasse, aber doch kaum später, zwei Sekunden vielleicht, die ihr offenbar noch Zeit zu spontanen Vorbereitungsmaßnahmen geben, rauscht frontal in sie hinein ein Gemenge aus Mensch und Metall, dem sie sich mit ausgestreckten Armen entgegenstemmt, es sogar zum Stehen bringt, bis sich noch etwas anderes, Dunkelgrünes zwischen seine Mama und das Gemenge schiebt.

Zu Niklas' Verwunderung ist es tatsächlich ein Polizist, der sich nun mit ihr gemeinsam gegen das stemmt, was dort angerauscht kam, und je länger Niklas die Szene durch den Schatten der Birke hindurch betrachtet, desto klarer wird ihm, dass es sich dabei um sein Fahrrad handelt, auf dem nur noch halb der Rothaarige festhängt, den Lenker schon losgelassen hat, an seine beiden Widersacher preisgegeben und nicht daran interessiert, ihn zurückzuerobern.

Vielmehr ist er im Begriff, zu fliehen. Dies lässt den Polizisten nun seinerseits den Lenker preisgeben, und mit aller ihm zur Verfügung stehenden Wucht schmeißt er sich auf den Roten. Um die Ecke rauscht ein Streifenwagen, aus dem eine Polizistin springt, die Niklas sofort ungeheuer nett erscheint, dabei hatte er immer Angst vor der Polizei. Sie packen den Rothaarigen gemeinsam, legen ihm Handschellen an und drücken ihn auf den Rücksitz. Dann kommen sie zurück.

– Meine Güte, sagt der Polizist, das war ja herausragend, Clara!

– Na, was glaubst du denn?

– Haha, macht er, wunderbar. Die haben heute einfach keinen Respekt mehr, der hier hat diese Woche schon dreimal was geklaut. Da kannst du nichts mehr bewirken, immer nur mal ein paar Stunden wegsperren.

– Sicher. Und du, wendet sie sich an Niklas, du hast ja nochmal richtig Schwein gehabt, das hast du eigentlich gar nicht verdient. Passt auf nichts auf. Vielleicht sollten wir es verschenken. An Asylanten.

Sie schiebt ihm das Fahrrad hin.

– Weißt du, Gerd, sagt sie, ich bin ja noch hier geboren, immer die Firma, immer diese Stadt, meinst du, ich weiß nicht, was hier passiert? Aber das sind ja Kinder. Sei froh, dass du nicht im Pott lebst.

– Damit wollen wir uns gar nicht erst vergleichen, erwidert der Polizist, das eine macht das andere nicht besser.

Niklas' Blick wandert unauffällig zwischen den beiden hin und her, und was er in sich spürt, ist mehr als Fassungslosigkeit. Er springt auf den Sattel und bedankt sich flüchtig, schon rollt er bergabwärts in die nächste Gasse, hinein ins Grün. Er hört Clara noch etwas rufen, doch das, so lautet eine Art unausgesprochener Vertrag zwischen ihnen, der vielleicht auch nur eine Fantasie von ihm ist, zählt jetzt nicht mehr. Die Hürde des Tages ist genommen.

1960

Nun weint sie wirklich. Anfangs noch ohne einen Laut, die Tränen kullern ungebremst über die rosigen Wangen, sie kneift die Augen zusammen und öffnet sie wieder, um zu schauen, ob sich dadurch etwas verändert hat. Und das, obwohl der Sohn in Sicherheit ist, nein mehr noch, obwohl er anscheinend bald dazugehört zum ehrenwerten Apparat. Aber gerade das, was vorher so erstrebenswert schien, zumindest unter den Jüngeren auf dem Hof, scheint nun ausgerechnet das Schlimme an der Sache zu sein, jedenfalls sind die Alten gar nicht entzückt. Auf dem Tisch steht der massive Feiertagssamowar und zischt vor sich hin. Rezas Vater sitzt aufrecht und schweigt vielsagend, die Onkel und Cousins plappern und zischen wild durcheinander. Als seine Mutter merkt, dass ihr Weinen nichts bewirkt, beginnt sie mit dem Jammern und Beschwören. Es herrscht eine Geräuschkulisse unter der kleinen Veranda, als wäre das hier ein Basar, auf dem Rezas Leben feilgeboten wird, und alle feilschen sie erbittert darum, nur er nicht.

Obwohl niemand weiß, wie viel es tatsächlich zu feiern gibt, ist der Tisch vollständig eingedeckt. Palmwedel stehen in den Fluchten, an den Außenwänden hängen dunkelrote Teppiche, eben erst ausgeklopft. Als die Botschaft, der Junge müsse das Land verlassen, gerade frisch eingetroffen war, hatte sie noch nicht diese Wirkung, doch jetzt, wenige Monate später, soll sie in Erfüllung gehen, und das löst schiere Panik aus auf dem weiten Gelände, vor allem aber hier im Schatten. Als einzige scheint Rezas Mutter etwas vom Ausmaß dessen zu ahnen, in das sie ihn dort hineinschicken wollen. Und sein Vater? Selbst wenn er es ahnen würde, bliebe er so starr dort sitzen wie immer. Es ist nicht in Erfahrung zu bringen, was er wirklich denkt. Nur wenige Worte plätschern vereinzelt aus seinem schmalen Mund und erregen immer wieder helles Aufsehen in der Runde, ohne dass jemand sich trauen würde, näher auf sie einzugehen oder ihm gar eine Frage zu stellen.

Der geheime Wunsch zu verschwinden, eines fernen Tages winkend den Hof zu verlassen, all das nicht mehr tagtäglich um sich zu haben, schlichtweg nicht mehr hier zu sein, er hat schon immer in Reza gegärt, doch jetzt, wo er ihm ungefragt erfüllt werden soll, zeigt sich das Albtraumhafte daran. Gewinnen hieße verlieren, und auch wenn seine Familie sicherlich immer zu ihm stünde, ahnt er doch gerade deshalb, was es hieße, das eigene Leben hinter sich zu lassen. Gewohnheiten, Besitz, Geborgenheit. All das wäre nicht mehr, würde sich seinem Zugriff entziehen, würde geradezu verpuffen wie etwas, das es nie gegeben hat. Stattdessen ein unbekanntes Nichts. Ganz allein wäre er, auf einem fremden Kontinent. Und müsste funktionieren.

Es hieße auch, vermutet Reza, ein anderer zu werden, an den wiederum andere Erwartungen herangetragen werden als die, mit denen er vertraut ist, und allein mit denen war es schon schwierig genug. Sobald etwas erwartet wird, kann er es kaum noch erfüllen, es sei denn, die Erwartung stammt von den Alten; doch auch hier ist das Erfüllen bloß eine geschickte Umgehung möglicher Strafen. Die Stimme des Vaters, selten genug vernommen, in plötzlicher Stärke, und allein schon ihre Kraft scheint Reza ein Ausdruck dafür, dass er voller Urteile ist. Ganz im Gegensatz zu seiner Mutter, der er so viel Gutes wie nur möglich wünscht, die er gern stärker und freier sähe, deren wirksamstes Mittel es aber vornehmlich ist, augenblicklich in sich zusammenzubrechen, sobald er ihre Erwartungen nicht mehr erfüllt.

Eigentlich ist das die schlimmste Strafe. Doch nun scheint auch sie nicht mehr genau zu wissen, in welche Richtung ihr Verhalten tendieren soll, sie scheint unentschlossen, und das Jammern, das kein Ende finden will, ist nicht vergleichbar mit dem sonstigen Weltschmerz, der aus ihr hervorbricht, wenn sie nicht bekommt, was sie will. Nun merkt sie, dass sie den Sohn noch so sehr unter Druck setzen kann, es würde nichts ändern. Außer dem Umstand, dass er sie genau so in Erinnerung behielte, und weil sie natürlich auch das nicht will, ist sie hin- und hergerissen. Sie scheint tatsächlich verzweifelt, und diesen Unterschied zu erkennen macht ihn enorm wütend, obwohl er sie versteht.

Doch an einem bestimmten Punkt scheint alles zu kippen, hinein ins unerwartet Zustimmende. Wissen sie sich nicht anders zu helfen? Rezas Vater greift plötzlich und für alle vollkommen unerwartet zu einem der herumliegenden Bücher, womit er umgehend sämtliche Blicke auf sich lenkt und jegliche Konversation abrupt beendet. In ausgesuchter Langsamkeit blättert er in dem Buch, bis er anscheinend bei der richtigen Seite angelangt ist, reißt die Augen weit auf und beginnt, einige Verse aufzusprechen, dabei wandert sein Blick unruhig zwischen wolkenlosem Himmel, Teeglas und Reza hin und her. Rezas Mutter wird immer nervöser, und schließlich kann sie nicht mehr an sich halten, kreischt und greift ihrem Mann ins Gesicht, was er kommentarlos über sich ergehen lässt. Nach einiger Zeit hat sie sich offenbar genügend ausgetobt und begibt sich zurück in ihre Duldungsstarre. Ihr Wimmern wird leiser.

Aus dem Kreis der Familie kommen nun Stimmen auf, die Stolz erahnen lassen über die Nachricht, Reza bekomme ein Staatsstipendium und dürfe auf einem deutsch-französischen

Internat den europäischen Abschluss machen. Darauf freut er sich in der Tat. Direkt an der Grenze zu Frankreich soll es sein, noch in Deutschland, und seine Gewissheit, zumindest im Französischunterricht immer sehr aufmerksam gewesen zu sein, beruhigt ihn etwas.

Auch seine Onkel scheinen für den Moment beschwichtigt, doch ihnen geht es ohnehin wie immer vorrangig um die wachsende Machtfülle der Familie.

– Dass sie dich nicht umgelegt haben, wirklich, das ist eine gute Rückversicherung dafür, wie groß unser Einfluss noch immer ist. Immer weiter wächst er, ohne dass sie es mitbekommen! Und was passiert stattdessen? Sie nehmen dich bei ihnen auf und zahlen dir ein Stipendium, damit du in schöne Länder reisen kannst. Ist das nicht ungeheuerlich?

Gelächter klingt an.

– Nicht kannst, *musst*, sagt Reza.

Es dauert keinen Augenaufschlag, bis sie seinen Einwand in der Luft zerfetzen.

– Dummkopf! Erkennst du dein Glück noch immer nicht? Es ist eine Chance, zu der sie dich Faulpelz auch noch zwingen!

Das mit der Chance ist Reza schon klar, verzichten könnte er trotzdem noch immer. Die Zufriedenheit um ihn herum scheint indes immer weiter anzuwachsen, und bald findet abgesehen von seiner Mutter niemand mehr einen Grund, um noch großartig zu weinen. Der Junge wird schon durchhalten, tönen sie, und man sollte eher stolz sein, anstatt ihn zu bedauern. Was also bleibt Reza, als es endlich beginnen zu lassen.

1972

Der eine oder der andere. Bis zum letzten Tag steht Clara in den Werkstätten, leitet die Schneiderinnen an, peitscht das Arbeitstempo immer weiter nach oben, und wenn sie abends alle nach Hause gehen, veredelt sie das Geleistete bis in die tiefe Nacht hinein. So geht es über Wochen hinweg, auch wenn sich ihr Bauch anfühlt, als schwimme darin Beton. Doch an einem frühen Morgen kommen sie endlich, die Wehen, und obwohl nur noch wenige Handgriffe fehlen, um das teuerste Nutria zu füttern, das diese Räumlichkeiten jemals erblickt haben, schafft sie es einfach nicht mehr. Sie ruft ein Taxi, das sie nach Hause fährt. Der Fahrer bemerkt ihren Zustand und fragt, wo denn der Verantwortliche sei.

– Im Knast!, schreit Clara unvermittelt, und verspürt eine seltsame Freude über diese wüste Lüge. Dem Fahrer entweicht ein *Ach so*, danach herrscht eine feine Stille im Wagen.

Sie bittet ihn, kurz vor der Tür zu warten, geht ins Haus und grüßt flüchtig ihre Mutter, die bewegungslos auf ihrem Küchenstuhl sitzt und leise Jammertöne von sich gibt. Clara packt das Nötigste zusammen und stopft es in ein vorbereitetes Täschchen, dann läuft sie wieder hinaus und sieht, wie ihr Vater dem gerade abfahrenden Taxi hinterherwinkt. Verärgert geht sie auf ihn zu.

– Kannst du mir bitte erklären, was das soll?

Ich fahre dich, mein Schatz.

– Wieso *das*?

– Setz dich bitte ins Auto, sagt er, Motor läuft schon. Komme sofort!

Noch einmal geht er ins Haus, aus dem sie nun undeutlich einen Wortwechsel zwischen ihm und ihrer Mutter hören kann. Ihre Töne werden zunehmend schriller, seit Monaten schon, während er nun eher fest und entschlossen klingt. Beruhigt sogar. Er scheint sich abgefunden zu haben.

Clara steigt in den goldenen Taunus und zieht kraftvoll die Tür zu. Wieder diese Stille. Wie immer riecht es angenehm im Wagen, ihr Vater bearbeitet die Ledersitze regelmäßig mit verschiedenen Tinkturen. Aus ihrer Handtasche zückt sie ein Erfrischungsspray und sprüht es sich auf die Brust. Von der japanischen Pflaume fallen Blüten auf die Motorhaube. Dann eilt ihr Vater wieder aus dem Haus, und oben am Fenster beginnt sich die Gardine zu bewegen. Das Gesicht ihrer Mutter erscheint, der blonde, lockige Kopf. Ihre Augen sind weit aufgerissen, voll von schierem Entsetzen, das nur allmählich der Neugier weicht.

Seit Wochen hat sie nicht mehr nachgefragt, nur ab und an etwas auf die Kommode gelegt, Schnuller in verschiedenen Farben oder einen geblümten Strampler. Ihr Blick wandert durch den Vorgarten, bleibt am hinauslaufenden Vater hängen, und erst dann sieht sie zum Auto hinüber. Als sie Clara auf dem Beifahrersitz entdeckt, erstarrt sie. Kein Grüßen, kein Lächeln, als würde sie einen merkwürdigen Gegenstand betrachten. Auch Clara schaut kaum auf, schielt nur halb unter dem Beifahrerspiegel hin, und erst, als Willi in den Wagen springt, sein *Sooo* in den Raum brummt und die Zündung dreht, hebt sich ihr Arm. Kaum merklich zunächst, doch je weiter sie rückwärts aus der Einfahrt rollen, desto stärker gerät er in Bewegung. Ihre Mutter winkt ihr tatsächlich zu, mechanisch wie ein Scheibenwischer.

– Die Mama meint es alles nur gut, Clara.

– Ich weiß, murmelt sie.
– Will ich auch meinen.

Er fährt sie die kurze Strecke, nicht mal einen Kilometer, ins Marienspital. Sofort setzt man Clara in den Rollstuhl und eilt mit ihr davon. Willi steht einsam und verloren in der Krankenhauslobby, sieht ihr lange hinterher. Eine Schwester kommt auf ihn zu, es ist die Nichte vom Heinrich. Kurz ist er irritiert, nur ganz langsam wacht er aus seiner Trance auf. Ein wenig braucht es, bis er sie erkennt.

– Wilhelm! Was treibt dich denn her?
– Ach, Heide, grüß dich. Ja, die Clara, weißt du. Es ist jetzt so weit.
– Ach! Das ist ja ganz wunderbar, dann wünsche ich viel Erfolg und Gesundheit ... Gutes Gelingen!

Sie lacht ausladend, Willi nickt.

– Wie soll's denn heißen?
– Sheva, ächzt Clara.

Kurz fällt der Blick der Hebamme in sich zusammen, dann scheint sie sich zu berappeln, lächelt, fragt nochmal.

– Sie sind sich da ganz sicher?
– Wieso sollte ich mir nicht sicher sein?
– Na ja, ich meine nur ... man weiß doch nie genau, was noch kommt.

Vor allem kommt gleich keine Luft mehr in mein Kleinhirn, denkt Clara. Im Auto hat sie noch kaum etwas gespürt, aber das nennt man dann jetzt wohl Wehen.

– Was bitte soll denn kommen?

Clara, die eben noch meinte, so etwas wie innere Ruhe zu verspüren, merkt jetzt, wie es ihr im ganzen Körper kribbelt, sogar einen leichten Hunger bekommt sie, dazu Lust auf einen Kräuterschnaps, und wenn die Frau so weitermacht, kann sie für nichts garantieren.

– Ach, Sie wissen schon. Unter gewissen Umständen ... da kann ja so ein Name wirklich gefährlich sein.

Clara zögert, ihr Unterleib gerät zunehmend in Wallung ... bleib ruhig, sagt sie sich, sonst bist du nachher wieder böse auf dich selbst.

– Aber ich gebe meinem Kind doch keinen Namen, nur weil er ungefährlich ist. Sie schüttelt sich. Und überhaupt, wovon reden sie da eigentlich?

Die Hebamme hält inne, beugt sich über Clara.

– Und da sind Sie sich also so sicher. – Na ja. – Es war nur gut gemeint.

Die nächste Welle zieht vom Schambein her über Claras Bauchdecke, hinein in ihren Magen. Sie hält die Luft an, starrt regungslos zur Decke, umklammert das kühle Bettgestell. Nach wenigen Sekunden das erneute Abklingen, und diese Chance nutzt sie.

– Passen Sie mal auf, ich lebe in Freiheit und Demokratie. Da werd ich sicher nicht ... sie stutzt, es pressiert kurz und vehement, sie holt tief Luft ... nicht mehr vor irgendwem kuschen ...

Das aus ihrem Mund, ein wenig spürt sie ein Lachen aufsteigen und unterdrückt es sofort mit aller Macht. Die Hebamme lächelt etwas mitleidig und schüttelt den Kopf.

– So haben ja schon viele gedacht, sagt sie und zögert. Den Kindern von heute würde ich es natürlich gönnen.

Ein paar Schwestern kommen von hinten und schieben sie in den Kreißsaal. Überall erfolgen gezielte Handgriffe. Dr. Tenenboom tritt an ihre Seite, sein mattes Lächeln erfüllt den Raum wie ein etwas zu starkes Parfum. Clara ist halbwegs beruhigt. Mit seiner dunklen, warmen Stimme sagt er etwas, das sie nicht versteht. Von überall her glühen Scheinwerfer.

– So viel Technik, presst Clara noch hervor, dann drückt ihr eine der Schwestern die Maske mit dem Lachgas aufs Gesicht.

Kurz stemmt sie sich dagegen, doch schon spürt sie die erleichternde Wirkung und lässt sich fallen.

Alles geht *ruckzuck vonstatten*, wie sie es später ausdrücken wird, geschieht ganz beiläufig. Dr. Tenenboom ist richtig in Form. Sie verspürt kaum Schmerzen, und Sheva brüllt. Ohne einen einzigen Klaps.

– Wenn das mal kein Schreihals wird, kläfft die Amme.

Er hat es durchgestanden, bis hierher zumindest. Willi läuft über den umgrünten Krankenhausparkplatz, der Taunus steht mitten in der Sonne. Wohl den Schatten falsch berechnet. Er reißt die Tür auf und kurbelt gleich das Fenster hinab, wirft sich in den Sitz. Knallt die Tür zu. Legt den Ellenbogen ins Fenster, stützt seinen Kopf mit der Hand, die andere ruht auf dem Innenlenker. Er plustert seine Lippen, Luft strömt hinaus und wieder hinein, und grübelt. In der Ferne dreht sich ein Baukran und kommt über dem Finanzamt zum Stehen.

Jetzt braucht er ein paar andere Eindrücke. Er zündet den Motor, fährt gemächlich in Richtung Ausgang, zieht eine Splitwolke hinter sich her. An der Schranke kommt ihm das frisch frisierte Fräulein Reiter entgegen, ihres Zeichens pensionierte Grundschullehrerin. Noch immer dient sie sonntags als Kommunionhelferin und hält ihren Dackel stramm bei der Leine. Als ihre Blicke sich treffen, schließt sie zum Gruß die Augen, als gebe es etwas an Willi, über das man hinwegsehen muss.

Er tritt aufs Gaspedal und wirbelt noch mehr Staub auf. Kurz hört er den Dackel jaulen, dann ist er um die Ecke. Ohne Umschweife fährt er auf die andere Seite der Altstadt und kehrt im *Goldenen Krüstchen* ein. Hinter der Theke zapft Heiner frisches Herforder, und als Willi eintritt, nickt er.

Alle Wände des Lokals sind drapiert mit Trockengestecken, dazwischen hängen vereinzelt goldgerahmte Fotos der ersten Herrenmannschaft. Handball-Oberliga-Meister 1967, das Westfalenpokal-Finale vor ein paar Jahren und die daran anschließende Erstrundenbegegnung auf Bundesebene gegen Gummersbach, die Vereinsfahrt nach Amsterdam.

– Mensch, Will-ellm, posaunt er, wie ist es gelaufen?

– Ist noch kein Ergebnis zu vermelden. Hab sie ja eben erst abgeliefert. Jetzt heißt's erstmal: entspannen.

– Aber sie ist ja in guten Händen …

– Wollen wir's hoffen. Seit der Tenenboom nicht mehr Amtsarzt ist, siehst du ihn noch montagsfrüh im Bärenkeller. Und danach direkt an die Gebärmütter ran, das darfst du keinem erzählen. Aber was soll man sagen, die Damen legen sich ja allesamt hernieder.

Über solcherlei Lästereien, weiß Willi, freut sich Heiner diebisch, trotzdem bleibt er ganz sachlich und setzt zur Gegenrede an.

– Wird schon wissen, was er macht. Man hört ja auch viel Gutes aus'm Spital. Neuer Direktor und so, weißt schon. Stinkt immer von oben.

Seit knapp einem Jahrzehnt lenkt Willi die Geschicke der Handballabteilung, und natürlich versteht er die Andeutung, den bissigen Unterton, das mit nichts mehr hinterm Berg haltende Gebaren. Schon mehrfach haben einzelne Mitglieder versucht, sein Vorgehen als Präsident in Frage zu stellen, doch bislang gab der Erfolg ihm immer recht. Sobald der ausbleibt, wird es schnell zu Ende gehen. So viel ahnt er. Neue Interessenlagen formieren sich mit einem gewissen Nachdruck, und das öffentliche Geräusch, das dieser mit nichts zu befriedende Wille macht, klingt plump und unbedacht in Willis Ohren, denn sein geliebter Verein ist für ihn keineswegs ein Spielzeug zur Selbstdarstellung, sondern ein empfindliches Biotop, das rund um die Uhr gepflegt werden muss. Niemand hat in seinen Augen das Recht, seine persönlichen Ideen und Gefühle über das Interesse des Vereins zu stellen, und genauso, wie diese Leute ihre Unternehmen erst in ungeahnte Höhen peitschen, um oft genug nach nur wenigen Jahren umso rasanter im Nichts zu verrauschen, so würden sie auch die Seele eines so traditionsreichen Vereins wie dem TV skrupellos und ohne Umschweife verhackstücken.

– Gutes, soso. Schon klar, Heiner. Und jetzt mein Pils bitte.

Heiner, ganz Wirt, setzt eine neue Schaumkrone an. Rauch von Zigaretten und Fettgeruch aus der Küche verwandeln den Laden in eine einzige Dunstglocke. Die meisten hier mögen es so am liebsten, das ist *ihr* Krüstchen. Ihr ganz persönlicher Qualm. Sozen sind ohnehin nur geduldet, wenn sie im Verein sind, und Studentenpack fliegt sofort wieder heraus, sobald es in Rudeln auftritt.

Lothar Fiege tritt an die Theke, gibt ihm einen Klaps.

– Mensch Lothar, blafft Willi. Werd' *ich* hier heut' gebor'n?

Lothar lacht schnaubend auf, dann sieht er ihm direkt ins Gesicht.

– Eigentlich schon, Willi, eigentlich schon. Dein Erbgut wird neu geboren. Wer ist eigentlich der Vater?

Muss diese Frage sein. Willi zögert, winkt ab. Jetzt hilft nur klare Kante.

– Einer von ihren Lumpensammlern.

– Auweia.

– Soll aber nicht dumm sein.

Nun denkt Lothar nach.

– Nicht dumm, aha. Kann auch gefährlich sein.

– Hauptsache nicht so ein Kerbholz. Oder?

– Na ja. Wenigstens darf man gespannt sein, was dann da unten rauskommt.

Kurz denkt Willi darüber nach, ihn mit dem Gesicht voraus in den glühenden Kerzenständer zu rammen, und einzig und allein, weil das sehr schlecht wäre für die Firma, lässt er es sein.

1991

Helles Glockenläuten. Krähen über den Dächern, seifenblau der Himmel, Sommerhüte am Portal aus grünem Sand. Der Brunnen rauscht. Aus allen Richtungen gehen einzelne Personen wie auch kleine Gruppen Richtung Dom. Aus der Gasse, aus deren Deckung Niklas ins Weite tritt, strömt ein warmer Wind auf den Vorplatz und verwirbelt Blätter, Staub und Geäst zu kleinen wandernden Häufchen. Oben in der Sakristei, sieht er durch das farbige Glas, brennen schon die massiven Leuchter. Vor dem Nordeingang schreiten ehrenwerte Köpfe aneinander vorbei, bekannte und unbekannte, und als er endlich Erik erkennt, läuft er ihm ungebremst entgegen. Das zieht natürlich sofort Blicke nach sich, ein paar Herrschaften schauen dem Kind mit offenem Mund hinterher. Einer greift an seinen Hut und keucht.

– Immer langsam, junger Mann!

– Sonntags wird nicht gelaufen, ruft ein anderer mit rotem Kopf und mahlendem Kiefer.

Doch Niklas hört es gar nicht.

Er erreicht das Domportal, und als Erik ihn so anrennen sieht, weiten sich seine Augen. Erst jetzt erkennt Niklas, dass Erik nicht allein dort steht, sondern mit seinen Eltern, während er wieder einmal höchstens auf das Beisein seiner Oma hoffen darf, doch zum Umkehren ist es zu spät. Erik reißt die Arme hoch und wirft sich ihm entgegen, in diesem Enthusiasmus, der ihn bis in die Pubertät begleiten soll und schließlich durch sein völliges Gegenteil abgelöst werden wird. Die ungestüme Freude weckt den Unmut in den Gesichtern einiger Umstehender, Großmütter wenden sich nach ihnen um, und wenn sie nicht böse schauen, dann kichern, nicken und plappern sie. Eine von ihnen, die eben noch tief im sonntäglichen Gespräch mit Eriks Mutter versunken war, beginnt Niklas zu mustern und hat dazu gleich lächelnd die passende Frage parat.

– Na, was bist du denn für ein Landsmann?

Er reagiert nicht, doch ihr Blick verweilt auf seinen Zügen.

– Meinen Sie mich?

Wohlwollendes Gelächter der Umstehenden. Eriks Mutter möchte einschreiten und für Aufklärung sorgen, aber dafür ist sie zu langsam, zu unentschlossen.

– Ich bin der Enkel von Wilhelm Kemper!

Niklas ist jetzt giftig. Er stützt die Fäuste in die Hüften, schaut sie von unten herauf in einer Weise an, von der er überzeugt ist, so müsse er streng aussehen. Der Dame raubt das, was dabei als Anblick herauskommt, ein wenig die Sprache, verlegen betrachtet sie ihn, sieht ringsum in die wartenden Gesichter, betrachtet ihn wieder. Hat sie wirklich in das falsche Nest gestochen, vor aller Leute Augen? Und wo ist denn nur bitte seine Familie? Hoffentlich ist der Bengel keine Petze. Doch er setzt schon wieder an.

– Und wie heißen *Sie*?

Leises Entsetzen in den Augen, ein kurzes Wippen der Nasenmuskulatur und wieder der Versuch eines übertünchenden Lachens, das vergeblich ist und zusehends verebbt, sobald die Wahrheit seiner Aussage im synaptischen Spalt angelangt. Dann krabbelt ihr langsam der Schock in den Nacken. Grimmig wendet sie sich an die Erwachsenenrunde und bittet mehr diese als Niklas um Nachsicht.

– Ach so, ja dann; das kann man ja nicht ahnen, die Kinder sehen aber auch alle anders aus, früher war das ja nicht so.

Obwohl ihre Gesten aus ihrer Sicht deutlich signalisieren, dass man doch nun bitte nicht mehr in diesem Fehlgriff herumbohren möge, Nachsicht übe und Christlichkeit, ja Christlichkeit – denn wo bitteschön sind sie hier –, wird sie zu weiteren Rechtfertigungen genötigt, denn das lässt sich niemand entgehen: die Dame durch ihren selbstgeschaffenen Fettnapf zu schleifen, ihre Angst vor dem umtriebigen Herrn Kemper auszukosten, dessen einzige Schwachstelle bekanntlich das liebe Töchterlein ist, und dies hier ist nun offenbar ihr uneheliches Balg.

– Doch, Frau Stegmüller, schauen sie, der Niklas sieht doch ganz genau aus wie sein Opa.

Sie starrt ausdruckslos in das miesepetrige Kindergesicht.

– Ja, doch, jetzt sehe ich es. Man muss schon etwas genauer hinschauen.

Aber das lässt ihr Frau Ritter nicht durchgehen.

– Ach was, das ist doch ganz eindeutig, was muss man denn da hinschauen, wirft Eriks Mutter erfüllt von guter Sonntagslaune in das Ründchen, aus dem heraus nun auch Eriks Vater Niklas seine Hand entgegenstreckt.

– Schön, dich zu sehen, Niklas. Kommt deine Oma auch?

Niklas zögert.

– Ich glaube schon.

Als würde er hierdurch erst wieder an sie erinnert, schaut er den Platz hinauf und hinab, aber noch ist sie nirgendwo zu entdecken. Wahrscheinlich kommt sie vor Lachen nicht mehr voran, weil sie Frau Erlhöfer mit ihrem Hut gesehen hat.

Was würde er dafür geben, wenn doch wenigstens sie käme, wenigstens ein repräsentatives Familienmitglied. Aber er kann nicht warten, sie müssen hinein. Eriks Mutter schiebt ihren Sohn in Richtung Eingang, Niklas folgt ihm wortlos. Sie treten durch das Portal aus grünem Eisen. Im hölzernen Vorraum bleiben sie kurz stehen und sehen sich in die Augen.

– Diese Nazis, zischt Niklas.
– Wieso Nazis?
– Na die Frau! Das sag ich zu Hause.

Er sagt das, obwohl er weiß, dass er es nicht sagen wird und es auch niemanden interessiert.
– Meine Eltern kümmern sich schon um die, sagt Erik.
– Die sind ja viel zu freundlich zu der, motzt Niklas.

Erik überlegt.
– Komm, sagt er, wir müssen, als unerwartet sein Bruder durch den hohen Eisenrahmen tritt und ihn von hinten mit dem Gesicht gegen den Holzknauf schubst. Kurz fasst Erik sich benommen an die Lippe, schon wird er in die Kathedrale gedrängt.
– Mach voran, sagt der Bruder, der Ruben heißt, oder was ist los?
– Lass mich in Ruhe, schnauft Erik schon nicht mehr ganz leise.
– Scchhhhttttttt, macht ein Mann im beigen Rentnerkostüm.
– Wo sind wir denn, giftet eine Frau im Pelz.

Silberfuchs, erkennt Niklas sofort, und will es fast sagen, doch für sein Gestarre auf ihr Fell hat sie kein Verständnis.
– Was gibt's denn da zu gucken! Vorwärts!

Niklas sieht schnell wieder auf den Boden, Eriks Bruder feixt und schlendert an der mittelalterlichen Apsis vorbei, macht einen lässigen Knicks vor dem Hochaltar und beschleunigt die letzten Meter noch einmal, bevor er in dem kleinen Gang verschwindet, dessen Treppen hinauf zur Sakristei führen. Niklas und Erik tauchen ihre Finger in das Steinbecken mit dem Weihwasser, bekreuzigen sich und warten, bis ein wenig Abstand zwischen sie und ihn geraten ist, denn manchmal wartet er auf halber Höhe im Dunkeln. Dann gehen sie denselben Weg, wobei Eriks Knicks vor dem Altar eine deutliche

Etage tiefer ansetzt als der seines Bruders, und Niklas versucht, irgendwo zwischen ihnen eine Mitte zu finden, eine Knickshöhe, mit der er leben kann.

Durch den kühlen Gang schlurfen sie die Treppen hinauf, oben am Absatz steht bereits einer der Älteren und spielt Aufpasser. Als er sie sieht, verdüstert sich sein Blick. Niklas bemüht sich, ihm nicht ins Gesicht zu sehen und sich auch sonst nichts anmerken zu lassen. Ihre Schritte hallen, er steht ganz ruhig da.

– Ihr seid zu spät, das hat ein Nachspiel, platzt es trocken aus dem schmalen Mund.

Hinter ihm, aus der Sakristei, tritt der Vikar.

– Also wirklich. Euch hört man ja aus hundert Metern. Füße heben!

– Guten Morgen, sagt Niklas.

– Morgen, sagt Erik.

– Das wird jetzt höchste Eisenbahn! Seht zu, dass ihr in eure Gewänder kommt. Dalli. Er atmet durch. Darf ja wohl nicht wahr sein.

Sie schieben sich an ihm vorbei, von oben mustert er ihre Scheitel.

– Erik, warum kommst du nicht mit deinem Bruder?

Erik erschrickt und sieht verschämt auf.

– Hat mich geschlagen.

– Na, jetzt geht's aber los. Petzen ist bei mir nicht.

– Aber er hat mich mit dem Kopf ...

– Aber, aber ... du spinnst wohl. Klär das zu Hause.

Er schnaubt und wendet sich ab, hinkt zur oberen Krypta. Erik und Niklas gehen schnurstracks auf die Schrankwand mit den Gewändern zu. An der Kredenz hampeln Eriks Bruder und ein paar andere ältere Messdiener und schenken ungelenk den Wein um, und als der Vikar die Sakristei verlassen hat, nimmt einer von ihnen einen großen Schluck. Ruben entreißt ihm den Kelch und trinkt ebenfalls. Als ein weiterer ihn einfordert und die Hand ausstreckt, zeigt er ihm den Mittelfinger und stellt ihn zurück zur Monstranz. Es gibt ein kleines Handgemenge, in Windeseile sind sie ineinander verkeilt. Man hört Schritte, sie springen wieder auseinander. Der Vikar kommt zurück und bewegt sich auf Niklas zu.

– Niklas, du bekommst heute einen Flambeau. Erik hat die Hostien. Klar?

Niklas nickt und geht an den Ständer mit den Flambeaus, zieht einen der schweren langen Stifte heraus. Am Kopfende haben sie einen Windschutz aus Kristallglas, und er wählt einen, der noch nicht so rußig ist. Noch immer steht Erik hinter dem Kleiderschrank und zwängt sich unbeholfen in seinen Talar. Anscheinend hat er eine zu kleine Größe gewählt, presst sich durch Kragen und Ärmel, und als er gerade so halbwegs angezogen dasteht, pirschen sich zwei Ältere zu ihm hinter den Schrank. Niklas erkennt noch, wie einer Erik in die Magengrube boxt, der andere schiebt ihn aus seinem Sichtfeld. Ein leises Quieken ist zu hören, das eigentlich auch weiter vorn, bei den Pastoren ankommen müsste, aber die hängen nur gebeugt über ihren Schriften wie Hühner über ihren Futtertrögen, denkt Niklas. Schon treten die beiden Älteren wieder aus der Ecke. Klatschen einander ab.

– Hey!, sagt Niklas.

– Was, hey?

– Mistsau, sagt er etwas leiser.

Einer der beiden kommt ganz nah an Niklas' Gesicht heran. Aus dem Mund riecht er nach Kohl und Rauch.

– Pass auf, nur weil du Kanakenschutz hast, heißt das nicht, dass du nicht auch bald dran bist, verstanden? Und jetzt erst recht, du Ratte. Er steigt ihm auf den Fuß, es tut weh, aber Niklas behält sein Gesicht unter Kontrolle. Der andere schnaubt, sie gehen weiter und stellen sich zum Einzug auf. Nach einigen Sekunden trottet Erik hinter der Schrankwand hervor, Niklas läuft auf ihn zu. Er hat geweint, sein Kopf ist knallrot.

– Die Arschlöcher, sagt Niklas. Komm.

Er führt Erik zum Vikar und deutet wortlos auf seinen verheulten und zerzausten Freund. Dem Vikar springt der Schrecken ins Gesicht, er mustert die beiden, zögert.

– Was habt ihr denn jetzt schon wieder?

So weiß wie jetzt war der Vikar noch nie.

– Die haben ihn geschlagen, sagt Niklas.

– Wirklich, platzt es aus dem Vikar hervor, wir feiern jetzt eine heilige Messe und haben wirklich keine Zeit für diese ganzen Kindereien. Ihr wisst, was der Herr sagt. Nun wisch dir die Plörre aus dem Gesicht und stellt euch vernünftig auf.

Sie sehen ihn ohne eine Regung an.

– In Ordnung. Wer war das?

– Sören und der große Brenner, sagt Niklas.

– Gut, gut. Und jetzt los.

Er reicht Erik ein weißes Stofftuch.

– Einmal kräftig rubbeln. Hostien stehen hier, und Niklas, zischt er, zünd endlich deinen Flambeau an! Wir nehmen den mittleren Einzug.

Der Vikar wendet sich ab, Erik schnäuzt sich und sieht Niklas fremd an.

– Ich verstehe gar nicht, warum du noch hier herkommst, sagt er tonlos. Du wirst ja nicht gezwungen.

Niklas verspürt eine Taubheit auf der Stirn und auch auf der Zunge, er fröstelt und merkt, wie dünn er heute angezogen ist. Ob Erik recht hat, darüber will er nicht nachdenken, weil er sonst wahrscheinlich auf ihn hören würde. Weil es keinen Ort gibt, auf der ganzen Welt nicht, an dem man bleiben muss.

– Willst du allein hier sein mit denen? Ich kann ja gehen.

Eriks Züge werden wieder schärfer. Der Vikar steht am Ausgang und schnippt, sie stellen sich auf, alles poltert und drängt durcheinander. Weil sie die kleinsten sind, müssen sie vorausgehen. Hinter ihnen kichern die Älteren, rülpsen leise und versuchen, ihnen Ohrzwillen zu geben. Sie warten, bis ganz hinten vom Probst das entscheidende Wort kommt, dann schiebt sich der gesamte Zug in den engen Steingang mit der steilen Treppe. Der Gang selbst ist unbeleuchtet, nur unten dringt das Kirchenlicht herein, und an den rund gewölbten Wänden flackert der Schein der Flambeaus.

– Den kleinen Einzug, verstanden, flüstert ihnen jemand von hinten zu. Sie sehen einander an, dann wird es von mehreren Stimmen wiederholt: den kleinen Einzug, wehe nicht!

Niklas schüttelt den Kopf und schaut nach vorn, neben ihm mit angstverzerrtem Gesicht Erik, zu dem sich nun sein Bruder hinunterbeugt.

– Hast du gehört? Den kleinen Einzug. Klar? Hat der Vikar von hinten durchgegeben.

Sie treten aus der Tür in den Dom, und mit dem ersten Schritt, den sie hinein machen, ertönt hoch oben im Schiff die mächtige Orgel. Die ersten Takte dröhnen durch das Gewölbe, die vorderen Reihen des Flügels, an dem sie nun vorbeimonstrieren, sind vollgestopft mit gottesfürchtigen Gesichtern. Auch seine Oma entdeckt Niklas in der Menge, und in seine Stirn kehrt das Gefühl zurück, er schmeckt seine Spucke, das Frösteln verschwindet. Als einzige kommt sie ohne den gestrengen Blick aus, grient sogar. Die Gemeinde schmettert.

Lobe den Herren, den mächtigen König der Eeeeh-ren,
lob ihn, o Seele, vereint mit den himmlischen Chööö-ren.
Kommet zuhauf, Psalter und Harfe, wacht auf,
lasset den Lobgesang hööö-ren!

Niklas merkt, dass Erik ein bisschen zu schnell geht, doch bevor sich dagegen noch etwas unternehmen lässt, ist er auch schon auf dem Weg zum kleinen Einzug. Niklas folgt ihm, Erik soll nicht allein dastehen.
– Warte, flüstert er. Erik hört nicht.

Lobe den Herren, der alles so herrlich regieret,
der dich auf Adelers Fittichen sicher geführet,
der dich erhält, wie es dir selber gefällt;
hast du nicht dieses verspüret?

Er fasst ihn am Arm, Erik sieht ihn müde und gleichgültig an, dann drehen sie sich um zur Messdienerschar und den Priestern. Sämtliche Blicke der vorderen Reihen liegen auf ihnen, die Orgel dröhnt. Sie zaudern, einer der Liturgen macht ein Handzeichen zum Mittelgang; sie drehen um und gehen den Weg zurück, reihen sich vor den Zug ein und trippeln mit schlotternden Knien voraus. Hinter ihnen Grunzen und Prusten.
– Ihr Trottel, zischt einer. Sie blicken starr geradeaus.

Auf halber Höhe biegen sie auf den Kreuzgang ab, von dort weiter in den Mittelgang. Niklas sieht vorsichtig zur Seite und erschrickt, wie fahl Erik ist, kaum mehr als ein Gespenst, eine wacklige Hülle. Mit seinen knochigen Händen umklammert er die Hostienschale. Vor dem Altar strömt die Gruppe zu beiden Seiten auseinander, bis in der Mitte der Probst zum Vorschein kommt. Sie warten, bis er vorne ist, dann geht der ganze Tross in die Knie. Fast verschläft Erik das Hinknien, aber Niklas, der mit dem Flambeau selbst nicht bis nach ganz unten kommt, sieht ihn so aufgeregt an, dass er es gerade noch merkt. Er versteht nicht, wie Erik sich so gehen lassen kann, wo ihm doch seine ganze Familie zusieht.
– Der Herr sei mit euch.
– Und mit deinem Geiste!

– Im Namen des Vaters, des Sohnes …

Wie immer öfter an dieser Stelle schaltet Niklas auf Autopilot um, achtet vor allem auf signifikante Bewegungen des Probstes, die seinen Einsatz bedeuten könnten, schnappt vereinzelt Wörter und Halbsätze auf, aber weil er den Flambeau trägt und abgesehen vom Stehen und Warten ohnehin nicht mehr viel zu tun hat heute, versucht er, das Reden des Probstes allmählich von seinem Sinn zu lösen und nur noch dem säuselnden Klang zu folgen, der ihn immer weiter von allem entfernt. Die Probststimme ist alt und weich, ohne dabei eklig zu sein, ein bisschen rau im Untergrund, aber nur ein bisschen. Von innen schwappt wohliges Rauschen gegen seine Stirn, das jedes Denken zersetzt, er würde gern die Fingerspitzen kräftig über seine Kopfhaut ziehen, aber das wäre wohl nicht gut. Erik sitzt wie betäubt auf der kleinen Bank am Fuß des Altars, sein Blick ruht auf der goldenen Klingel, vielleicht aber auch nur auf dem dicken roten Teppich, mit Messingstreben über den Altar gespannt.

– Und an jenem Tag Tag Tag Tag …

Niklas schreckt auf. Langsam dreht er sich zur Seite, doch als sein Blick in der ersten Reihe anlangt, ruht schon die Hälfte aller dortigen Blicke auf ihm. Die meisten Stirnen sind gerunzelt. Von Niklas' innerem Schutzwall, der ihn sonst so gut vor Angriffen durch Blicke bewahrt, bröckelt der Putz. Ein Herr mittleren Alters in grauem Jackett schüttelt betont langsam den Kopf. Sofort dreht Niklas sich weg.

Manchmal enthält die Predigt seltsam fremde Sätze, über die er gern nachdenkt und die ihn wieder hochreißen, aber heute ist kein solcher Satz dabei. Jeden einzelnen kennt er schon.

– Was aber wollen uns die Worte Jesu sagen? Es ist wahr: Sie nähren uns nicht, wenn wir hungrig sind, wärmen uns nicht, wenn wir in der Kälte stehen, beschützen uns nicht, wenn wir in Gefahr sind. Was also können sie uns geben?

Die altbewährten Antworten hierauf bekommt Niklas schon nicht mehr mit. Ganz langsam werden seine Knie wacklig, in seinen Schläfen liegt Geröll. Er konzentriert sich nur noch darauf, gerade zu stehen. Sie steuern auf die Eucharistie zu, er sieht, wie Erik und zwei andere Messdiener aktiv werden, Hostien und Wein nach oben tragen, einen Knicks machen und wieder hinuntereilen. Sie knien sich auf das Kissen vor der Klingel.

– Sende deinen Geist auf diese Gaben herab und heilige sie, damit sie uns werden Leib und Blut deines Sohnes, unseres Herrn Jesus Christus …

Unter dem Talar wird es Niklas immer heißer, seine Schleusen arbeiten wahllos.

– Denn am Abend, an dem er ausgeliefert wurde und sich aus freiem Willen unterwarf, nahm er das Brot und sagte Dank, brach es, reichte es seinen Jüngern und sprach: nehmet, und esset alle davon. Das ist mein Leib, der für euch hingegeben wird. Tut dies zu meinem Gedächtnis.

Der Probst hält eine Hostie in die Höhe, Erik und die anderen hieven ihre Klingeln in die Höhe und schleudern sie hin und her.

– Seht, das Lamm Gottes, das hinwegnimmt die Sünde der Welt. Erbarme dich unser.

Die Gemeinde intoniert in allen Höhenlagen, und er versucht krampfhaft, die Stimmen voneinander zu unterscheiden, die schönen von den schiefen zu trennen, letztere nicht in sein Inneres gelangen zu lassen. Doch er bringt es schon nicht mehr fertig.

– Herr, ich bin nicht würdig, dass du eingehst unter mein Dach, aber sprich nur ein Wort, so wird meine Seele gesund.

Niklas erkennt, dass Erik nur seine Lippen bewegt, aber nicht spricht, wie ein Fisch öffnet und schließt er den Mund, starrt dabei durchgängig auf den Boden.

Spätestens dadurch, dass sie nun alle hinauf zum Altar müssen, um die Kommunion zu empfangen, wird er aus seinem Trott gerissen. Sie gehen über die Treppen, reihen sich ein, Niklas stellt sich ans Ende der linken Flanke, Erik wie immer direkt gegenüber. Ein Kirchendiener steigt vom Hochaltar hinab und schwenkt den Weihrauch, sofort breitet sich die Würze der Myrrhe in Niklas' Atemwegen aus. Er zuckt, reißt den Kopf nach hinten, versucht krampfhaft, sich auf Erik zu konzentrieren. Aber er kann nicht mehr, als durch ihn hindurchzusehen. Er hört sein Herz im Takt schlagen, zuckt wieder, Schweiß rinnt über seine Brauen. In Erik fährt nun etwas, das Niklas kennt, er fängt an zu grinsen. In Messen, in denen sie sich sicher fühlen, sehen sie einander so lange an, bis einer lachen muss. Aber jetzt? Es ist kein guter Zeitpunkt, Niklas ist unempfänglich, ihnen kann zu viel passieren. Doch aus Eriks Mund platzt schon das erste Prusten, seine Schotten haben sich weit geöffnet, sein Inneres ist ungeschützt. Der Vikar sieht ihn an und presst die Lippen zusammen. Niklas sieht noch, wie Erik ihn enttäuscht anschaut, weil er nicht mitmacht, versucht sich zu beherrschen, dann wird es sehr heiß in seinem Gesicht, Geröll stürzt von seinen Innenwänden, er sieht nichts mehr, sondern hört es nur von fern laut scheppern.

Alles ist schwarz, es gibt nichts zu fühlen, ihm ist leichter als im Schlaf. Kurz gar nichts mehr. Dann bewegt sich etwas, sein Körper bewegt sich, die leblosen Füße prallen schnell und rhythmisch mit den Hacken gegen etwas Festes, daraufhin verschwindet jegliches Gefühl wieder, bis auf einmal sein Gesicht ganz nass ist. Kurz wird es still, bis vor seinen Augen nach und nach die Kante eines Teppichs erscheint.

– Da ist er ja wieder, der Bengel, hört er jemanden ruhig, aber amüsiert sagen.

– Nun lasst den erstmal zu sich kommen. Wahrscheinlich nix

gefrühstückt und dann ratzfatz aus'm Haus. Hab ich ja gern sowas.

Niklas betastet seinen Kopf, spürt eine feste, noch warme Schicht auf seiner Schläfe, die bis ins Haar reicht. Gehärtetes Wachs. Er knibbelt sie ab.

– Der Flambeau ist dir auf den Kopf gerauscht, Junge. Kannst von Glück sagen, dass das heiße Wachs nicht in die Augen rein ist. Das wär's gewesen mit der schönen Aussicht.

Der Küster zieht ihn hoch, reicht ihm ein Glas Wasser. Gierig trinkt er und glaubt, sofort wieder umzukippen, ein Schreck rast als Welle senkrecht durch seinen Körper, und erst das hierdurch ausgelöste Zucken in seinen Beinen macht ihn wieder fähig, zu stehen. Ein Klos verstopft seine Kehle, Scham pocht durch die Windungen im Gehirn. Noch immer schallt von unten der Gesang durch die Hallen.

Engel auf den Feldern singen,
stimmen an ein himmlisch Lied,
und im Widerhall erklingen
auch die Berge jauchzend mit.

Die letzten Lieder verklingen. Niklas schleppt sich neben die Kredenz, um dort zu warten und nicht gleichgültig zu erscheinen, hört die Gefolgschaft die Treppen hinauftrampeln. Als sie in die Sakristei einmarschiert, stürzen sich die Älteren ohne Umwege auf ihn, umringen ihn, stechen ihm mit den Fingern in die Rippen, lachen sich krumm und schief, bis mit einem Mal die kraftvolle Stimme des Probstes durch die Sakristei schallt. Schauer pumpen ihnen durch die Glieder.

– Herrschaften!

Sie stieben auseinander.

– Was haben Sie hier vorne verloren? Abmarsch!

Feixend verkrümeln sie sich. Der Probst macht einen Schritt

auf Niklas zu und mustert ihn. Der Vikar krallt sich Erik wegen dessen Grinserei während der Kommunion und geht mit ihm in ein Hinterzimmer.

– Essen, junger Mann, essen, sagt der Probst. Vor der Messe, nach der Messe. Sonst brauchst du hier nicht zu erscheinen.

– Aber der Weihrauch hat mich ganz …

– Lass bloß den Weihrauch in Ruhe. Ich kann es nicht mehr hören. Der Weihrauch ist gesund für dich, Junge, gesund. Er reinigt deinen Atem, dein Herz und deinen Verstand. Ohne ihn geht es nicht, verstehst du, es geht nicht.

Hinter ihm kreuzt der Vikar auf. Erik schleicht an ihnen vorbei.

– So, und was hatte der schon wieder, Krämpfe?, tönt der Probst.

– Lassen wir die Jungen gehen, Horst, für heute ist es genug.

– Jaja, gehen, äfft der Probst ihn nach, gehen, gehen. Alle wollen sie am liebsten gehen. Gehet hin in Frieden!

Niklas fürchtet, dass die anderen ihm folgen und auf dem Weg in den Kreuzgang zerren könnten.

– Dank sei Gott dem Herrn, singt jemand hinter der Schrankwand, der Vikar reißt die Augen auf und stürmt dahinter.

Sofort erkennt Niklas, dass ihm das Zeit schenkt, schon hört er den Vikar seine Leviten zischen. Auch der Probst ist augenblicklich wieder in die heiligen Schriften versunken, was bedeutet, dass er nichts mehr mitbekommen will. Niklas nutzt das, um abzulegen und sich davonzumachen, zumal auch von Erik schon nichts mehr zu sehen ist. Warum hat er nicht auf ihn gewartet? Die Treppen hallen unter seinen Schritten, vor dem Altar macht er diesmal keinen Knicks, und schon sehnt er sich, in die Arme seiner Oma zu fallen. Doch als er draußen ankommt, entdeckt er sie wieder nirgends, nur Erik steht dort mit seinen Eltern und sieht wie schon vorhin starr zu Boden, während sie sich mit den Leuten unterhalten. Sie entde-

cken Niklas, winken ihn heran und nehmen ihn mit zu sich nach Hause, wo ihnen Frau Ritter ein Frühstück bereitet. Croissants, Kakao, Eier. Die Sonne scheint so prall auf den Küchentisch, dass er die Augen zusammenkneifen muss.
– Entspannt euch jetzt mal, sagt Frau Ritter und streicht Niklas über den Hinterkopf, er spürt ihre Nägel, aber es ist nicht unangenehm. Erik und sein Bruder reagieren kaum auf sie, was Niklas nicht versteht.

Später steht er zum Abschied mit Erik in der Tür.
– Manchmal habe ich gar keine Lust mehr auf alles, stellt Erik fest. Wenn man nur einen Freund hat, ist man ganz schön am Arsch.
– Halt die Schnauze, sagt Niklas, spürt wieder den Klos im Hals, den Druck hinter der Stirn.
– Wieso, sagt Erik nur, und mit einem Ruck, der Niklas in der Kehle wehtut, rammt er die leuchtend weiße Haustür ins Scharnier.

1960

Alles ist weiß. Reza traut seinen Augen nicht, so sehen also Wolken von innen aus. Sein Leben lang ist er nicht ein einziges Mal geflogen. Wie und womit auch. Die Maschine durchbricht die Wolkendecke nach unten. Er geht mit dem Gesicht ganz nah ans Fenster und schaut gebannt in die deutschen Weiten, die sich unter ihm öffnen. Überall ist es grün, das fällt ihm gleich auf, und genauso erstaunen ihn die feine Gliederung der Straßenverläufe und der erkennbaren Infrastruktur. In der Ferne zeichnet sich eine steinerne Stadt mit kleiner Skyline ab, hohe, meist cremefarbene oder metallene Türme sind zu erkennen, dazwischen viele kupferrote und hellblaue, immer aber quadratische Gebäudezüge, und er starrt und saugt diesen ersten Eindruck auf wie etwas, das ihm nie wieder jemand nehmen soll. Immer tiefer starrt er in diese Fremde hinein, kann sich nicht sattsehen. Hier eine schnurgerade Betonlinie durch die saftige Wiesenlandschaft, dort eine Stromkabelführung, deren Ende auch vom Flugzeug aus nicht mehr zu erkennen ist. Eine Ahnung überkommt ihn, was es mit den geheimen Wünschen seiner Versender auf sich hat; ebenso erkennt er, dass sich hier einiges von dem, was sie sich erhoffen, ohne größere Umschweife ergattern lässt, und zwar im Überfluss.

Sie lagen vollkommen richtig. Alles an diesem Ort scheint verzahnt miteinander, es scheint sich um ein von vollkommener Planung durchdrungenes System zu handeln, das dort unten vor ihm liegt, und die einzige Aufgabe besteht von heute an darin, bis an die Schaltkreise all dessen zu gelangen. Oder aber einfach an die Orte zu gehen, an denen gelehrt wird, wie man so etwas macht. So viel versteht er schon von Technologie: Was hier stattgefunden hat, war keine Evolution, es war eine Revolution.

Den Weg dorthin, in diese schöne neue Welt, darüber haben sie ihn eindringlich aufgeklärt, müssen sie in vier Teile stückeln, die er mit üblichen Passagiermaschinen über Beirut, Tunis und Rom bestreitet, weil das am unauffälligsten erscheint, und aus Furcht, er könne doch noch auf Dummheiten kommen und nicht die vorgesehene Route nehmen, könne gar abdriften und für immer in die Welt entschwinden, haben sie ihm für den Anfang zwei Begleiter mitgegeben. Die aber vollkommen unnötig gewesen wären, denn Reza interessiert sich zu seinem eigenen Erstaunen inzwischen wirklich nur noch für das, was als nächstes passiert.

Sie landen überaus sanft, was ihn beinahe schockiert, quetschen sich zwischen den hektischen Arabern nach draußen, und trotz all seiner Begeisterung für Wissenschaft und Rationalität kann Reza die Regung nicht unterdrücken, dem Moment der ersten Berührung mit europäischem Boden etwas Mystisches anzudichten.

Von einem Repräsentanten des deutsch-französischen Internats, auf das Reza in Zukunft gehen soll, werden sie am Gate empfangen, in seiner Hand trägt er ein Schild mit Rezas vollständigem Namen, sogar in persischer Schrift, doch es sind die beiden Begleiter, die als erstes die Hand heben und damit die Aufmerksamkeit des Mannes erregen. Lächelnd kommt er ihnen entgegen.

– Bonjour, monsieur, bonjour.

– Bonjour, sagt Reza.

– Hello, hello, sagen die beiden.

Konnte man ihm nicht jemanden zuteilen, der auch Französisch spricht? Es ist von Beginn an eine merkwürdige Begegnung: Dieser offenbar deutsche Privatschulpauker, der sichtbar irritiert scheint, fast schon verlegen, trotz all der Planung durch die entsprechenden Institutionen, zu der mit Sicherheit auch Rezas Anmeldung im Internat gehört haben dürfte. Als ob er es nicht ganz verstehen möchte, wer hier ankommt und weshalb, und dies mit einem dünnen Lächeln zu kaschieren versucht, mit einem, so will es ihm erscheinen, rein gestischem Entgegenkommen, das weder Reza noch seine Begleiter genau zu nehmen wissen. Dennoch sind es für Reza vor allem die beiden, die hier einen wahrlich plumpen Auftritt hinlegen mit ihrer Teilnahmslosigkeit. Wenn er sie betrachtet, wird ihm schlecht. Nicht den Hauch an Mühe investieren sie, einen guten Eindruck zu machen, vielmehr agieren sie überheblich und zeigen nicht das Maß an Freundlichkeit, das notwendig ist, um sich unauffällig und gemein zu machen.

Der Herr stellt sich als Monsieur Meisner vor, Oberstufenleiter des Lycée Francais, er freue sich sehr, sie willkommen zu heißen. Reza dankt mit übertriebenen Gesten, was ihm sofort wieder unangenehm und peinlich ist, vor allem, da es das Desinteresse seiner Mitreisenden umso stärker sichtbar macht. Monsieur Meisner führt sie ein Stück weit durch die Wartehalle, auf einen weißhaarigen älteren Herrn zu, der mit seinen Händen krampfhaft den Griff des vor ihm stehenden Gepäckwagens umschließt. Sein Blick ist starr nach vorn gerichtet, zielt nur hauchdünn an ihnen vorbei und strahlt eine starke Erschöpfung aus, bei gleichzeitiger Wachsamkeit.

Als er sie offenbar erkennt, setzt er sich ruckartig in Bewegung, wie von einem mechanischen Automatismus getrieben, doch Monsieur Meisner hebt den Arm und hält ihm die offene Hand entgegen.

– Attendre, ruft er, wechselt aber sofort zurück ins Deutsche und klingt gleich viel entschlossener.

Die Geste der offenen Hand kennt Reza bestens vom Feld und ordnet sie eher dem Umgang mit Pferden zu, doch offenbar ist es aus Sicht von Meisner notwendig, dem Mann Einhalt zu gebieten.

Sie gehen hinaus aus dem Gate, über weiße Rechtecke hinweg, vor denen die Autos und Busse für sie halten und die Reza fassungslos machen, denn welcher Wille zum Gleichmaß muss darin liegen, eine Straße derart zu bepflastern, um anschließend makellose weiße Streifen darauf zu brennen.

Die Herren führen sie auf einen weiten Platz, auf dem sich Wagen an Wagen reiht. Er ist fasziniert von der Klarheit der Linien, die die Autos auszeichnet, und vor allem ist er entsetzt darüber, wie sauber sie sind. Das hat er sich bis hierher nicht ausmalen können; so viel Ordnung, Struktur und Sauberkeit an einem Fleck, und wie sehr der Lack im Sonnenlicht glänzt; am liebsten würde er in aller Seelenruhe von einem Gefährt zum nächsten gehen und jedes einzelne untersuchen. Doch sobald er zu lange trödelt, drehen sich seine Begleiter nach ihm um und fuchteln wild mit den Händen.

Sie verladen das Gepäck in einen geräumigen, aber nichtsdestoweniger gepflegten Transporter, beziehungsweise verlädt eigentlich nur der alte Herr, ansonsten rührt niemand einen Finger. Reza ist das unheimlich peinlich, doch gerade so kann er der Versuchung widerstehen, seinem Impuls nachzugeben und selbst anzupacken. Es würde seine Begleiter nur aus ihrem Stupor erwecken und ihren Argwohn schüren.

Doch der Mann könnte sein Vater sein. Zwar wirkt er etwas zerrupft, aber er scheint auch nicht bloß ein Handlanger zu sein, dagegen sprechen seine wunderbare braune Lederjacke und die feine, beinah pergamentene Haut. Meisner bittet sie, sich doch schon in den Wagen zu setzen, was die Begleiter sich nicht zweimal sagen lassen. Schon fläzen sie sich auf den schwarzen Ledersitzen und spreizen ihre Beine.

– Machen Sie es sich bequem, lässt Meisner auf französisch wissen und begutachtet unauffällig, aber für Reza doch erkennbar misstrauisch ihre Räkelei.
– Oui, oui, ringt sich einer der beiden eine Antwort ab.

Reza spürt, wie reizbar er ist angesichts der bisherigen Ochsentour, er kann den aufdringlichen Schweißgeruch der beiden nicht mehr ertragen, ihre graue Haut nicht mehr sehen, die durch den Flug und den Aufenthalt in den riesigen Wartehallen noch grauer geworden zu sein scheint, und hier im Wagen dünsten sie nun erst recht vor sich hin, dünsten die lange Reise aus.

Reza setzt sich in die hintere Reihe des Transporters, seine Begleiter sitzen im Mittelteil, und als hätte er es geahnt, lässt sich Meisner in den Beifahrersitz fallen, während der ältere Herr sich mit größerer Mühe, als es Reza recht sein kann, auf den Tritt hievt und hinter das Steuer klemmt. Umständlich sucht er das Bund nach dem Wagenschlüssel ab. Als er ihn gefunden hat, schiebt er ihn gemächlich ins Zündschloss, richtet den Rückspiegel und schlägt mit der Handinnenfläche gegen den Schaltknüppel, der locker ausschwingt.

Alles geschieht in fürchterlicher Langsamkeit, die ihn, das weiß er genau, in seiner Heimat niemals gestört hätte, die dort einfach dazugehört, aber hier, in dieser Umgebung, wirkt sie deplatziert. Es kann nicht sein, denkt er, dass in einer solch fortschrittlichen Welt letztlich doch alles wieder durch Trägheit und Eigensinn gebremst wird, dafür wurde das doch alles nicht erfunden, damit man es bloß bequem hat oder aber auf die Idee kommt, alte Menschen die modernsten Gefährte lenken zu lassen, sondern die Technik wurde erfunden, damit sie auch sinnvoll genutzt wird, um den Menschen von seinen Lasten zu erlösen.

Doch der Alte scheint ihn Lügen strafen zu wollen, denn als er den verdammten Schlüssel endlich umgedreht hat und der

Motor dröhnt, prügelt er den Rückwärtsgang rein und kurvt mit einem kräftigen Schwung aus der Lücke, wobei er seinen Unterarm knapp hinter Meisners Schulter auf der Rückenlehne ablegt, ihn sogar beinahe berührt, was Reza, und er weiß nicht genau warum, wiederum als ein wenig erniedrigend für Meisner empfindet. Der aber ist schon versunken in einen Stoß Papiere, studiert sie aufmerksam. Reza fällt erst jetzt auf, wie groß Meisner ist, seine Haare schrappen nur knapp unter der Wagendecke her. Seine Begleiter interessiert das alles längst nicht mehr, sie haben die Köpfe bereits in den Nacken gelegt und dösen und müffeln vor sich hin. Er betet, dass keiner von ihnen im Schlaf einen fahren lässt. Im Zweifel säße er zu weit von der Fensterkurbel entfernt, um unauffällig an ihr zu drehen. Doch sobald einem der beiden Vögel das Malheur unterlaufen würde, wäre er praktisch gezwungen, umgehend eines der Fenster hinunterzukurbeln, und hierzu müsste er über einen der Wänste steigen, ohne dass es die beiden im Fahrerraum bemerken.

Der Alte hinterm Steuer macht nun mächtig Druck, obwohl die Flughafenwege eng und kurvig sind. Reza wird bald sehr übel werden, das weiß er schon jetzt, ob es nun vom Hunger kommt oder diesen lausigen Personen, mit denen er hier unterwegs ist. Also versucht er ebenfalls seine Augen zu schließen. Der Wagen gleitet kraftvoll dahin, und es gibt kaum ein Ruckeln, trotz der zunehmenden Geschwindigkeit.

Es dauert allerdings keine Minute, schon vernimmt er wieder das nasale Murmeln Meisners. Der hat die Papiere weggelegt, vermutlich aus Höflichkeit, und nun kommt er auf die fatale Idee, mit auf die Straße gerichtetem Blick ausgiebig Fragen nach der Reise und ihrem Befinden zu stellen.

– Pleasent, pleasent, stammelt einer der Begleiter, der aus seinem Gedöse hochfährt, stellvertretend für die Gruppe. Ausnahmsweise ist Reza einmal froh, dass er aus seiner Gleichgültigkeit keinen Hehl macht, und er hofft, dass damit und vielleicht noch ein paar weiteren Aussagen dieser Art das Kommunikative vorläufig abgedeckt ist.

Doch da hat er sich getäuscht, Meisner ist neugierig. Bald rasen sie eine Autobahnauffahrt hinauf, monströse Laster schießen links an ihnen vorbei, werden gleich wieder vom Alten eingeholt, und als würde dies die Lage grundsätzlich verändern, verfällt Meisner nun regelrecht ins Plaudern. Meist geht es um das hochherrschaftliche Gymnasium, dessen Geschichte gespickt sei mit historisch herausragenden Ereignissen, etwa der Involvierung in die Bürgerliche Revolution 1848 oder seiner Funktion als Unterhändler zwischen Frankreich und Deutschland im Ersten Weltkrieg, schließlich dem stillen Widerstand gegen Hitler im Zweiten. Reza lauscht jetzt aufmerksam. Revolution, Widerstand, Verhandlungen, das hört sich alles sehr sinnvoll an. Sie rasen durch das Dreiländereck aus Hessen, Pfalz und Baden, und bei jeder sich bietenden Gelegenheit deutet Meisner hinaus und verweist auf einschlägige Orte, die sie soeben passieren würden, doch in der Regel sieht man nicht mehr als ein paar karge Wiesen und dahinterliegende Wälder, ein paar feinsäuberlich in die Landschaft montierte Reihenhaussiedlungen, Strommasten oder Tankstellen. Im besten Fall, und diese Aussichten genießt Reza unheimlich, sind es weit auslaufende Täler, über die sich die Autobahn mittels atemraubender Konstruktionen hinwegspannt. Wer um Himmels Willen hatte sich das nur ausgedacht? Auch wenn er sich natürlich im Klaren darüber war, dass er im Westen auf eine moderne und imposante Architektur stoßen würde – für die er ja schließlich auch hier ist, er von all diesen Dingen gehört hat, sogar in den Besitz von Bildern solcher unwahrscheinlichen Gebilde gelangt ist –, mit einer solch augenscheinlichen Präzision hatte er nicht gerechnet. Zumal nicht zuletzt Iran selbst gerade eine monströse Talsperre im tiefen

Westen errichtet, zudem eine weitere östlich von Teheran, doch sind all das nur Fanale des Größenwahns, gemessen an den Monumenten, die hier alle paar Kilometer haarfein in die Landschaft eingelassen wurden, mit Sinn und Verstand und vor allem einem Gespür für Aufwand und Nutzen.

Sie fahren durch die hügeligen Weinlandschaften des deutschen Südwestens, wie Meisner nickend beteuert, obwohl man es ja hinter den Scheiben deutlich vernimmt, und er hebt zu einer Rede an, die davon zeugt, was der Wein den Menschen hier bedeute. Mehr jedenfalls, unterstreicht er, als die Versorgung mit Alkohol bei gleichzeitiger Funktion als wirtschaftliche Lebensgrundlage, vielmehr handele es sich beim hiesigen Wein um eine Art völkerverbindendes Gut. Das müsse Reza wissen, denn das sei gewiss nicht überall so, wo der Mensch sich dem Anbau des Weins verschrieben habe. All die Höfe und Güter, teilweise sogar die dazugehörigen Rebstöcke, die in mal regelmäßigen, mal unregelmäßigeren Abständen an ihnen vorbeiglitten, all das gebe es in dieser Form seit Hunderten von Jahren, und deshalb …

Das überdeutliche Französisch Meisners kommt Reza zunehmend entgegen, es reizt und vergnügt ihn, dagegenzuhalten. – Entschuldigen Sie bitte, unterbricht er Meisner und muss ein wenig schreien, denn selbst dieser gleichmäßig arbeitende, neue deutsche Motor dröhnt noch immer viel zu sehr, wenn er auf Hochtouren gelangt, um bei dieser hohen Geschwindigkeit unangestrengt eine Unterhaltung führen zu können. Entschuldigen Sie, aber ich komme aus dem Land, in dem der Wein *erfunden* wurde. In Iran finde sich die weltweit älteste nachgewiesene Kelterei. Ob ihm das nicht bekannt sei. Einige Dutzend Meter unter der Erde habe man sie entdeckt und in Teilen sogar freigeschaufelt, mit Hilfe der Briten. Über Wein müsse er ihm daher nichts erzählen, außer, ja doch, vielleicht über die Besonderheiten des hiesigen Anbaus, der Technik.

Nicht unbedingt den ganzen Kulturkram drumherum, das könne er sich schon ungefähr ausmalen, es sei denn, er hat etwas mit technischen Besonderheiten zu tun. Das wäre vielleicht interessant, damit könne er etwas anfangen. Alles andere kenne er schon, auch das unsägliche Gerede vom völkerverbindenden Gut, das natürlich seinen historischen Sinn habe, entschuldigen Sie, das ihn aber nicht weiterbringe. Er benötige fundiertere Kenntnisse als diesen ganzen Schamanismus, den bekomme er problemlos auch zu Hause.

Mit jedem Halbsatz wirkt Meisner irritierter, im Rückspiegel erkennt Reza eines seiner starren Augen. Bei Meisner, das spürt und verdrängt er sogleich, hinterlässt diese Grundsätzlichkeit Rezas ein ungreifbares, stilles Entsetzen; doch weil er ein ausgesucht vornehmer Mensch ist, überspielt er es mit zurückhaltender Ignoranz und einem freundlichen Wort.

– Ach, das ist ja umso wunderbarer, dass Sie wissen, wovon wir sprechen. Beim Shiraz handelt es sich in der Tat um eines der besten Erzeugnisse der globalen Weinproduktion.

Die Begleiter werfen einander mürrische Blicke zu.

– Um das beste, korrigiert ihn Reza. Und macht gleich dort weiter, wo er aufgehört hat. Der Shiraz, referiert er, wurde im alten Persien nicht bloß zum Saufen genutzt, sondern insbesondere dazu, um im Rausch wichtige Entscheidungen zu fällen, die anschließend im nüchternen Zustand nur noch bestätigt werden mussten. Im leichten Rauschzustand ist der Mensch am produktivsten, das wusste nicht erst euer irrer Philosoph. Auch umgekehrt wurden nüchtern getroffene Entscheidungen unter dem Einfluss des Weins geprüft und im Zweifel wieder gekippt, wenn sie neben der Vernunft nicht auch dem Enthusiasmus standhielten, der sich im Rausch entfaltet.

Meisner nickt wissend.

– Das iranische Abitur haben Sie bereits, nicht wahr.

– Oh ja, sagt Reza.

Wieder nickt Meisner. Reza beobachtet ihn beim Nicken von der Seite und denkt, dass es kein Nicken infolge eines Interesses ist, sondern eher eines aus Disziplin, das signalisieren soll, wie sehr Meisner in der Lage ist, diese Informationen schnellstens unterzubringen im Wandregal seines Bewusstseins. Insgeheim aber unterstellt ihm Reza, beleidigt darüber zu sein, dass sein Wein nachweislich weniger historisch und somit auch weniger wichtig ist als Rezas. Er glaubt, seinen Gram bis auf die Rückbank zu riechen.

Sie gleiten noch ein wenig dahin, bis der Fahrer schließlich von der sehr breiten Schnellstraße auf eine kleinere Landstraße abbiegt und von dieser bald auf eine noch kleinere Straße, die letztlich auf einen Waldweg führt, auf dem sie nur noch dahin holpern, jetzt ist das Autofahren wieder ungefähr wie im Iran.

Sie fahren in den Wald hinein, es wird düster, nur in den Kronen sind noch einzelne Lichtkörnchen der Abendsonne sichtbar. Reza legt den Kopf in den Nacken, lehnt ihn gegen die Scheibe und sieht weit über sich einen schmalen weißen Schlitz vom Himmel.

Mit einem Mal öffnet sich der Wald wieder und führt über einen Kiesweg zu einer Lichtung, die in einem gepflegten Vorplatz mündet, in dessen Mitte sich eine feinsäuberlich gemähte Wiese samt einer steinernen Skulptur befindet. Drumherum ein ovaler Weg, der aus so etwas wie gehärtetem Sand besteht und zu einer mächtigen Villa führt, an die seitlich ein noch größeres, allerdings weniger gepflegtes Landhaus anschließt. Sie umkreisen den Platz, und Reza erkennt schon von weitem, dass mehrere Personen aus dem Haus eilen und sich am Sockel der kreisrunden Treppe einfinden.

Sie halten mittig davor, und eine junge Frau läuft herbei, um ihnen die Türen zu öffnen. Doch anstatt sie zu begrüßen, stellt sie sich seitlich des Wagens auf, mit starrem Blick voraus, und schweigt. Ein Herr in grauem Anzug tritt vor sie und streckt ihnen, noch bevor sie einen Fuß auf den Boden gesetzt haben, die Hand entgegen.

– Reckenstall, sehr erfreut.

Rezas Begleiter erheben sich behäbig aus ihren bequemen Lagen, gähnen unangenehm vor sich hin, und so vergehen einige unangenehme Sekunden, bis auch er hinter ihnen aus dem Bulli steigen und seine Hand in die des Herrn schleudern kann, der zwar erstaunt über Rezas Offenheit wirkt, sich anscheinend aber auch darüber freut. Und tatsächlich gehen dem Studiendirektor Reckenstall in diesem Moment einige Lichter auf, erkennt er doch auf den ersten Blick das Potential dieses recht vorzeigbaren Exoten, mit dem sich bei der Schülerschaft sicherlich ganz prima Werbung machen lässt für jegliche Form internationaler Beziehungen, und auch seinem niemals ganz offiziell werdenden Hang zu Männern wird in dieser Sekunde eine weitere Episode hinzugefügt, die sich ausschließlich im Inneren Reckenstalls abspielen wird und von der dieser Junge niemals erfahren wird und darf.

Im Internat erhält Reza ein absurd geschmackvoll eingerichtetes und reinliches Zimmer, in dem sich dem ersten Anschein nach nur dunkles Holz und weiße Laken befinden. Die Mitschüler beobachten jeden Schritt seiner Ankunft genau, das merkt er gleich. Allerdings liegt in ihrer Neugier keinerlei Aufdringlichkeit, nur aus den Augenwinkeln wird ihm nachgestarrt, und je aufmerksamer sie auf ihn werden, desto vornehmer werden auch ihre Züge. Scheinbar kennen diese Leute nicht die geringste Hysterie, so wie in seiner Heimat, wo das Volk schreiend zusammenkommt und lautstark gafft, sobald sich etwas einfindet, das ihm unbekannt ist.

Ob es wohl überall so ist in diesem Land? Hier jedenfalls glaubt er, von jeglicher Hysterie ganz unberührt zu sein, und er fühlt, dass es so bleiben kann, wenn er es auf nichts anderes anlegt.

Doch ist es das, was Reza erleben will in diesem fremden Land? Unberührt zu sein? Am Abend, nachdem er geduscht und ein wenig geruht hat, lädt die Schulleitung zu einem Zusammenkommen in die Aula ein, und als einer von mehreren Neuankömmlingen wird Reza von einem weißblonden Mädchen, dessen Haut bis in die letzte Pore osmotisch aufgeladen scheint, dem es jedenfalls nicht an Feuchtigkeit mangelt und das darum so frisch und gesund aussieht, wie er es noch nie bei einem Menschen gesehen hat, dazu angehalten, sich in eine der vorderen Reihen zu setzen. Er solle sich keine Sorgen machen, es würde nichts weiter von ihm erwartet, außer eben dort zu sitzen und alles einmal auf sich wirken zu lassen, außerdem möchten die neuen Klassenkameraden ja gerne sehen, wer dort Neues kommt, und das gehe eben schlecht, wenn er hinter ihnen säße. Kurz scheint es Reza, als würde sie in der kommenden Stunde nicht mehr zu sprechen aufhören, selbst wenn sie nur diese kleine Story erzählen soll, doch sie würde einen Weg finden, um immer weiter zu reden. Der Saal füllt sich gemächlich, und Reza bemerkt nun ein anderes Mädchen mit dunklem Teint, dunkler noch als er. Was mag sie hier hertreiben, fragt er sich, ist sie etwa auch zum Spionieren da oder betreibt sie das hier ganz ernsthaft, um ihrer selbst willen? Und wird auch er selbst es nicht nur dann durchstehen, wenn es von nun an um seinetwillen geschieht?

Obwohl ein großer Aufruhr herrscht und alles und jeder außerordentlich geschäftig wirkt, geschieht sehr lange nichts; so lange, bis plötzlich, ohne dass es sich angedeutet hätte, alle auf ihren Plätzen sitzen und der Geräuschpegel sich in eine unheimliche Ruhe verwandelt, eine Tür am Rande der Bühne sich öffnet und derselbe Reckenstall vor das Podium tritt, der Reza eben noch so exaltiert die Hand reichte.

Applaus brandet auf, und schon sind die geschäftigen Stimmen von eben wieder da, einzelne erheben sich von ihren Sitzen und reißen zum Applaudieren die Hände über ihre Köpfe, Reckenstall winkt in die Menge, ruft kraftvoll Dankeschön, merci beaucoup, danke, vielen Dank.

Er beginnt mit seiner Ansprache, die er zu Rezas Zufriedenheit auf Französisch hält, womit sich endgültig zeigt, dass die französische Sprache hier Vorrang hat. Das Deutsche muss er behutsam in sich aufnehmen, ohne Druck. Er befindet sich, so viel ist jetzt schon sicher, an einem Ort, an dem er weiterkommen kann. Reckenstall holt weit aus und begrüßt zunächst einige ehrenwerte Gäste, Alumni lange zurückliegender Ruhmestage. Sie sitzen offenbar noch weiter vor ihm, denn dort wippen einige haarlose Köpfe zum Dank auf und ab. Um sie herum sitzen Leute, die sicher keine Schüler mehr sind, aber dennoch erkennbar jung. Diese lächeln die älteren Herrschaften wohlwollend von der Seite an, während Reckenstall ihre Meriten herunterbetet.

Seine Rede schwappt fast über vor rhetorischen Finten. Trotz der Steifheit in seinen Bewegungen und Aussagen schafft er es, vom Publikum als witzig empfunden zu werden, und die vielen kleinen polemischen Einsprengsel und Volten, die sich gegen jegliche nur denkbare Amoral wenden, die dort draußen in der Welt herrsche, runden das Bild des intellektuell breit aufgestellten Humanisten ab. Dieser Mensch strahlt eine Selbstverständlichkeit aus, die Reza nicht nachempfinden kann. Es ist offensichtlich, wie sehr er Applaus liebt, und doch sieht man auch wieder nichts davon: eine faszinierende Gleichzeitigkeit von beidem. Ungeheure Dominanz geht von ihm aus, ohne dass er hierfür allzu sehr nach vorne preschen müsste. Einmal abgesehen vom Schah, dem eine vergleichbare Haltung gegeben ist, hat Reza noch niemanden erlebt, der auf ähnliche Weise seine Autorität zu wahren versteht. So zurückhaltend, so unantastbar. Würdevoll wie ein Kaiser. Am nächsten kommt dem noch sein unerschütterlicher Vater, doch bei dem liegt es am Opium. Eine Weile verfolgt Reza ratlos, was Reckenstalls Rede so wirksam macht, bis ihm klar wird, dass es die Genügsamkeit ist. Das Gesamtbild ist so genügsam. Er fragt sich intensiv, was diesen Menschen dazu veranlasst, eine solche Sicherheit zu empfinden. Die Regeln hier müssen einfach andere sein, wie auch immer sie lauten. Er jedenfalls wird es sich für immer merken. Macht durch Zurücklehnen.

Mehr als ein paar Wochen muss Reza nicht investieren, um an sein europäisches Abitur zu gelangen. Morgens, während er wachsam in seiner sehr angenehmen Klasse sitzt, wird sein Bett gemacht, und drei Mal täglich gibt es eine üppige und wohlschmeckende Mahlzeit. Er ist umgeben von unwahrscheinlich zuvorkommenden Franzosen und Deutschen, die meist etwas jünger sind als er, schnell werden sie zu einem verschworenen Haufen. Trotzdem kann er nicht hier bleiben, sich nicht auf ihrer Unterstützung ausruhen. Reza weiß, dass er erst am absoluten Anfang steht, und er misstraut insgeheim der parfümierten Widerstandslosigkeit dieses elitären Umfelds. So kann das Leben nicht sein. Er muss geschult werden für das echte Leben in diesem Land, mit all seinen Hürden und Fallen.

Nach der Verleihung der Zeugnisurkunden dauert es nur wenige Wochen, bis Reza einen Studienplatz findet, ein paar hundert Kilometer nördlicher gelegen, nah an den zentralen Industrieschaltstellen des Ruhrgebiets, bei dem es sich dem Vernehmen nach um eine Art Kornkammer des Stahls handelt, wie er nicht nur in Geografie erfahren hat, sondern auch bei seinen Nachforschungen über dieses ihm noch immer fremde und vor allem in seiner Entstehung ungeheuerliche Gebilde namens Bundesrepublik. Um solche und andere Dinge in Erfahrung zu bringen, saß er wochenlang ganze Abende in der Internatsbibliothek. Aber noch immer liegt die ausgewählte Universität sehr ländlich. Einen Studiengang namens Agrarwissenschaft hat er sich herausgepickt, mit dem Abschlussziel eines Diplom-Ingenieurs. Seine Begleiter ignoriert er seit geraumer Zeit, und sie haben sich ohne Murren darauf eingestellt. Als er an einem der letzten Abende an ihre Tür klopft, öffnet ihm nur eine Reinigungskraft und sagt, die Herren seien abgereist. Endlich ist Reza allein.

1968

Von ihrer anfänglichen Entschlossenheit, es nun doch zum ersten Mal geschehen zu lassen, ist schon nach wenigen Minuten nichts mehr übrig. Angesichts der rot leuchtenden Schweinerei auf dem Bezug, über den sich Blüten und Blattzeug ranken, starrt er bloß irre, und Clara schlägt von ehrlichem Schrecken erfüllt die Hände vors Gesicht. Darunter beginnt sie zu fluchen, wüste Tiraden. Doch wenn sie sich jetzt, in einer solchen Situation, nicht zusammennimmt, keine Ruhe hineinbekommt in ihre Aktionen, dann geht es an ihr Atemsystem, und jede Sekunde ist es so weit und sie wird hyperventilieren. So kann sie niemals eine Firma leiten.

Das hier aber durfte nicht geschehen. Was für ein Fehlschlag, was ein elender Mist. Sie will es ihm nur ungern übel nehmen, aber das ging einfach alles viel zu rasant, er hätte sich anders kontrollieren müssen. Besser, viel besser. Aber wer will das noch von ihm verlangen. Selbstkontrolle verlangen?

Weite Teile seiner Familie sind dahin, sein Bankkonto ist wie das seines Bruders prall gefüllt, aber jetzt will er das Bettlaken im Stadtsee versenken. Natürlich meint er es im weitesten Sinne gut, möchte ihr die Angst nehmen, von der sie erfasst wird, doch mit diesem wiederholt bizarren Aktionismus verzigfacht er sie nur. Im Gegensatz zu Gerhard, der längst durchstartet und nicht mehr einzuholen ist, setzt Walter nicht gleich alles auf die kaufmännische Karte, dafür genießt er die rauschenden und immer öfter ausartenden Nächte viel zu sehr, treibt sich mit Künstlern, Feiersüchtigen und anderen Bohemiens herum, und eine Diskothek betreibt er neuerdings auch, ganz nebenbei. Er nennt sie Saloon no. 1, nach wenigen Wochen gibt man sich schon die Klinke in die Hand. Wenn die Gäste trinken, trinkt er mit; kein Bier, sondern Bourbon. So wie Clara ihn kennt, wird er sein Erbe trotzdem binnen weniger Jahre verdoppelt haben, doch für den Moment haben sie beide nur noch Sinn für das Schlamassel vor ihren Augen. Sie denkt an das Gesicht ihrer Mutter. Daran, dass ihr die Zeit für solche Desaster fehlt.

Glücklicherweise sind Claras Eltern das gesamte Wochenende über in den Schwarzwald verreist, aber jetzt muss eine schnelle Lösung her. Ihre Mutter kennt zu allem Überfluss ihre Hauswäsche bestens, den Austausch durch ein neues Laken zieht Clara nicht in Betracht. Sie würde erst überschnappen vor Wut und danach viele Fragen stellen.

Meckernd verkündet er, es in den Großen Teich zu werfen und wirkt unaufhaltsam.

– *Das* wirst du nicht!, hält sie dagegen, stellt sich in den Türrahmen.

– Aber das Ding muss weg!, sagt er, nun schon wieder angelangt in seiner typischen, launigen Verzweiflung.

Nein, nein, fährt es durch Claras Kopf. Wieder ist sie entnervt, anstatt zur Ruhe zu finden, ernüchtert anstatt erleichtert. Wieso endet immer alles in einer Guerilla-Aktion? Wozu das alles? Der Große Teich liegt inmitten der Altstadt, zwischen Kirchen, Heuss-Park und Hallenbad, und vor ihrem inneren Auge sieht sie das Laken bereits an der Oberfläche treiben, mitten auf dem matt glänzenden See, mit den Blutflecken überall, die jemand vom Balkon eines höheren Stockwerks aus nach erstem Zögern als solche erkennen würde, ungläubig zunächst, das sich wellende Laken prüfend, doch schon mit der Hand am Telefon.

Und man würde es herausfischen und sich natürlich fragen, was es damit auf sich habe, mit so einem blutigen Bettlaken mitten im Stadtsee, und schon bald würden die ersten Ermittlungen aufgenommen, es würde nach Zeugen gefahndet werden, und vielleicht würde sich sogar irgendein Rentner finden, der den lakenbeseitigenden Walter im Morgengrauen um das Gewässer hat schleichen sehen.

– Auf keinen Fall wirst du das tun ... Ich warne dich!

Sie erkennt sich kaum wieder in ihrer Bestimmtheit und sieht ihm an, dass er sie noch weniger wiedererkennt. Dann wird er mit einem Mal ganz zahm, hält das Laken aber weiterhin fest umklammert. Geschickt täuscht sie an und entreißt es ihm ruckartig; er erstarrt und sieht ihr daraufhin sehr tief, aber noch immer so bedröppelt wie nur möglich in die Augen. Was sie vorhabe, stammelt er, wohin das führe, was, wenn ihre Eltern ... doch das soll er bitteschön ihre Sorge sein lassen, damit hat sie jetzt schon genug am Hut, das wird eine schöne Schererei. Da soll er sie bloß von seinen wilden Einfällen verschonen. Die hat er nämlich gern, und mittlerweile sogar eher dann, wenn er gerade einmal *kein* Valium zur Verfügung hat, dann springt ihm so richtig die Hektik aus dem Gesicht und kündigt an, dass er nun ungehemmt in genau dieser Reihenfolge über eine verschollene Jazz-Platte, die Trunksucht ihres gemeinsamen Freundes Rolf und den Zerfall der alten Szenen schwadroniert. Seine Theorien über den Zusammenhang von Musik-, Politik- und Alkoholgeschichte werden immer kruder. Es ist eine erstaunliche Erfahrung, dabei zuzuschauen, wie sehr er von seinem Wahn regiert wird. Des Nachts rennt er neuerdings immer häufiger völlig aufgedreht durch die Innenstadt, nicht nur an den Wochenenden. Auch das ist ihr nicht verborgen geblieben. Jetzt hält er plötzlich inne, scheint aus seinem Wahnsinn zu erwachen und sieht sie an.

– Und, magst du den Perser?

Clara stutzt, ihr Mund öffnet sich leicht. Die Überraschung ist ihr anzusehen, und tatsächlich fühlt sie sich angesichts dieser Frage ertappt. Spontan schüttelt sie den Kopf, macht Anstalten abzuwiegeln. Und driftet selbst ab, driftet wieder dorthin, woher all die Warnungen und Mahnungen, die ihr in fast jeder Minute durch den Kopf rauschen, stammen: Halt dich doch an den Walter, lautet der neue Leitsatz ihrer Mutter, und Clara weiß, dass er das weiß. Sicher, sie sind schon lange sehr innig und vertraut miteinander, sie könnte es sogar als echte Gefühle bezeichnen, was sie da in sich spürt ihm gegenüber, und nie haben sie aufgehört, gemeinsam mit Rolf durch den Wald zu streifen, auch wenn es seltener geworden ist. Doch das wäre alles viel zu naheliegend, und sie wäre nur eine weitere unter den innerstädtischen Unternehmertöchtern, die einen Großbürgerlichen heiratet, in diesem Fall sogar einen Großerben mit ausuferndem Besitz. Man bekäme eine Schar Kinder und hätte friedlich zu sein. Oh nein, so sicher nicht. Diesen deutschen Holzkopf möchte sie nicht für immer neben sich liegen haben, selbst wenn sie ihn lieben sollte ... und nur, dass er jetzt so fragt, danach fragt, sorgt dafür, dass sie sich fragt, was er wirklich denkt.

– Interessiert dich das etwa?

– Fragen darf man doch wohl mal.

– Er hat auch einen Namen.

– Ach *jaaahhh*, flippt er gleich wieder herum, *genauuu*, wie heißt der gleich nochmal?

– Das fragst du nicht ernsthaft. Habt ihr nicht neulich zusammen unterm Tresen kampiert? Sie schnauft, schüttelt den Kopf. Weißt du eigentlich noch, wie du selbst heißt?

Überaus angestrengt denkt er nun nach.

– Ach jaahhh, sicher! Genau. Wann war das? Beim Achim unten, oder nicht?

– Bei dir, sagt sie, du Trottel. In deinem verfluchten Keller!

– Bei mir? – Er macht eine wegwerfende Geste. – Das kann ja gar nicht sein … oder? Kann das sein?
– Könntest du dich jetzt vom Acker machen?
– Gib mir bitte das Laken, ich werfe es nicht in den See. Ich kann es verbrennen. Hinten bei uns im Garten, an der Feuerstelle.

Er streckt die Hand nach dem Laken aus. Dass er noch immer *uns* sagt, kann sie verstehen, aber es befremdet sie auch. Warum kann er nicht zugeben, dass er sich einsam fühlt, in diesem riesigen Haus, in dieser Stadt, diesem Leben?
– Ich hoffe, du bist bald weg. Hast ja, was du wolltest. Also nerv bitte nicht.
– Aber es ist so, oder? Wirklich, ich freue mich für dich …
– So. – Sie schleudert das Laken weg und macht einen Schritt auf ihn zu. Raus jetzt.

Sie entfernt sich langsam in Richtung Küche. Er rafft seinen Krempel zusammen und bindet sich im Treppenhaus die Schuhe. Wenn sie ihn nur hört und nicht sieht, fällt ihr noch stärker das Schnauben und Giemen auf. Beunruhigende Laute sind das, aber was soll sie machen. Er ist nicht der, auf den sie aufpassen will. Ein tiefes Interesse am anderen, für Clara eine absolute Grundvoraussetzung jeder Beziehung, noch mehr als das Verliebtsein selbst, sieht sie vielleicht gegeben, sogar das nötige Vertrauen ist trotz allem vorhanden, und doch reicht es nicht. Sie möchte nicht mitkommen ins Land der vorgezeichneten Wege. Nicht ein Leben reproduzieren, das sie schon ständig vor der Nase hat.

Als er das Grundstück verlässt, steht sie regungslos hinter der Gardine und folgt, ohne es selbst zu bemerken, minutiös den vielen kleinen Schritten, die er macht, dieser kleine Mann, weshalb nur immer diese kleinen Männer, und weshalb zum Teufel sind sie auch noch alle so irre.

1972

Das Kind ist da, und es ist klein, haarlos, rot. Noch ist nichts zu erkennen. Clara wartet ab, die Wochen streichen ins Land, sie lässt es beim Standesamt eintragen. Der Beamte strahlt und tätschelt der Kleinen die Wange, dann erkaltet sein Gesichtsausdruck wieder. Clara kommt es vor, als erlösche von jetzt auf gleich jegliche Regung in seinem Gesicht. Er hebt und senkt den Kopf, überprüft ihre Personalien, obwohl er genau weiß, wer sie ist. Als Vater nennt sie dann doch Reza, nicht nur weil er in West-Berlin ist und damit zumindest räumlich wesentlich erreichbarer als der andere, sondern hat sie da auch so ein Gefühl. Davon ganz abgesehen kennt sie ihn ja auch viel besser und fühlt sich so zumindest sicherer, als sich im Zweifel das Sorgerecht mit einem Fremden im Ausland zu teilen.

– Und dann bräuchte ich natürlich noch den Namen.

Den Füller fest im Griff, blickt er ihr über den Brillenrand hinweg in die Augen, ganz kurz nur, aber es strahlt jede Menge Verbindlichkeit aus.

– Sheva, sagt Clara, Sheva Kemper.

Kurz scheint er die Luft anzuhalten, jedenfalls macht er eine Schluckbewegung und regt sich danach nicht mehr, außer dass er sie geradewegs ansieht. Und eine verstörende Unmenge an Kälte unter seine folgende Frage legt.

– Das wollen sie dem Kind wirklich antun?

Sie verspürt Juckreiz. Kurz öffnet sich knapp unterhalb von Claras Bewusstsein etwas, von dem sie unmittelbar versteht, dass von dort aus nur noch Ekel zu empfinden ist. Durch ihre Schläfen pumpt Blut. Noch so ein Satz, und Clara zieht ihm ihre Tasche durchs Gesicht, prügelt ihm seine hässliche Brille vom Zinken. Doch sie beherrscht sich.

– Wie heißen Sie denn mit Vornamen?, fragt sie bissig.

Nun zögert *er*.

– Ulrich, sagt er fast tonlos, dann nochmal mit etwas mehr Nachdruck: Ulrich.

Sie muss lachen.

– Sehen Sie.

– Ich muss doch sehr bitten, Fra… *Fräulein* …

– Nein, ich bitte *Sie*!

– Aber Frau Kemper, ein halbiranisches Kind mit einem jüdischen Namen …

– Hebräisch meinen Sie.

– Von mir aus. Hebräisch?! Muss das sein?

Clara mustert ihn.

– Das muss sein. Und es interessiert Sie einen feuchten Kehricht.

Wortlos legt er ihr die Papiere hin, sie greift zu und stürmt die Rathaustreppen hinab, hinaus in die Sonne. Sofort kommt es ihr vor, als würden alle sie anstarren, dabei laufen nicht gerade viele Menschen durch die Fußgängerzone. Sie muss sich verbarrikadieren; sie rennt nach Hause, knallt ihrem Vater den Wisch zum Mutterschutz auf den Tisch. Kurz sieht sie das Entsetzen in seinen Augen, doch er reißt sich zusammen und wünscht ihr das Allerbeste.

Sie mietet ein Zimmer ohne Bad, aber mit Balkon in der Altstadt an, ihre erste eigene Wohnung. In der Küche steht eine Wanne, eine Toilette gibt es im Treppenhaus. Schon jetzt kann sie sich ganz gut mit dem Gedanken anfreunden, dass es von Reza ist. Sein erstes Kind ist ja auch nicht gerade dunkel geraten, darum scheint es ihr immer wahrscheinlicher. Sie sucht nur noch nach dem Zeitpunkt, ihm die Botschaft zu übermitteln.

Clara bekommt kaum noch etwas mit vor lauter Fürsorge. Die Zeit umspült sie wie einen glatten Stein. Monate ziehen unbemerkt an ihr vorbei, bis plötzlich der Sommer brütet. Den kleinen Rest an Zeit, der ihr für sich selbst bleibt, widmet sie neuen Designarbeiten, die ihr das eigene Talent abermals vor Augen führen. Unter der Hand geraten ihr die Arbeiten zu großangelegten Vorhaben, von denen sie schon jetzt ahnt, dass sie vermutlich niemals die Zeit für sie finden wird. In der kleinen Dachgeschosswohnung ist es lausig heiß. Clara badet ihre Tochter mehrmals täglich, zur Erfrischung, und wenn es abends kühler wird, läuft sie mit ihr über die Wälle, einmal um die Stadt. Die Menschen grüßen und zeigen sich an den beiden interessiert. Niemand lässt sie links liegen.

Es wird Herbst, die Luft ist klar, und die Sonne scheint orangen in das schon geheizte Zimmer. Sheva liegt auf dem Wickeltisch und strampelt voller Vergnügen, Clara bereitet Puder und Windel vor, da quietscht das Kind. Sofort schaut sie nach, doch nichts als ein freudiges Lächeln, die zusammengekniffenen Augen und die sich in der Bewegung wölbende Nase, der silberne Blick und die bleiche Haut ... sie zögert kurz, hebt das Kind langsam hoch, betrachtet es und weiß sofort, es kann nicht sein. Ihr wird kalt, und dann sind sie doch wieder vollkommen präsent, die Szenen in einer kleinen Pension am Schwarzen Meer. Binnen Sekunden begreift sie, wie sehr sie verdrängt hat, dass wirklich alles haargenau passt. Ihr bricht der Schweiß aus. Kurz verspürt sie einen Hass auf das Kind, kommt zur Besinnung, dann einen Hass auf sich selbst, besinnt sich wieder, und nun folgen Wochen des inneren Kampfes, in denen Sheva ihre Lähmung zu spüren scheint, all ihre Verunsicherung. Es sind Wochen, in denen Sheva immer länger und lauter schreit, als würde sie ihre Mutter ermahnen, und an deren Ende Clara ein Foto macht. Auf die Rückseite schreibt sie einen Namen und ein Datum, dann läuft sie zur Post und schickt es auf die Reise. Ab damit in den Ostblock.

1990

An einem verregneten Nachmittag tritt Niklas aus dem familieneigenen Geschäft in die Passage, halb aus Langeweile, aber auch, weil er nach einer Weile Kopfschmerzen bekommt von dem vielen Spray, das man auf die Felle sprüht, vom beißenden Ledergeruch, von den Parfüms der anprobierenden Herrschaften und dem Rasen der Pikiermaschine im Hinterzimmer.

Die Herbstferien zerren an seinen Nerven, drücken auf seine Stimmung, und er verspürt den starken Wunsch, etwas zu erleben. Er sieht nach links, wo eine alte Frau ihre Tüten in Richtung Hansaplatz schleppt, Paare die Inhalte der grell ausgeleuchteten Schaufenster begaffen, und als er sich in die andere Richtung dreht, steht dort vor dem Eingang des Galanteriewarengeschäftes, einem anderen Teil des Familienunternehmens, wie herbeigezaubert der Bruder seines Großvaters. Ein Messband hängt um seinen Hals, und seine Züge sind viel härter als die vom Alten. Außerdem ist er als einziges seiner Geschwister weißblond. Die Hände in die Hüften gestützt, wirkt er kraftvoll und beinahe riesig, und mit einem milden Lächeln beäugt er nun den Sprössling. Aus seiner Brusttasche ragt ein Fettstift. Doch dann bekommt sein Gesicht eine Spannung, die nicht bösartig wirkt, Niklas aber wie ein Kampf vorkommt, den er mit sich austrägt. Als sei ihm eine Eingebung gekommen.

– Na, du kleiner Ayatollah!

– Hallo Onkel Calli!

Eine Pause entsteht, in der sie einander ausführlich beschauen, Niklas' Blick geht nach unten, zu den klobigen Herrenschuhen, und wandert dann staunend die langen Beine hinauf. Jetzt erst fällt ihm das feine Cordmuster der Hose auf, sie ist ganz anders als die Hosen der anderen Männer in der Familie, und er bemerkt, wie ihm das auffällt und wie es ihm gefällt, dass ihm das so aufgefallen ist.

– Was ist ein *Eier toller*, Calli?

– Oh, den möchtest du nicht kennenlernen, haha, nein.

– Warum denn nicht?

– Weil das ein schrecklicher Mann ist.

– Und warum nennst du mich dann so?

– Haha, haha …

– …

– Ja, das ist nur ein Spaß, weißt du. Wenn du älter wirst und größer, musst du dich immer schön ordentlich rasieren, damit du nicht so aussiehst wie der.

– Warum ist das denn so?

– Weil dein Papi auch so einer ist.

– Was für einer denn?

– Na ja, ein Kamelreiter eben. Haha.

Verwundert betrachtet Niklas den hageren Mann, sein glattes Gesicht. Je glatter es ihm aber erscheint, desto weniger mag er das, was er gerade gesagt hat. Niklas zuckt mit den Schultern, und ohne noch ein Wort zu erwidern, schlurft er ins Geschäft zurück, wo seine Mutter ein paar Herrschaften berät, die ihn zu mustern beginnen, als er eintritt. Ohne zu grüßen spaziert er an ihnen vorbei, während Clara versucht, ihre Blicke wieder einzufangen und auf das Kaschmir zu lenken. Habe ich jetzt was erlebt, fragt er sich. Viel jedenfalls will er heute nicht mehr erleben.

1972

Mit spitzen Fingern nimmt der Beamte die Brille ab, massiert mit Daumen und Zeigefinger seine Augen. Leise hört Clara ihn stöhnen, eher nach innen. Er sieht wieder auf, ihr direkt ins Gesicht, voller Bestürzung und Widerwillen. Mattes Tageslicht fällt durch die Gardinen, Staub wirbelt umher.

– Das meinen Sie nicht im Ernst.

– Was soll ich denn machen? ... Es verheimlichen?

Er kann kaum an sich halten und arbeitet mit seinem üppigen Bauch gegen den Tisch an.

– Wahrscheinlich wäre das noch das Beste. Und natürlich hätte es gar nicht erst dazu kommen [illegible]en ... Aber gut, das passiert eben.

– Passiert?

Er holt nun mächtig aus.

– Haben Sie eigentlich eine Ahnung, was das alles bedeutet, und was Sie Ihrem Herrn Vater damit antun? ... Der ist doch schon Stadtgespräch, junge Frau! ... Sie können hier wirklich nicht einfach verfahren, wie sie lustig sind, es gibt auch noch ein paar Regeln und Sitten, die da einzuhalten wären. Was denken Sie eigentlich? Ist das so schwierig, einmal *kein* Aufsehen zu erregen? ... Soll ich die Kirche einschalten, oder am besten gleich das Jugendamt?

Clara sitzt unbeweglich da. Still ist sie geworden, blass und elend.

– Können Sie auch antworten?

Sie gibt sich einen Ruck.
– Lieber nicht, sagt sie.
Er schnaubt gereizt.
– Da könnten Sie vielleicht mal recht haben.
Er wendet sich ab, hämmert einige Male den Stempel auf das Dokument, schiebt es mit Zeigefinger und Daumen zu ihr hinüber. Wie etwas Fremdes, Bedrohliches betrachtet sie das Papier, und mit ihm die unwiderrufliche Feststellung, dass nicht Reza der Vater ihres Kindes ist. Sie liest den rumänisch-deutschen Namen, der so stumpf und reserviert klingt wie auch die Namen all der Bürgersleut in diesem Kaff. Ihr wird schwindelig, Fragen schießen katapultartig durch ihre Synapsen.
Der Beamte erhebt sich träge und tritt seitlich an sie heran.
– Wie ist das ... brauchen Sie vielleicht Hilfe?
Er fasst ihr an die Schulter, erschrocken schaut Clara auf, erst in sein graues Gesicht, dann auf seine Hand.
– Meine Hilfe?, unterstreicht er.
Seine Züge haben nun etwas vollkommen Beruhigtes an sich, als hätte er etwas sehr Befriedigendes erreicht.
– Ich denke ... ich denke nicht, murmelt Clara.
– Nicht?
Er scheint genau zu überlegen, was er als nächstes sagt.
– Aber weshalb nicht? In Ihrer Lage können Sie jede Unterstützung gut gebrauchen.
– Denken Sie etwa, ich komme nicht zurecht?
Sein fahler Mund läuft spitz zu.
– Zumindest ist das nicht ganz unwahrscheinlich.
– Guter Mann, ich übernehme bald die Firma meines Vaters.
– Das glauben Sie doch selbst nicht.
– Glaube ich *nicht*?
– Wenn er's ganz den Bach runtergehen lassen möchte, bitteschön. Aber ich meine ja vielleicht auch etwas anderes, ich meine es vielleicht privater, als Sie es meinen.

– Privater.
– Ja, privater.

Hitze dringt von innen durch ihre Haut nach außen, sie verspürt die sich anschleichende Atemnot, ein starkes Beißen im Magen und merkt, wie rosa Flecken in ihr Gesicht einziehen.
– Herr ... sie muss durchatmen ... Herr Kaiser, ich glaube, wir sind noch immer auf dem Amt.

Sie schiebt das Schreiben in das große Kuvert und verschließt es sorgfältig, dann steht sie langsam auf. Sofort zieht er seine Hand weg und tritt einen Schritt zurück. Auch er ist jetzt ganz bleich.
– Und darum denke ich, ist es besser, wenn ich mich nun verabschiede. Wir wollen doch weitere Unziemlichkeit dringend vermeiden. Soweit ich weiß, gehört das *auch* zu ihren Aufgaben im Standesamt.

Langsam dreht sie sich weg, seinen starren Blick auf sich, geht ruhig hinaus. Als die Tür hinter ihr ins Schloss fällt, beschleunigt sie, hastet wieder einmal die Treppen des Rathauses hinab, läuft nach Hause, wo ihre Mutter auf Sheva aufpasst. Clara ist verwirrt, angewidert, wütend. Aber unzufrieden ist sie nicht.

1972

Ihre Eltern nehmen die kleine Änderung kaum noch zur Kenntnis, sei es, dass sie das alles ohnehin nicht mehr verstehen, sei es, dass sie es gar nicht wissen wollen. Ein paar Fragen am Rande tauchen auf, das ja. Wieso und weshalb sie das denn erst jetzt erkenne, dass es ein anderer war, aber nach ein paar Tagen Irritation und Verstimmung hat sich die Sache erledigt.

Auch die Antwort aus Rumänien lässt nicht lange auf sich warten. Clara betrachtet ausführlich, fast schon andächtig den Umschlag, auch den merkwürdigen Stempel, sie befühlt das harte Papier, aus dem er gemacht ist, ganz anders als deutsche Umschläge. Aber noch ist sie nicht in der Lage, ihn zu öffnen, unumwunden zu öffnen und zu lesen, also legt sie ihn auf die Kommode, geht in die Küche und lässt ein Bad einlaufen. Wieder einmal ist Sheva bei den Großeltern. Obwohl Clara Euphorie verspürt, kann sie ihre Skepsis vor der Neujustierung, die möglicherweise alles Vorherige wie eine große Wahrheit überblenden wird, nicht abstellen. Und sie will das auch nicht, sie versucht, es ganz sachlich anzugehen. Ist es nicht nur fair, fragt sie sich, diesem Mann eine Chance zu geben? Ihm zumindest die Information nicht vorzuenthalten? Er kann ja darauf reagieren, wie er will. Kümmern muss ich mich so oder so. Um alles.

Sie gleitet in die weiß lackierte Blechwanne, sofort steigt der Dampf von Kamille auf, deren getrocknete Blüten sie im Wasser verstreut hat, entfaltet sich in ihren Nebenhöhlen. Die

Leitung braust. Auch wenn sie der zunehmende Einfluss ihrer Eltern auf Sheva etwas besorgt, ist sie doch froh über diese Momente, die sie an die Zeit erinnern, bevor ihr Vater sie zu sich in die Firma hineinriss. Aber der Gedanke daran erschreckt sie zugleich. Alles rauscht jetzt in vollem Tempo an ihr vorbei, als sei die mittlere Reife erst gestern gewesen, gefolgt von der Ausbildung zur Kürschnerin und der Zeit auf der höheren Handelsschule, für die sie drei Jahre lang in ein Kaff namens Kellinghusen musste, mitten hinein in die schleswig-holsteinische Pampa, wo es nichts gab außer Milchkühen und dem Gebüffel für das nun folgende Leben, und nicht einmal die See war in erreichbarer Nähe. Schließlich die Rückkehr in die Heimat und das Versinken in einem Strudel aus Arbeit.

Seitdem *haben* sie mich, sagt sie sich, seitdem liegt alle Verantwortung bei mir. Und ich, Idiotin, mache immer weiter damit, es ihnen zuzugestehen. Mir fehlt der Mumm, mir fehlt einfach der verdammte Mumm. Dann taucht sie den goldgelben Schwamm in das sich von der Seife milchblau färbende Wasser, presst zweimal kräftig. Sie holt ihn wieder hervor, sie liebt dieses Plätschern. Über ihrem Gesicht würgt sie ihn, sodass das Wasser kontrolliert über ihre Haut rinnt, den Hals entlang, zurück in die Wanne. Sie seufzt und schließt die Augen.

Bevor sie hinaussteigt, greift sie nach ihrem silbernen Etui, aus dem sie eine Lord zückt, die sie Margot aus dem Mantel stibitzt hat. Sie steckt sie an, ihr wird angenehm schummrig, sie lässt den Kopf wieder nach hinten auf den Wannenrand sinken. Sie spürt den kalten Lack im Nacken, nun scheint sich wieder alles zu verlangsamen. Der Abfluss schlürft vor sich hin, Dunst schwebt vor ihrer Nase. Vielleicht ist es doch so weit, vielleicht darf jetzt doch etwas anderes kommen, das nur mit ihr zu tun hat und für alles und jeden sichtbar ist. Sie verspürt einen großen Wunsch nach Komplettierung, nach

Harmonie und Vollständigkeit, lässt ihn sich einmal durch alle Windungen ihres Körpers spülen, dann steigt sie aus der Wanne. Der graue Bademantel ist ungemein flauschig. Sie kämmt ihr Haar in aller Ausführlichkeit und huscht über den Flur, nicht ohne den Brief in die Manteltasche zu stecken, dann legt sie sich in ihr frisch gemachtes Bett. Der Moment steht bevor, denkt sie, in dem ein neuer Mensch in ihr Leben tritt, oder sie aber für immer mit Sheva allein ist. Beides soll ihr recht sein.

Zögerlich ritzt sie mit dem scharfen Küchenmesser in die Kante, schneidet langsam hinein ins Papier, das sich wegen seiner Härte gut schneiden lässt, gleitet mit der Klinge den Rand entlang, bis sie am anderen Ende anlangt. Sie legt das Messer auf den Nachttisch, und nun benötigt sie noch eine Weile, hält den Umschlag ruhig in ihren Händen, atmet einmal kräftig aus und drückt die Ränder umständlich nach innen, wodurch der Brief sich langsam aufwölbt. Sie mustert das Innere. Ein einzelnes gefaltetes Blatt zeichnet sich ab, es scheint also kein langer Brief zu sein. In diesem Moment kann sie es nicht verhindern, den Gedanken nicht mehr abwälzen, dass sie mit nichts anderem rechnet als mit freundlichem, aber entschiedenem Desinteresse.

Ist es ihr doch nicht mehr egal? Clara greift hinein, zieht das Papier heraus. Es ist extrem dünn, flattrig, gibt ein Geräusch von sich wie die Buchseiten der philosophischen Schinken, die Reza, Walter und ihre Clique regelmäßig zu ihren Gelagen angeschleppt haben, und obwohl tatsächlich nur eine der beiden Seiten beschrieben ist, ist die Schrift dafür umso winziger, zudem steht alles fürchterlich eng beieinander, ganz so kurz ist er also schon mal nicht.

Nicht ohne Grund muss Clara seit einiger Zeit diese lästige Brille tragen, viel zu lange hat sie es hinausgezögert, bis es wirklich nicht mehr anders ging, und hieran versagen die Kräfte ihres Sehnervs nun endgültig, die immer gut versteckte

Lupe muss her. All das zieht es unnötig in die Länge, reizt ihren Geduldsfaden aufs Äußerste, sie meint etwas wie Alter und Erschöpfung zu verspüren und empfindet sich als limitiert. Aber war es nicht immer ihre Aufgabe, diese Limitierung auszugleichen, sie unsichtbar zu machen, sie in ihr Gegenteil zu verdrehen? Sie verspricht sich, dass ihr das auch weiterhin gelingen wird, und zwar so lange, wie es sein muss, greift in die mittlere Schublade, wühlt ein wenig, entnimmt die Lupe, hält sie über das Blatt und beginnt zu lesen. Zuallererst überrascht sie das geschliffene Deutsch.

Liebe Clara,
vor allem anderen und bevor ich auf die Botschaft deiner letzten Sendung eingehe, möchte ich dir sagen, dass ich dir von ganzem Herzen dafür danke, überhaupt wieder Kontakt mit mir aufzunehmen. Und damit zugleich, das ist mir hier und jetzt das Allerwichtigste, für die Möglichkeit, von der Geburt meiner ersten Tochter zu erfahren. Für diesen Entschluss werde ich immer in deiner Schuld stehen, die nicht aufzuwiegen ist mit materiellen Dingen. Und das sollst du in diesem Moment und vor allem, was nun auf uns zukommen mag, wissen.
Für mich war es nicht ganz ungefährlich, einen solchen Brief zu bekommen, und fast schon ist es ein kleines Wunder, dass er überhaupt hier eingetrudelt ist, aber die Nachricht wiegt jede Gefahr auf, und ich freue mich unendlich, dass es so gekommen ist. Wer hätte das vor einem Jahr gedacht! Weißt du, ich bin so tief in meine Studien verstrickt, stehe aber, wenn alles halbwegs glatt läuft, kurz vor dem Abschluss. Und danach würde ich gern ein weiteres Studium anschließen, bei dir, in Deutschland.

Noch grenzwertiger und gefährlicher ist es im Übrigen, dass und was ich dir nun schreibe. Auch kann ich es nur wagen, weil wir aus purem Zufall in guter Verbindung zu einem Herrn vom Amt für Kommunikation stehen, der dazu auch noch in der Abteilung Ausland arbeitet, und ich es demjenigen, der diese Verbindung herstellt, also ganz unverblümt mitgeben konnte.
Nicht dass du dich wunderst, den falschen Absender habe ich ganz bewusst angegeben, sodass sie im Fall der Fälle nur deine Adresse hätten und von mir nur den Heimatort wüssten. Zweifle nicht, dass gewisse Leute mit all der ihnen zur Verfügung stehenden Härte reagieren, sollte ich auffliegen. Also, darum bitte ich Dich inständig, gehe in deinen Briefen auch nicht auf diesen ein, im besten Falle überhaupt nicht explizit auf einen vorherigen, sondern schreibe mir immer nur ganz allgemein. Je allgemeiner du bleibst, desto mehr kannst Du sagen.
Was ich dir heute vor allem sagen möchte, ist: dass meine Freude keine Grenzen kennt und ich Dich vor allem anderen bitten möchte, mit mir auszuharren. Es ist kein Kinderspiel. Sofern es auch nur annähernd Dein Wunsch ist, dass wir einmal als Familie an einem Ort zusammen sind, muss ich Dich warnen, dass es ein ziemlich strapaziöser Weg werden könnte, den nicht alle Menschen in der Lage sind zu gehen, geschweige denn zu überleben. Du darfst artig bitten, das gestatten sie Dir, aber mehr auch in der Regel nicht, es ist alles ein Käfig hier, und sie schnüffeln dir den lieben Tag lang hinterher. Sie stehen an der Kreuzung, wenn Du sie überquerst, spazieren durch den Park, wenn Du darin auf der Bank sitzt, sie besuchen die Leute, auch

uns, in regelmäßigen Etappen zu Hause, lassen sich von uns bestechen, was das Allerschlimmste ist für mich, da es eben alles eine solche Lüge ist und die Verlogenheit überhaupt die übelste aller Krankheiten, und dass sie hier einfach besonders hartnäckig grassiert.

Und an dieser Stelle kommen schon diese anderen Dinge ins Spiel, auf die man in einem ersten Brief nicht unbedingt zu sprechen kommen möchte, aber um die ich Dich auf lange Sicht wahrscheinlich ohnehin bitten müsste. Das könnte zum einen Unterstützung in Fragen der Kommunikation sein. Es wäre etwa sehr hilfreich, wenn Du Dich an bestimmte Instanzen wendest, an Botschaft und Politiker zum Beispiel. Im ungünstigsten Fall ginge es aber auch um materiellen Beistand, der nötig wäre, um eben genau diese Leute, die richtigen Leute, ein wenig auf unsere Seite zu ziehen, das würde unsere Chancen ein wenig erhöhen, und ohne das ist es, wenn man ehrlich ist, sogar eigentlich gar nicht denkbar, überhaupt nur in die Nähe einer Ausreiseerlaubnis zu gelangen, und eine Erlaubnis ist noch lange nicht die zweite, und die noch nicht die dritte usw., da gibt es verschiedene Schwellen, die zu nehmen sein werden, und jede berechtigt Dich für die nächste Antragsstufe, und jede einzelne dauert unendlich lang.

Ja, so ist das.

Ich merke, dass dies nun ein etwas trauriges Ende wird, aber wir haben ja die Mittel zur Kommunikation, die wir bitte ausgiebig nutzen sollten, das wäre mir mein größtes Anliegen.

Gib bitte Acht auf mein geliebtes Kind.

Ich hoffe, bald von Dir zu hören.

Herzlich, Cosmin

Clara hält das arme Papier im festen Raubtiergriff. In ihr beginnt etwas wieder klar zu denken, beginnt mit dem inneren Sinkflug, doch noch immer könnte sie mit allem schweben, tanzen, noch einmal hinausfliegen in den beginnenden Abend, in den der Schwaden aus dem Bad nun in einzelnen Schlieren hinausweht, und ohne dieses Gefühl selbst zu befeuern oder sich etwas auszumalen, worin sie eigentlich sehr talentiert ist, fühlt sie zu dieser Stimme, die hier spricht, eine unfassbare Nähe, die ihr wiederum nicht ganz recht ist, erinnert sie sich doch zu gut an seine Versäumnisse in Rumänien, das wiederholte Entschwinden auf andere, geheimere Festivitäten, und an das eine Mal, bei dem er sich mit einer läppischen Ausrede davonstahl und sie ihn spätnachts, als sie nach Hause torkelte, mit einem anderen Mädchen auf einer Parkbank in Strandnähe vorfand und weinend nach Hause rannte. Aber es lässt sich nicht verleugnen, diese so selten zwischen sich und anderen wahrgenommene Nähe ist eindeutig vorhanden.

Da wird ihr klar, dass sie ferner denn je ist von ihrem Traum, einmal alles selbst bestimmen zu können, und sie läuft hinüber ins Bad und würgt, als müsse ein ganzes Meer aus ihr hinaus. Aber es kommt nichts, wieder einmal, es kommt einfach nie etwas aus ihr heraus.

1984

Der grüngraue Morgen zieht über die Gärten hinweg, noch lässt der Giersch das Köpfchen hängen, doch drinnen im Haus tobt bereits ein Kampf, von dem Clara eisern hofft, dass er nicht alles verändert. Sie schäumt, weil ihre Mutter mit ein wenig Spürsinn und Aufmerksamkeit hätte erkennen können, wie es um ihren Ehemann steht. Die Vorzeichen sind ja immer die gleichen. Ob sie ihn jetzt noch einmal hinbekommen, darf bezweifelt werden. Jedenfalls ist es eindeutig zu spät, zumindest für jegliche Schadenfreiheit, wenn sie ihn überhaupt noch retten können. Sie sieht dem Notarzt bei seinen hektischen Maßnahmen zu, wobei sie nach wenigen Sekunden erkennt, dass nur sie sie als hektisch empfindet, in seinem Gesicht herrscht vollkommene Ruhe. Ihren Vater kann sie kaum ansehen, die weit aufgerissenen Augen, das Lallen und nach Luft schnappen, und wenn überhaupt, war das dann wohl der letzte Anfall, den er überlebt.

Der Rettungswagen rast heulend die Allee hinunter, bis ihn die Kurve verschluckt. Clara würde gern hinterherfahren, aber sie fühlt sich außerstande. Im nachbarlichen Erker bewegt sich die Gardine. Sie setzt sich auf die Steintreppe und steckt sich eine Zigarette in den Mund. Am Küchenfenster hockt ihre Mutter und sieht auf sie hinunter, ohne sich zu bewegen. Eine Weile bleibt Clara so sitzen, bis Niklas' Schreie aus dem Wickelzimmer dringen. Fast hat sie vergessen, dass es ihn gibt, sie eilt hinauf, wäscht, pudert und wickelt ihn. Dann nimmt sie ihn auf den Arm, legt sich auf das Kanapee im sonnigen Wintergarten und schläft ein.

Als Willi nach drei Nächten aus dem Krankenhaus zurückkommt, sitzt er in einem Rollstuhl. Aus seinem Mund schwappen Wörter, die klingen, als wären sie von Watte umschlossen. Ein Auge hängt weiter unten als das andere, der linke Arm liegt steif und bewegungslos in seinem Schoß. Ihr Opa sitzt schief, findet Sheva, er sitzt unbequem. Darum versucht sie, sich gegen ihren Opa zu lehnen, damit er gerader sitzt. Doch der fängt sofort an zu stöhnen.

– Hau bloß ab, röchelt er. Miststück.

Sheva weicht zurück und betrachtet ihn entsetzt. Sie ahnt, dass sie gerade dabei ist, einen Freund zu verlieren. Was ist nur mit ihm, will sie schreien, doch es bleibt ihr in der Kehle stecken. Nie wieder wird sie so mit ihm reden können, wie sie es bis hierher gekannt hat, für immer versiegt der Kanal, in den sie alles Schlimme werfen konnte, schließt sich ein Ohr, das alles in sich aufnahm.

Beim Abendbrot sitzt Willi neben der essenden Familie, die Zeitung hält er falsch herum in der Hand. Sein Blick zielt knapp am Papier vorbei, landet auf den Fliesen. Berta steht auf und will sie ihm richtig herum in die Hand geben, wovon er aber nur kiebiger wird. Er versucht zu schreien, aber es ist eher ein Grollen und Lallen, das aus der Tiefe seines Rachens nach oben gurgelt. Abends sitzt er dämmernd vor der Tagesschau, Niklas krabbelt vor ihm her, während Sheva die beiden durch den Türspalt betrachtet. Statt sich wie früher dazuzugesellen, Niklas vielleicht als Ungeheuer durch das Zimmer zu jagen, zieht sie die Tür langsam zu. Ungesehen schleicht sie über den Flur, durch das Treppenhaus und lauscht oben ein letztes Mal, bevor sie lautlos in der kleinen Dachwohnung verschwindet.

ZWEITES BUCH

1964

Reza ist dort, wo er sich mehr von dem verspricht, was sein Land benötigt. Er musste weg aus den menschenleeren süddeutschen Wäldern, hinein in den dicht besiedelten Westen. Noch aber sieht es nicht danach aus. Es ist ein verregneter Nachmittag, und die Ellenbogen auf das Fensterbrett gelehnt, starrt er in die Trauerweiden hinter dem Kreishaus. Zwischen den flirrenden Kätzchen sieht der Regen aus, als befände sich die Welt längst unter Wasser. In einer Wohngemeinschaft, die in einer etwas abseitigen Gasse am Rand der Altstadt liegt, hat er ein kleines, aber gemütliches Zimmer gefunden, durch das mitten hindurch ein Fachwerkbalken ragt. Seitlich kommt er aus der Wand und verschwindet wieder im Boden. Reza stellt sich vor, es sei der erstarrte Strahl eines wandernden Gespenstes. Zwischendurch spricht er mit dem Balken, dann wieder wird aus dem Gespenst ein treuer Hund. Zur Uni sollen es von hier aus zehn Minuten zu Fuß sein, doch bislang ist er erst einmal kurz an ihr vorbeispaziert und kann sich noch immer nicht vorstellen, wie derlei in einer so beschaulichen Stadt von innen aussieht. Winzig und rückständig erscheint der Ort, lächerlich geradezu für einen Universitätsstandort, doch genauso mutet er mit seinen sumpfigen Gräften und den verrottenden Schutzwällen an wie eine babylonische Festung. Und auch der Universitätskomplex gehört in einen größeren Zusammenhang, wie er in einer Faltbroschüre erfährt: staatliche Ingenieursschule für Maschinenwesen.

Ausgesucht hat er ihn mittels langwieriger Recherche und natürlich nach rein inhaltlichen Gesichtspunkten, schließlich will er für seinen Staat nur das Beste. Die Ausbildung hier soll eine der fortschrittlichsten sein, vielleicht sogar gerade aufgrund der limitierten Mittel herrsche eine besondere Konzentration auf den Sachkern, das hat man ihm nicht nur im Badischen mit auf den Weg gegeben, sondern weiß auch Ulla zu bekräftigen, seine dänische Mitbewohnerin. Rauchend steht sie in der Tür und fragt, ob er nicht einen Chablis mittrinken will, die anderen kämen auch gleich. Schon im Sommer haben sie eine kleine Kommune gebildet, zu fünft, als sie nach einem Begrüßungsempfang im sogenannten Blauen Saal des Rathauses als einzige offenbar niemanden kannten. Reza brauchte im Gewimmel der Studenten gar nicht zu suchen, sie fanden einander und schließlich auch ihn. Und sie solidarisierten sich. So jedenfalls war die Idee. Näher fühlt Reza sich ihnen deswegen noch immer nicht. Anfangs trafen sie sich fast täglich in derselben ranzigen Pinte, aber auch das verging. Neben den beiden besteht die Gemeinschaft aus einem Niedersachsen, einem Südfranzosen und einer jungen Frau aus der Magdeburger Börde, deren Bodengüte, wie sie Reza hat wissen lassen, als einzige in Mitteleuropa den hiesigen Löss noch übertrifft. Allerdings sei das Studium hier wesentlich moderner, und Lust auf Stalinismus habe sie auch nicht sonderlich verspürt. Also habe sie sich eines Nachts auf die Socken gemacht, mit einem von ihrem Vater gebauten Leichtsegler, und jetzt sei sie eben hier. Eine Rückkehrmöglichkeit gebe es nicht. Vermutlich, sagt sie, sitze ihr Alter schon im Bau, aber er habe ihr versichert, dieses Risiko gern einzugehen.

Ulla entkorkt die Flasche und stellt sie fast schon feierlich ab. Auf dem Hausflur poltert es, die anderen kehren von ihrem Einkauf zurück, man hört ihre entzückende Laune. Reza aber drückt jetzt doch die tiefe Decke auf den Schädel, und

er beschließt, einen Spaziergang zu machen. Die Etagentür wird aufgestoßen, und der für diese Wohnung viel zu große Niedersachse mit dem schönen Namen Alfred stößt sich die Stirn am Rahmen. In zwei Bastkörben schleppen sie Berge von Gemüse in die Küche, Sellerie, Kohlrabi, sogar Mangold und Radieschen, doch alle Überredungsversuche, Reza möge doch zum Abendessen hierbleiben, schlagen fehl.
– Der Hunger wird schon kommen, dann stehst du schneller auf der Matte, als du Agrartechnik sagen kannst. Aber wir lassen dir auf jeden Fall was stehen. Von heute an isst du nichts mehr außer Luxusgemüse aus dem fruchtbarsten Boden der Welt!

Alfred lächelt voller Überzeugung. Strohblond die auf halblinks gescheitelten, etwas fettigen Haare, trägt er eines jener Hemden, mit denen es sich auch bequem auf dem Feld stehen lässt, ein echter Praktiker. Als Reza ankam, klang durch, seinem Vater gehöre im Norden ein Hof. Die Haut um seine Nase hat zwar etwas Gegerbtes an sich, trotzdem ist sie ganz fein. Mehr als alles andere erstaunt ihn aber das Gebiss, kräftig und wohlgeformt; eine wahre Leiste, die unübersehbar im Raum steht, sobald er lächelt. Etwas Ähnliches hat er noch nicht gesehen.
– Dem zweitfruchtbarsten, blafft Käthe, die Magdeburgerin, und nippt am Chablis. Sie verfügt über den Charme eines Stahlträgers, aber in einer Weise, die Reza sich selbst nicht erklären kann, reizt sie ihn mit ihrer Kompaktheit.
– Ich danke euch, das ist ganz lieb. Ich schaue mal. Muss aber los jetzt. Schüss!

Mit einem Anflug von Betretenheit hat er sich bis zur Tür gestohlen, mit Schwung reißt er sie auf und wieder hinter sich zu, bremst kurz vorm Schließen ab und klinkt sie sachte ein. Er hechtet die knarzende Holztreppe hinab, springt aus dem Haus und nimmt einen tiefen Zug von der erfrischenden Gewitterluft. Schwarze Wolken türmen sich in der Ferne, der Feuerdorn im Vorgarten bauscht sich im Wind, und über die Kreuzung fährt ein Käfer. Wasser spritzt geräuschvoll bis vor seine Füße.

Ihm ist klar, dass er etwas zur Beruhigung benötigt, was genau, ist ihm beinahe egal. Im Prinzip will er nur diesen Typen ausfindig machen, den er morgens am Bahnhof stehen sah. Als er ihn entdeckte, beschloss er augenblicklich, ihn anzusprechen. Nur wo und wann? Für Reza stand vollkommen außer Frage, dass er etwas für ihn hat. Als sei es gar nicht anders möglich.

Genauso zweifellos muss er sich weiter akklimatisieren und daran gewöhnen, dass er sich selbst versorgen muss. Alles hier ist anders als im Internat. Die Nässe des aufziehenden Herbstes kriecht unter seinen etwas zu dünnen Mantel und erinnert ihn daran, dass die Kälte im Iran ihm nie viel ausgemacht hat, er immer gern im Freien schlief, eingewickelt in Lammfell und neben sich ein kleines Lagerfeuer. Auch an die Klagelaute der Kojoten muss er denken und dass er sie niemals als Bedrohung, sondern als seine Beschützer empfand, die über seinen verzauberten Schlaf wachten. Es dämmert nun bereits, und um eine bessere Übersicht zu bekommen, läuft Reza die ihm lange angepriesene und sogar von seinem Fenster aus sichtbare historische Wallmauer hinauf, die bis auf das Bahnhofsareal einmal vollständig die kreisrunde Altstadt umschließt. Auf der einen Seite geht es hinunter in die Gräfte, wo im Zwielicht einzelne Bänke auszumachen sind. Die meisten leer, nur auf einem liegt lang ausgestreckt ein Mensch und scheint zu schlafen. Zur anderen Seite befindet sich die Innenstadt, in deren Gässchen er von hier oben aus weit hineinblicken kann. Winzige Häuser aus dem Mittelalter – von den Einwohnern Knusperhäuschen genannt, wie Alfred ihn wissen ließ – wechseln sich ab mit opulenten Stadtvillen, und als er von Weitem eine breitere und vor allem erleuchtete Gasse entdeckt, nimmt er eine der moosigen und glitschigen Steintreppen, die alle paar Hundert Meter hinunter zur Wallstraße führen.

Als er unten ankommt, schlägt ihm würziger Rauch entgegen. Reza folgt dem Geruch, und bald tauchen hinter einer von innen erleuchteten Kapelle ein paar Bretterbuden auf, in denen die verschiedensten Dinge angeboten werden. An hölzernen Tresen stehen gierig schlemmende Menschen, in der zunehmenden Kälte dampfen ihre Köpfe, und Wörter wie Pumpernickel, Bullenauge oder Pfefferpotthast sind mit Kreide auf dunkelgrünen Schiefer geschrieben. Auf kleineren Schildern finden sich Möpkenbrot, Töttchen und Wurstebrei.

Langsam bewegt er sich auf sie zu.

– Guck mal, hört er jemanden neben sich sagen, als er fast angekommen ist und sich in die Schlange reihen will. Sofort hat er das Gefühl, dass sich das auf ihn beziehen könnte. Doch weil er neben sich im Gedränge niemanden erkennt, der es gesagt haben könnte, geht er vor bis zum Stand. Mit den Ellenbogen lehnt er sich auf die Theke, faltet die Hände und mustert das Angebot.

Eine füllige Frau mit beiger Schürze, bis gerade damit beschäftigt, etwas einzupacken, wendet sich ihm zu.

– Tach, der Herr. Das ist aber kein Basar hier. Sind Sie auf Reisen?

– Studien. Und keine Eile.

– Bitte, was?

– Ich studiere.

Sie kichert und verzieht das Gesicht. Einen Schritt weicht sie zurück, sieht sich nach ihrer Kollegin um, macht wieder einen Schritt nach vorn.

– Aber sicher nicht hier, oder? ... Sie macht einen Blick über ihn hinweg in die Wartenden. ... Vielleicht in Münster? Oder Dortmund? Da gibt es ja schon mehr von Ihnen.

– Doch, doch, sagt Reza. ... Also, hier. Ich wohne hier.
– Um Gottes Willen, posaunt sie fröhlich, was wollen Sie denn *hier studieren*?

Er muss husten und krächzt.

– Agrar!
– A...?
– Grar!
– Was soll das sein?
– Wissen Sie denn nicht, was Sie hier verkaufen?

Reza bemerkt, wie wenig sich in ihren Augen regt. Ein blankes Nichts, knopfäugig. Sie scheint nachzudenken.

– Na, gute Tradition, sagt sie mit einem selbstbewussten Klang in der Stimme.
– Und wo kommt die her?

Sie schnaubt kräftig.

– Also, sag mal, bist du etwa einer von den Verrückten da am Institut? ... Mein Vater ist gar nicht gut auf euch zu sprechen.

Reza lässt eine kleine Pause entstehen, vielleicht kann er sie so ein bisschen verunsichern. Aber sie starrt nur noch durchdringender.

– Ich fange doch gerade erst hier an, sagt er.
– Noch schlimmer! Dann unterstützt du also diese Sabotage?

Sie dreht sich weg und hebt ihre Stimme noch einmal etwas.

– Elfriede! Kommst du mal?
– Nein, nein, sagt Reza, keine Sabotage. Aber ich habe gehört, mit den neuen Methoden lässt sich die Natur besser schonen.

Sie wendet sich ihm wieder zu.

– Ihr wollt uns also weismachen, wie das alles zu funktionieren hat, ja? Dabei fährt meine Familie seit Jahrhunderten ihr Korn ein und züchtet und melkt ihr Vieh. Wir brauchen keine Formeln, um unser Gemüse zu ernten, und ohne das Gespür für die Witterung hilft dir keine verdammte Maschine!
– Aber Wissenschaft, sagt er, bedeutet doch nicht gleich, dass

man Maschinen hat. Ich habe auch keine Maschinen, aber hindert mich das, etwas Neues zu erfahren? Niemand will Ihnen etwas vorschreiben, sondern erstmal will man nur mehr erfahren. Mehr erfahren von Ihrer Arbeit. Um die Landwirtschaft zu entwickeln.

Reza erkennt, wie Verärgerung einzieht in ihr gleichmäßiges, volles Gesicht.

– Junger Herr, Sie sind sicher weitgereist und bringen eine Menge mit. Aber das ist Blödsinn ... wir wissen schon alles, was wir wissen müssen ... das hat sich über Jahrhunderte so bewährt, was wollen Sie dem denn entgegensetzen ... Sie kennen doch die hiesigen Gepflogenheiten gar nicht, die Beschaffenheit der Böden, den Löss ... was ist denn für unsere Pflanzen gut, hm?

Einen Moment zu lange betrachtet er sie.

– Das sind natürlich alles berechtigte Fragen und Einwände, sagt er.

Sie wird jetzt lauter.

– Elfriede? Horst! Nun kommt doch mal.

Die Tür eines Verschlags hinter der Bude öffnet sich, eine Frau und ein kräftiger, zerzauster Mann trotten mit skeptischen Mienen zu ihnen herüber.

– Was ist denn hier los, ruft der Mann mit künstlicher Intonation und stemmt seine Pranken in die Hüften.

– Hier ist schon wieder so einer, der glaubt, er muss uns was erzählen. Von der Hochschule!

Leichten Widerwillen in den Zügen, schiebt er seinen Kopf ein wenig vor und mustert Reza, der versucht, die Sache aufzuklären.

– Aber ich will Ihnen doch gar nichts erzählen.

– Pass mal auf, Freundchen, hebt der Mann an, so Leute wie dich kennen wir schon. Treibt ihr mal euren Quatsch da und wir unseren. Dann bleibt alles im Lot.

– Aber man sollte doch zusammenarbeiten. Man sollte die Erfahrungen vereinen, platzt es aus Reza heraus.

Der Hüne schnauft, die Frau blickt ihn erwartungsvoll an.

– Ich glaub, du spinnst wohl. Soll ich mal über die Theke kommen? Dann vereint sich meine Faust mit deinem Gesicht.

Seine Züge verzerren sich so schnell, dass Reza nicht folgen kann.

– Mach dich vom Acker, klar?

Die andere, mit der Reza zuvor gesprochen hatte, geht wieder einen Schritt zurück und verschränkt die Arme.

– Ich darf hier gehen, wohin ich will, sagt er.

Entrüstet sehen alle drei einander an.

– Jetzt hört euch den an, frotzelt der Mann, und deutet mit der offenen, flachen Hand in Rezas Richtung.

– Das ist nicht richtig, wie Sie sich verhalten, sagt Reza.

Statt Aggression kehrt nun für Bruchteile einer Sekunde Erstaunen ein in den Ausdruck des Mannes, und Reza meint, den Moment seines Entschlusses zu erkennen.

– So ein Lümmel, knurrt die Frau.

– So. Jetzt langt es mir. Jetzt komm ich dir dahin!

Der Mann verlässt die Bude durch eine Seitentür, donnert um die Ecke. Mit großen Schritten geht er auf Reza zu. Der nimmt Kampfstellung ein, wie damals bei den Übungen im Talysch. Fast ist er bei ihm. Der Oberarm des Mannes schnellt nach oben, holt aus, prescht nach vorn und trifft ins Leere, denn schon ist Reza mittels einer Rolle unter ihm hindurchgetaucht. Seine Körpergröße passt hervorragend zu der des Hünen, um diese Aktion durchzuführen. Immer dann, wenn er durch sie seine Überlegenheit gegenüber großen Menschen vorgeführt bekommt, und das ist nicht selten geschehen in seinem bisherigen Leben, freut er sich wieder, kein hochgewachsener Soldat zu sein, sondern ein wendiger, geschmeidiger Agent, und deswegen kein Soldatenleben im Iran zu führen, sondern ein Agentenleben in Deutschland, und dass dies nun einmal all das mit sich bringt, was es mit sich bringt. Etwas aus der Übung, muss er sich nach dem Aufspringen kurz sortieren. Sein Blick rast die auseinanderstiebende Menge ab, in die der Hüne hineingestolpert ist bei seinem Fehlversuch, doch er kann ihn nicht entdecken.

Die Frau ruft mit verzerrtem Gesicht etwas aus ihrem Kabuff hervor, das Reza nicht versteht. Und in diesem Moment sieht er sie, die Frau, mit der er seine ersten drei Kinder zeugen, die er heiraten wird. Aus der Menge heraus bedeutet sie ihm mit wiederholtem Winken, wegzulaufen, und jetzt erst erkennt Reza, dass hinter ihr der Hüne auf dem Boden liegt und nicht mehr aufsteht. Er möchte zu ihm gehen, weil er hilflos scheint, da kommt ihm ein anderer wutschnaubender Mann entgegen.

– Bleibst du wohl stehen, Bürschchen, schnauzt er. Keinen Schritt weiter. Willst du Senge haben? Ja?

Da kommt sie. Mit leichtem Druck schiebt sie den anderen beiseite, ohne dass es nach Mühe aussieht.

– Jetzt lass ihn doch einfach in Ruhe, sagt sie, dann zu Reza: Mach, dass du wegkommst, los!

– Wie heißt du?, fragt Reza leise.

– Bettina, sagt sie flüsternd, aber aggressiv. Hoffentlich bist du bald weg!

1973

Ihre monatelangen Nachforschungen ergeben, dass eine Heirat vor Ort unumgänglich ist, um überhaupt eine Aussicht auf Erfolg zu haben. Und bevor sie dazu kommt, noch länger nachzudenken, setzt sie sich eines Montagmorgens in einen Flieger. Die Briefe, die Cosmin zuletzt schrieb, scheinen allesamt aufrichtig und vertrauenswürdig, und weil sie sich inzwischen endgültig von der Vorstellung gelöst hat, für alle Zeiten diese merkwürdige Fernaffäre mit Reza zu führen, der nicht einmal Bettina und ihr Kind versorgen kann, erscheint ihr die Entscheidung nun ganz leicht und selbstverständlich, wie eine unabwendbare Fügung, denn hatte sie es sich nicht genau so schon immer vorgestellt? Dass eine Heirat eben sein *muss*, aus einer Spannung heraus, und dass dieses Zweifellose dabei in einem größeren Zusammenhang steht, dem keine benebelnde Romantik innewohnt? Und der im schlimmsten Fall sogar die Ketten ihrer Heimatverbundenheit noch einmal betonen würde, wo sie doch ohnehin niemals den Mumm aufbrächte, dieser Stadt so ganz und gar den Rücken zu kehren? Vielleicht war das einmal ihr heimlicher Wunsch gewesen, ganz sicher sogar. Möglich aber wird es ihr niemals sein.

Sie landet, er holt sie mit seiner Pritsche ab und bringt sie als allererstes zu seinen Eltern. Zwar versteht sie nichts vom dort Gesprochenen, aber ohne jeden Zweifel ist es ein großes Jammern. Die Mutter trägt ein Kopftuch und wimmert, anscheinend immer an der Schwelle, loszuschreien. Das wiederum hält sie nicht davon ab, Clara nebenbei und aus dem Sitzen heraus die Hand zu reichen, um sich sogleich wieder ungläubig abzuwenden, dann wieder zu ihr hinzuschauen und so fort. Cosmins Vater hockt wortlos auf der anderen Seite des Esszimmertisches und ist hauptsächlich damit befasst, seiner Frau abzuwinken, jedenfalls wirkt es, als seien sie sich nicht allzu einig.

Cosmin spricht erst ruhig, dann laut auf beide ein, wendet sich angesichts der Heulerei direkt an seinen Vater, der zuerst nickt, darauf den Kopf schüttelt und wieder auf seine Frau zeigt, die nun beide Arme hebt, ausholt und eine wegwerfende Bewegung vollzieht, die kaum abweisender wirken könnte. Sie beugt sich vor und flüstert, in vollkommen veränderter Tonlage, etwas offenbar sehr Gezieltes über den Tisch hinweg, lehnt sich ruckartig wieder zurück, nickt mit dem Kopf, was noch mehr Irritation in Cosmins Gesicht treibt, als ohnehin schon darin vorhanden ist, worauf er beginnt, noch viel lauter zu schreien, was das Gesicht der Mutter gefrieren lässt, das des Vaters aufmerken. In einer Art Vorstellungsende, das als solches auch gedacht zu sein scheint, sprechen sie alle wieder ganz ruhig miteinander, wechseln ohne jeden Übergang hinüber ins Konstruktive, und es scheint Clara, als hätten sie die offenbar vorhandenen Hürden mit diesen schauspielerisch hochwertigen zwanzig Minuten gänzlich vom Tisch gefegt.

Der Vater redet jetzt sehr eindringlich, aber wieder im Gestus der Fürsorge auf Cosmin ein. Es ist, als liste er verschiedene Dinge oder Aspekte auf, als ginge er alles, den ganzen Plan noch einmal durch, um ihn endgültig abzusegnen.

Weil sie sich mittags oder abends genau an den Orten treffen, die er ihr schon früher für ihre Zusammenkünfte vorgeschlagen hat, dieselben Bars aufsuchen und bald schon dieselben kleinen Merkwürdigkeiten auftreten wie schon damals,

als sie Sheva zeugten, beginnen sie bald damit, die weiteren Schritte einzuleiten. Schon in den Briefen waren die zentralen Dinge besprochen worden. Den Antrag, heiraten zu dürfen, hatte er vor langer Zeit gestellt, und nach einigen Gesuchen, die sowohl er als auch sie über die ordentlichen Wege eingaben, scheint es weniger schwierig als gedacht.

Einige Tage später stehen sie in der schmucklosen Halle einer ganz besonderen Interpretation von Standesamt, in der sich auch andere Paare eingefunden haben, was Clara im ersten Moment überrascht, bis ihr klar wird, dass dieser Ort genau hierzu erfunden wurde. Wirklich überraschend ist allerdings, dass sich neben ihr eine weitere Frau aus Deutschland unter den Heiratenden befindet, denn im Vorbeigehen hört sie sie die Worte *Schön* sagen, *Schön, mein Lieber*, auch wenn die Antwort des Lieben auf Rumänisch kommt. Später wird sie sie ansprechen, und sie werden sich verstehen und wertschätzen, voneinander noch einmal betont überrascht sein, einander mit ihren badischen und westfälischen Tonfällen liebgewinnen, sich anfreunden, und beiden sei es an dieser Stelle vergönnt, dass sie noch keine Ahnung haben, nicht die entfernteste Vorstellung von dem, was aus diesem sonnigen und doch regnerischen Tag und dem Weg, den sie mit ihm eingeschlagen haben, wird. Noch wissen sie nicht, dass sich ihre Wege vorerst trennen, und noch weniger, weshalb und wie sie einander wiederbegegnen.

Auch ihre Männer scheinen sich zu kennen. Was vorher, in der Halle und bei den Trauungen, die nach und nach über den Vormittag hinweg stattfanden, noch gar nicht danach aussah, macht nun wiederum einen völlig unzweifelhaften Eindruck, als hätten sie vor dem Jawort allesamt mit verdeckten Karten gespielt, und es wird ihr genau in diesem Moment, Minuten nach der Trauung bewusst, mit wie viel Unsicherheit und Undurchschaubarkeit sie sich die Tatsache, einen Vater für ihre Tochter aufzutreiben, und sogar den echten, erkauft hat und erkaufen wird, und dass sie zu ihrer eigenen Verblüffung damit einverstanden ist.

1964

Enten kreisen über Giebeln und Türmen, auf dem Markt springt eine Figur aus einem verzierten Türchen und klimpert mit einer Triangel das abendliche Lied. Rauch steigt aus von innen erstrahlenden Häusern, in deren Erdgeschosse Reza durch die kleinen Fenster von der Gasse aus ohne Weiteres hineinschauen kann. Überall Küchen oder Arbeitszimmer, gefüllt mit fröhlichen und betriebsamen Menschen, und selbst im Rennen meint er in ihren Gesichtern etwas von dem Glück darüber zu vernehmen, dass sie zu Hause sind, bei sich.

Ein Stück noch sprintet er die Einfallstraße hinunter, bis er sich einigermaßen in Sicherheit wähnt. Er kommt an weiteren Buden vorbei, in denen Zimthörnchen, Ochsengulasch und Wibbelbohnen feilgeboten werden und deren Besitzer, so sein unumwundener Eindruck, ihn ausdrücklich nicht anschauen, obwohl sie ihn sehen.

An einer dunkleren Ecke beobachtet er, wie der Kerl, den er morgens am Bahnhof stehen sah, ein zünftiges Lokal betritt. Doch ganz überzeugt, ob er es wirklich war, ist er nicht. Kurz überlegt er, wie er vorgehen soll, aber ein Plan ist sinnlos. Entweder ist es der richtige oder er blamiert sich eben. Zumal er sich in diesem Moment gar nicht mehr sicher ist, ob er sich alle für die Drogenbeschaffung notwendigen Begriffe gemerkt hat. Im Internat musste er sich nie um derlei kümmern, denn die reichen Mitschüler versorgten ihn gegen kleine oder größere Gefälligkeiten immer mit dem Nötigen, und außer den landläufigen Bezeichnungen und seiner zurechtgelegten, förmlichen Sprache hat er nichts, mit dem er unauffällig jemanden ansprechen kann.

Durch eine hölzerne Schwingtür mit goldenen Scheiben und Messinggriffen gelangt er ins Innere. Feuchte Hitze schlägt ihm jäh ins Gesicht, ein warmer Strom, der sich unsichtbar seinen Weg durch den Raum bahnt. Rüstige ältere Herrschaften in beigen oder karierten Hemden sitzen an der Theke, kippen Schnäpse und klönen. Von den waldgrünen Fliesen, die sich eine Schneise durch die Raufaser graben, rinnt Kondenswasser. Stimmfetzen gelangen bis an sein Ohr, ohne dass er einen der Münder in Bewegung sieht. Einige Gesichter glühen rötlich, auf anderen wieder liegt ein klebriger Film, der sie fahl macht, und einer der Männer am Tresen hebt langsam den Arm und deutet auf Reza, der den Kopf hebt.

Rülpsen hier und da, ein wackeres Kollern aus dem Untergrund, und als Reza sich nur ein wenig auf der Stelle bewegt, beginnt sich auch auf der anderen Seite etwas zu regen. Ein kurzer Wink, eher auf Bauchhöhe, und der von ihm Gesuchte löst sich aus dem Knäuel aus Rauchenden, das sich ein wenig seitlich von den Rentnern abgesetzt hat, die mit ihren Ellenbogen auf der Theke liegen. Sogar Frauen sind dazwischen zu erkennen, wie Reza nun feststellt, und eine von ihnen, so hat es zumindest den Anschein, zwinkert ihm durch die dichten Schlieren zu.

Doch er kann sich gerade noch davon frei machen und folgt dem jetzt ebenfalls unauffällig Winkenden auf die Toilette. Kurz bevor die Tür hinter ihm zufällt, hält er sie einen Augenaufschlag lang offen und sieht Reza mit traurigem Ernst an. Reza geht langsam auf die Tür zu. Als er knapp davor ist, hört er von innen ein helles Klatschen und eine abrupt hochfahrende Stimme, die fast weiblich klingt, und er drückt die Klinke hinunter und geht hinein.

Gelbes Licht stürzt ihm entgegen, auch erkennt er nicht sofort, wo der andere steckt. Dann aber schaut er um die Ecke, in eine Auswölbung mit Pissoirs, wo der Mann an einer gefliesten Fensterbank steht, auf der er Utensilien ausgebreitet hat. Er fingert an einem Beutel aus buntem Stoff. Gerade noch völlig versunken, sieht er plötzlich und ohne Vorwarnung auf und betrachtet Reza. Kurz zieht er die Stirn kraus und die Brauen nach oben, dann erschlafft alles wieder. Er räuspert sich.
– Komm ruhig her, Kollege, sagt er mit der Stimme, die Reza eben noch hinter der Tür hörte, nun wieder etwas rauer, hier, ich tu dir nichts.
– Keine Sorge, erwidert Reza, ich hab keine Angst.
– Möchtest du dir das mal näher anschauen?

Seine Hände umschreiben den Materialhaufen auf der Fensterbank.
– Danke, sagt Reza, nein. Ich brauche nicht viel. Nur etwas … ganz Bestimmtes.

Der andere verdreht die Augen und gibt ein gequältes Lachen von sich.
– Bestimmtes? Seine hohe Stimme hallt von den Kacheln zurück. Extrawünsche?
– Quatsch, sagt Reza. Ich will nur das, was am allereinfachsten ist: gutes Ganja.

Wieder betreibt der andere sein Augenspiel.
– Allereinfachsten? Spöttisch schnaubt er. Was glaubst du denn, was einfach ist?
– Am einfachsten ist das zu bekommen, was die geringsten Folgen hat.

Kurz scheint er sein Gegenüber zum Nachdenken gebracht zu haben, doch nach einigen Sekunden hat der nun sein endgültiges Urteil offenbar gefällt.
– Wenn du das glaubst, tut es mir leid. Dann wird es wohl nichts.

Jetzt ist es Reza, dessen Stirn sich zusammenzieht.
– Bitte?, zischt er. Wieso denn das? Ich will einfach nur rauchen, sonst nichts.

Der andere mustert ihn ausgiebig und betont es noch, indem er sich leicht zurücklehnt.
– Sorry, Kollege, aber das bisschen hab ich nur für mich.
– Aber wirklich, kippt Rezas Tonlage ins Nölende ab, ich möchte nichts anderes. Außer, du wüsstest vielleicht ... wüsstest vielleicht, wo man hier ein bisschen Opium bekommt. Aber das kann man wahrscheinlich vergessen. Hab ich recht?
– Opium?

Seine Augen werden glasig und klein, er erstarrt, scheint von der Frage wie auf dem falschen Fuß erwischt.
– Nee, sagt er ruhig, nee lass mal ... Aber Valium, das ginge. Morphin auch. Überleg es dir.

Für Reza gibt es da nichts zu überlegen, trotzdem nimmt er eine Pose ein, als denke er nach. Der andere streckt ihm die Hand entgegen.
– Rainer, grüß dich.
– Reza. Hallo.
– Und, was treibt dich hierher?
– Ich studiere. Ich werde studieren.
– Oh, was denn?

Etwas ausführlicher, als es ihm lieb ist, gibt Reza Auskunft.
– Na dann, herzlich willkommen. Ich hoffe, du wirst es genießen, sagt er und lacht etwas irre in sich hinein.
– Was machst du?, fragt Reza.
– Ich? Ach. Ich werd bald Arzt. Aber nicht hier. Also denk bloß nicht daran, mich zu verpfeifen. Ich bin schneller hier weg, als du Cannabinoid sagen kannst, und wenn sie rausbekommen, dass du mich vergrault hast, lynchen sie dich.
– Keine Sorge.
– Hab ich auch nicht.

– Und wie lange brauchst du noch?
– Ach Gott, wer weiß das schon. Ein Jahr mehr oder weniger. Irgendwann hab ich mein Staatsexamen, danach geht's an die Klinik. Aber bis dahin muss man ja irgendwie an sein Silber kommen.
– Das ist wahr, sagt Reza.

Rainer fummelt nun wieder an dem Beutel herum, zupft eine Knolle aus einem gestärkten weißen Taschentuch hervor und hält sie vor Rezas Augen.
– Hier, feinste Hecke ... noch ist das nicht so leicht zu bekommen, aber ich sag's dir, in ein paar Jahren rauchen das alle!

Sorgfältig mustert Reza die Blüte. Leuchtend das helle Grün, verläuft vom Ast aus ein Netz orangebrauner Härchen über die hügelige Oberfläche. Ein zitroniger Duft fährt in seine Nebenhöhlen.
– Meinst du?
– Klar doch. Endlich nicht mehr dieses Steinzeitgras, das die Aussteiger oben an der Haar anbauen. Das hier klatscht richtig.

Während er die Augen nach innen verdreht, deutet Rainer eine Inhalationsbewegung an, formt mit der einen Hand eine Röhre vor seinem Mund, mit der anderen wedelt er sich Luft zu.
– Gut, sagt Reza, sehr gut.
– Was gibst du mir?
– Alles, was ich dir geben kann.
– Das klingt doch schon mal vielversprechend.

Reza holt ein paar Scheine hervor, zählt ab und hält sie dem anderen hin. Der regt sich nicht.
– Hier, das sind dreißig Mark.
– Was soll ich denn damit?
– Ich weiß nicht, nimm sie und gib mir etwas.
– Wie gesagt, so viel hab ich gar nicht. Das ist nicht alles zum

Verkauf gedacht. Andererseits, wo wir schon dabei sind, wir könnten auch kurz mal in die Kabine da rein, verstehst du, da lassen wir es uns gutgehen, und dann können wir über alles sprechen. Kurz runter die Hosen.

– Gutgehen?!

Reza schluckt und gefriert, der andere kommt einen Schritt auf ihn zu.

– Solche Exoten bekommt man hier wirklich selten. Wärst du 'ne Frau, wär's okay, aber so ist es auch gut.

Reza reißt die Hand hoch, deutet in undefinierter Weise auf sein Gegenüber, weiß aber selbst nicht, was er damit bedeuten will. Unbestimmtes und Gefühliges steigen in ihm auf; Regungen, die ihn auf das Stumpfeste zurückverweisen auf seine Fremdheit. Im Internat schon hat er immer wieder erfahren müssen, dass es in diesem Land Menschen gibt, für die vollkommen andere Bedingungen gelten als alle, die ihm jemals vermittelt wurden. Wellen durchpumpen rhythmisch seine Halsschlagader, er schwitzt jämmerlich. Ist etwa *er* der Rückständige? Vielleicht. Jegliches Gefühl von Wahrheit, von verbindlicher Wahrheit geht ihm abhanden. Möglicherweise trifft er genau hier auf das *Moderne*, von dem die sich als liberal bezeichnende und laut eigener Auskunft westlich orientierte Schah-Gefolgschaft immer wieder geschwärmt hat. Doch andererseits stecken so viele hier in einer ihm unerklärlichen Bäuerlichkeit fest, der er sich wiederum weit voraus fühlt. Und unwillkürlich blitzt eine Frage in ihm auf: Ob es für menschliche Gemeinschaften wichtiger ist, verschieden sein zu dürfen, oder aber, dass alle nach einem Gemeinsamen suchen?

Doch lassen sich die Gefälle so erklären? In jedem Fall, hat er schon länger bemerkt, ist die Spannweite der Eigenschaften der Hiesigen sehr viel größer als die Spannweite der Eigenschaften in seiner Heimat.

Ihm scheint es, als suchten die Menschen hier nach sehr Verschiedenem. Vielleicht täuscht er sich auch, und das Gesuchte unterscheidet sich gar nicht so voneinander. Doch gerade dann, wenn es gar nicht so verschieden ist, scheint es ihm ganz besonders wichtig, dass Unterschiede sichtbar werden. Leer, aber auch erwartungsvoll starrt Rainer ihn an, und er nimmt sich zusammen und bemüht sich, ihm eine möglichst beiläufige Abfuhr zu geben, wozu er, warum auch immer, einen Schritt zur Seite macht, sodass sie nebeneinander stehen und auf die Toilette blicken. Der andere, spürt er, bebt unruhig, und Reza versucht, in keiner Weise auf diese Unruhe zu reagieren, als sei sie eben nicht da.

– Ich glaube, sagt Reza, kann den Satz aber nicht weiterführen. Selbst die Äußerung einer Ablehnung scheint ihm zu viel.

– Schon gut, sagt Rainer. Bin eh nicht so in Stimmung. Komm, ich geb dir vierzig.

Rainer wendet sich so um, dass sie einander wieder gegenüberstehen, und sieht ihm betont ausdruckslos in die Augen. Rezas Blick weicht ihm aus und geht zu Boden, fällt auf seine Hand mit dem Geld und wandert langsam wieder hinauf. Rainers Augen ruhen auf seinem Gesicht. Versuchsweise hält Reza ihnen eine Weile stand, einige Sekunden, Momente, er weiß nicht, wie lange es dauert. Stunden, Jahre, und plötzlich scheint es ein anderer Rainer zu sein, der hier neben ihm im Raum steht, ein peinlich berührter Rainer. Als hätte er sich selbst bemerkt. Seinen gierigen Stupor bemerkt.

– Nein, nein, nicht vierzig, sagt Reza schnell. Dreißig. Das genügt schon.

Mit Daumen und Zeigefinger dreht Rainer das Papier mit den Blüten zu und hält es Reza hin, der greift danach und gibt ihm das Geld.

– Komm, einen kippen wir noch.

– Meinst du?

– Na los, wirst ja wohl noch ’n Minütchen übrig haben, jetzt wo du alles hast. Jetzt kannst du den Abend mal entspannt angehen.
– Und was trinken wir?
– Das zeig ich dir schon, lass dich überraschen.

Rainer öffnet die Tür zum Lokal und bedeutet Reza, vorauszugehen. Einen unangenehm langen Moment bleibt er in der Tür stehen, beobachtet Rezas erste Schritte in den höllisch lauten Saal, während der nicht weiß, wohin er gehen soll. Reza sieht sich um. In einer Ecke zocken ein paar fiese Typen Karten, um sie herum stehlen sich mehrere Mädchen, die eine Flasche kreisen lassen. Die Gruppe, aus der sich Rainer zuvor geschält hat, scheint aufgelöst, nur zwei sehr bleiche Kerle halten sich mit halb geöffneten Augen am Tresen. Der eine versucht, nach seinem imaginären Bier zu greifen, immer wieder. Der andere sitzt reglos, aber aufrecht auf seinem Hocker, den Rücken zur Bar. In ungleichmäßigem Rhythmus hebt er die gesenkten Lider an, sodass man kurz die Pupillen sieht, worauf sie unaufhaltsam wieder nach unten sinken. Von hinten fasst ihm Rainer an den Oberarm.
– Na komm, mach’s dir bequem.

Zwischen den Rentnern finden sie zwei Hocker, und wortlos bestellt Rainer etwas beim Wirt, dessen wässrige Augen Reza mustern.
– Gar nicht gesehen, dass der hier rein ist. Deiner, Richard?

Rainer sieht Reza an und schluckt.
– Hm, sagt er, na gut. Also nochmal. Richard, angenehm.

Er streckt Reza seine Hand entgegen, doch als der zu lange zögert, setzt er nach.
– Ich bitte dich, das zu verstehen, und jetzt wo es raus ist, hab ich ja auch gar nichts mehr dagegen, dass du meinen Namen kennst.
– Nein, nein, murmelt Reza mehr, als dass er es sagt, blickt

nach unten, blickt auf, wiederholt es. Nein, nein. Man muss vorsichtig sein, nicht wahr?
– Kann man wohl sagen. Den Uli würde es nicht einmal stören, aber dem gehört der Schuppen ja auch nicht. Der gehört ganz anderen, wie immer.
– Anderen?
– *Ganz* anderen.

Ihnen werden klare Schnäpse hingestellt, Richard greift nach dem eiskalten Gläschen und hebt es an, nickt Reza zu, es ihm gleichzutun.
– Ich wollte doch noch etwas rauchen, Richard. Zusammen ist das teuflisch!

Richards Augen weiten sich, leicht gekünstelt prustet er.
– Ach, ach. Nicht so wehleidig. Kippen ...

Er setzt an und wirft seinen Kopf in den Nacken, setzt ab und knallt das Gläschen aufs Holz. Reza trinkt ausgesucht langsam, was es für den anderen offenbar noch unerträglicher macht.
– Du guckst, als sei das pures Chlor, Mensch, genießen!
– Versuche ich ja.
– Der Genuss, widerspricht Richard, liegt aber darin, es sofort in sich zu haben.

Richard gibt dem Wirt undefinierbare Zeichen, nach kurzer Zeit stehen sechs weitere Schnäpse vor ihnen, die sie nach und nach runterkippen, wobei Reza Richard immer ein wenig hinterherhinkt.
– Ich glaub, ich muss jetzt langsam gehen.
– Ach was!

Richards Entsetzen scheint groß.
– Willst du dich nicht noch ein bisschen stärken?, fragt er mit leisem Flehen in der Stimme und schiebt ihm einen Brotkorb hin, in dem auch ein kleines Schmalzfässchen und ein winziges Messer liegen.

– Was ist das, fragt Reza.
– Das kannst du dir gar nicht vorstellen, wie gut das ist!

Aus reinem Interesse bestreicht Reza eine der Brotscheiben und beißt herzhaft hinein. In seinem Mund kracht es angenehm. Mit dem zweiten Bissen hat er es weg.
– Na, siehst du. Vom Allerfeinsten. Noch eine?

Obwohl er von fern nun doch einen Hunger in sich aufsteigen spürt, winkt Reza ab.
– Danke, vielen Dank.

Schon haben seine Füße den Kontakt zum Boden verloren. Sein Körper gibt keine anderen Signale als solche zur Flucht. Auch wenn es heiß ist hier drinnen und stickig, durchfährt ihn eine unbarmherzige Kälte. Ihm ist, als verhärte unter der Kleidung die Haut. Ein Pochen dehnt sich von den Schläfen bis zur Stirn aus. Instinktiv drückt er die Knie durch, da sie drohen, beim Einknicken vollständig wegzubrechen. In dieser Starre rutscht Reza vom Hocker, hebt die Hand zu einem wahllosen Gruß und kämpft sich durch zur Tür.
– Warte doch, hört er Richard hinter sich lallen, und der Wirt ruft, ob er bezahlt habe. Doch schon verrauschen alle Stimmen ineinander, und Reza steht vor dem Lokal.

Klare Luft fegt ihm ins Gesicht, dringt durch seine Haut und zieht in die Knochen ein. Der Wind hat ganze Äste von den Bäumen gerissen und sie über die Fußgängerzone verteilt. Blumenkübel liegen zerbrochen in den Hauseingängen. Und immer mehr saugt es ihn in das Dunkle hinein, weg vom Licht der Laternen. Reza geht einige Meter und meint einen deutlichen Wunsch der Nacht zu verspüren, sich mit ihm zu vereinen. Sie löst die Starre, in der er sich befindet, wieder auf und versteht ihn, wie sonst nichts ihn zu verstehen scheint. Ihm ist, als wollte sie ihn trösten, und trotzdem verspürt er ihr gegenüber Abscheu. Etwas in ihm kämpft noch immer latent um Kontrolle.

Neuerlich einsetzende Böen reißen ihn aus seinem Zustand. Ein belaubter Zweig rauscht knapp an seinem Kopf vorbei, und mit geschlossenen Augen tastet er sich voran, dem Wind entgegen. Etwas panisch beginnt Reza zu rennen, die umherfliegenden Äste nehmen zu, er hört sein eigenes Hecheln. Doch je tiefer er in die verwinkelten Gassen eindringt, desto milder wird der Wind. Bald ist er in seinem Viertel angekommen.

Als er in die Gasse biegt, steht ein älterer Herr am Mülleimer vor seinem Haus und stopft etwas hinein. Milchige Beutel.

– Hallo, sagt Reza.

– Ich grüße Sie, sagt der Mann und sieht ihn feindselig an.

Reza zwängt sich an ihm vorbei, knallt das Hoftor zu, robbt die schmale Treppe hinauf. Vollkommen still die Wohnung, nur in der Küche brennt ein Teelicht in einem Glas, daneben steht eine Schale mit Brühe, auf deren Oberfläche eine saftige Einlage schwimmt. Gierig löffelt er sie. Er pustet das Licht aus, schleppt sich die letzten Meter hinüber zu seiner Matratze und versinkt in einem Schlaf, dessen Ende er sich noch nicht vorstellen kann.

1989

Vor dem Friedhof hat sich eine kleine Menschenmenge eingefunden, knapp hundert Personen sind es vielleicht, und nun strömen sie an den hohen Eisengittern vorbei auf den Kiesweg, der zu der kleinen Trauerkapelle führt. Bedächtig schiebt Niklas seinen Großvater vor sich her, überwacht von seiner Schwester, und Oma und Clara folgen ihnen gemächlich. Drosseln zwitschern, und warmes Sonnenlicht fällt zwischen den Tannen hindurch auf Wege und Gesichter.

Sheva dauert das alles zu lange. Sie dreht sich um, nimmt voller Gift im Blick ihre Mutter ins Visier. Sie wartet auf eine Reaktion, doch Clara bleibt vollkommen gleichgültig. Schließlich muss sie das hier *auch* überstehen. Das nun wieder ist einer dieser Zustände, in denen sich die absolute Ohnmacht in Shevas Vorderlappen breitmacht, sie abermals zur Gefangenen einer Situation wird, mit der sie nichts, aber auch rein gar nichts zu schaffen hat, in der ihr ihre Anwesenheit unendlich nutzlos erscheint und die sie darum entweder am besten gleich beenden möchte oder doch wenigstens mit äußerstem Minimalaufwand zu betreiben gedenkt, und sobald einer der werten Angehörigen es wagt, ansatzweise aus dieser Linie auszuscheren, beginnt ihr Kessel zu sieden.

Und es *alles* zu beenden, dazu ist sie gewissermaßen in jeder Sekunde bereit und lauert auf den geringsten Anknüpfungspunkt, um sich ausgeschlossen, genötigt oder beleidigt zu fühlen, worauf sie vorzugsweise mit einem *Ach so, so ist das?*, vor allem einer möglichst entsetzten Pose aufwartet, nur um sich durch den folgenden Gegenwind – denn es hat ja somit zweifellos ein Streit stattgefunden – umso bestärkter darin zu fühlen, diesen Kreis nun getrost, ohne moralische Bedenken verlassen zu können.

– Würdet ihr vielleicht einen Schritt zulegen? Wäre das möglich, ja?

– Sheva, bitte.

– Was bitte?

– Was ist denn jetzt schon wieder?

– Könnten die jetzt bitte alle sofort in die scheiß Kapelle gehen? Ich halte das nicht ...

– Sheva!

Ihre Blicke bringen einander gegenüber in Stellung.

– Das ist unerträglich.

– Also Sheva, der Ludwig war ein wirklich guter Freund vom Opa. Wäre es möglich, dass du dich einmal ein bisschen zusammenreißt?

In Shevas Gesicht schleicht sich die übliche Verhärtung ein.

– Pfff, macht sie ... ein Nazi war das.

– Sheva, bitte. Komm. Heute nicht, ja? Wir können gerne später darüber ....

Mit einem Ruck löst sich Sheva von der Gruppe, geht voraus und stellt sich unter den Bögen der Kapelle in den Schatten, lehnt sich gegen eine Sandsteinsäule. Willi hockt indessen abwesend und lustlos in seinem Rollstuhl, und auch Niklas' Oma nimmt nichts von der Kontroverse wahr, weil sie wie so oft glücklich versunken ist in die aktuelle Umgebung, die sie ausführlich und heiter studiert, und mit jeder hinzukommenden Person, jedem ins Bild geratenden Tier und jedem entdeckten Grabstein, unter dem eine ihr bekannte Person liegt, wird ihre Laune besser, denn ihre liebste Beschäftigung ist es, sich umzuschauen. Dabei sind Lebende natürlich noch einmal spannender als Tote, wenngleich sie bei denen nicht mehr darauf achten muss, was sie sagt. Trotzdem spricht sie über sie noch am freundlichsten. Die Lebenden jedoch sind ihr vollends ausgeliefert. Wie sie aussehen, was sie treiben, um daraufhin ihre Beobachtungen kundzutun, und zwischen jedem Halbsatz lacht sie einmal auf, kurz und hell.

Nach einigen weiteren Minuten rafft sich die Ansammlung zusammen und presst sich in die kleine Trauerhalle. Niklas hat keine genaue Vorstellung davon, was den Herrn, der dort im Sarg liegt, ausmacht, dass so viele Menschen herströmen. Bei der letzten Beerdigung, auf die er mitgehen musste, waren es bei Weitem nicht so viele. Aber immerhin, er kannte diesen wie sein Großvater so prominenten Mann, der ihm sogar einmal über den Kopf gestrichen hat, mit riesigen Händen.

Nun predigt der Pastor, seine Stimme brandet durch das kurze Schiff und hallt vom Stein zurück, und Niklas kommt es vor, als provoziere er das. Es handelt sich um eine andere Gemeinde als die seiner Familie, darum ist ihm der Pastor fremd. Erst in diesem Moment begreift er, dass es außer den Priestern in ihrer Gemeinde auch noch lauter andere Priester geben muss, das hat er sich davor niemals in dieser Form vor Augen gehalten. Immer dachte er, diese Leute seien die einzigen Kirchenleute, und die Menschen haben sich zum Beten für diese, seine Kirche entschieden und alle anderen stünden leer.

Die Predigt gerät wild, dramatisch und vor allem undurchsichtig. Meistens sagt der Pastor etwas, gegen das er gleich darauf wieder etwas einwendet, und weil er nicht zu dem kommt, was er wirklich möchte, beginnt Niklas bald zu träumen. Sein Großvater gibt ein leises Schnarchen von sich, das nur zu hören ist, wenn man sehr nah an ihn herangeht. Die Lider hängen schlaff herab und lassen einen schmalen Spalt, durch den man das Weiß und sogar noch den unteren Rand der Pupille sieht.

In einer Ecke zischt plötzlich jemand einen anderen an, einige Köpfe wenden sich in die betreffende Richtung.

– Vorsicht, hört man.

– Selber Vorsicht!

– Was glauben Sie eigentlich, wer Sie sind?

Der Priester räuspert sich, hier und da erhebt sich ein Murmeln, klingt ab, dann herrscht wieder völlige Stille. Einen für alle Anwesenden unangenehmen Moment lang hält der Priester inne, dann setzt er seine Predigt fort.

– Und was auch immer geschehen ist in diesem Irdischsein, wir lassen es hier und tragen es nicht mit hinauf zu unserem Herrn, denn er hat schon längst alles gesehen, und genauso hat er längst verziehen. Doch aus dem, was er sieht auf Erden, leitet er einen Auftrag ab, keine Strafe, sondern einen Auftrag.

Nach einer Weile heben ein paar Männer den Sarg von der Bahrung und tragen ihn auf einen Wagen, mit dem sie ihn aus der Halle kutschieren. Die Menschen treten aus ihren Reihen und folgen ihnen mit gesenkten Köpfen. Sheva verdreht die Augen, Niklas muss lachen, und seine Oma zetert über die drängenden Leute. Es folgt ein Marsch, über dessen Länge sich Sheva nicht mehr einzubekommen droht, vor allem aber nicht über die Geschwindigkeit, mit der er vollzogen wird. Auch Niklas findet das bald nicht mehr lustig, doch als er es äußert, schlägt Sheva ihm leicht auf die Schulter.

– Du hast dich mal gar nicht zu beschweren.

Irgendwann kommen sie tatsächlich an, die Männer lassen den Sarg hinab in die kühle Erde und schleudern, beobachtet Niklas, eigentlich alles hinterher, was griffbereit ist. Am liebsten würden sie wahrscheinlich selbst hineinspringen, doch das, denkt Niklas, versagt ihnen die sogenannte Pietät, von der seine Mama vor Beerdigungen immer erzählt und wegen der man dort vor allem nichts Auffälliges tun dürfe.

Die Leute gehen nacheinander am Grab vorbei, werfen Blumen hinein und verneigen sich. Von beiden Seiten kommen nun kleine Grüppchen, jeweils eine Mutter mit ihren teils erwachsenen Kindern. Sie werfen skeptische, andachtsvolle Blicke in die Gruft, bittere und erleichterte und teilweise auch entsetzte, bis plötzlich einer der Söhne hineinspuckt.

Auf der anderen Seite weiten sich die Augen, jäher Zorn flammt auf in den bis gerade noch betrübten Gesichtern, doch genauso schnell kehren Ruhe und Besonnenheit in sie zurück. Die Mutter macht einen Schritt vor und streckt langsam, aber entschieden ihren rechten Arm schräg in die Luft, ihre Hand ist flach ausgestreckt. Auch ihre Kinder wenden sich hinter ihr geschlossen der anderen Gruppe zu, auch ihre Arme wandern ruhig und mit festem Blick nach oben. Nun liegt der Spielball der Empörung wieder drüben. Sie lassen die Arme sinken, wenden sich dem Grab zu und heben sie erneut. Der Priester kommt angelaufen.

– Sooo, schreit er, jetzt ist aber mal Schluss hier mit den Mätzchen, ich glaub es ja wohl nicht. Abmarsch hier, aber dalli!

Als sei das eben nicht ihre eigene Handlung gewesen, kehrt Röte ein in die fahlen Gesichter, ein wenig Beschämung sicher auch, doch einer hat noch nicht genug.

– Heil Hitler, sagt er und hebt die Hand noch einmal.

– Herr Sattler! Also bitte!, jault der Priester, das ist ungeheuerlich!

Sheva erhebt ruhig, aber doch laut genug ihre Stimme.

– Arschlöcher.

– Bitte, zischt Clara.

– Was ist denn? Stimmt doch!

Einige Köpfe, gerade noch im Murmeln über das Geschehene begriffen, wenden sich nach ihnen um.

– Ich gehe jetzt, sagt Sheva, aber ihre Mutter umfasst ihre Hand und sieht sie in einer Weise an, dass sie sofort wieder nachgibt, sich nach hinten fallen lässt und voller Verzweiflung zusammensackt. Doch schon bald wird sie erlöst, denn nach dem Gezeter scheint dem Priester selbst die Lust ein wenig vergangen, und nachdem er einige Psalme und freundliche Worte heruntergebetet hat, beschließt er die Beerdigung mit einem einzigen raunenden Ave-Maria und obligatorischem *Gehet hin in Frieden*. Niklas' Oma würde anschließend noch gern zum Leichenschmaus, wegen der Häppchen und dem guten Kaffee draußen am Forsthof, aber diese Rechnung hat sie ohne Sheva gemacht, die Clara zumindest hierin auf ihrer Seite hat.

– Bloß nicht noch die ollen Köppe, raunzt sie. Was ist nur in diese Leute gefahren? Niklas, der auch gern Kuchen hätte, und seine Oma behalten das Nachsehen.

Abends sitzen sie alle gemeinsam vor dem Fernseher. Clara mag das Sakko von Gottschalk überhaupt nicht. Sie sagt, damit sehe er albern aus, obwohl Niklas findet, dass er diese albernen Sachen eigentlich immer trägt. Er hockt auf dem Teppich, macht Turnübungen und streckt sich zur Kerze. Zwischendurch springt er wie von einem Blitz getroffen auf und tänzelt ohne Ziel durchs Wohnzimmer, was sofort Shevas Aufmerksamkeit erregt, die lang ausgestreckt auf dem Sofa liegt. Ihr Argwohn ist auch ohne Worte spürbar. Oma sitzt tief zurückgelehnt im Ohrensessel, ihr Kopf leuchtet rot vor aufgestauter Hitze. Immer wieder stößt sie herzhafte Lacher hervor. Clara sitzt auf einem Stuhl und massiert sorgfältig Opas leblosen Arm.

Niklas setzt sich zur Oma auf die Lehne, lautlos grient sie. Plötzlich betritt irgendein Showstar die Bühne, der Niklas unbekannt ist, den aber Sheva und Clara offenbar verehren, weil sie ihre Geräusche der Verehrung von sich geben, von denen er nur weiß, dass sie große Aufregung bedeuten. Er kann heraushören, dass der Star eine neue Freundin hat, die unmittelbar darauf auch an seiner Seite erscheint und mit strahlendweißen Zähnen ins Licht der Scheinwerfer lacht, und unablässig fragen Clara und Sheva nun, wer denn bitte *das* sei, wie sehe *die* denn aus, das dürfe ja wohl nicht *wahr* sein. Immer und immer wieder sprechen sie es aus, wer ist das denn, ja wer ist das, kennst du die, nee, ich doch nicht, also wer *ist* das …

– Ja, wer ist das denn, heh, wer ist das wohl?, platzt es aus Niklas' Mund … Wer ist das, wer ist das. Seine Nutte ist das!

Wie mächtig der Schwung ist, mit dem seine Schwester in aller Regel zuschlägt, war Niklas bereits bekannt. Dennoch überrascht es ihn, wie schnell ihre Hand in seinem Gesicht aufschlägt. Aber so, ohne Vorwarnung, hat er es sogar lieber. Jetzt steht nur der Schock im Raum, und die Frage, wer schuldiger ist, sie oder er. Er weiß es nicht. Fest steht nur sehr bald, dass er auf den Flur muss, auch wenn die Schuldfrage ausdrücklich offengelassen wird. Ohne noch etwas zu erwidern, stellt er sich hinaus und nimmt zum Lesen das, was am nächsten liegt, das Telefonbuch. Darin blättert er mit der linken Hand nach interessanten Namen und deren Adressen, während er mit der andern die Klinke nach unten drückt. Wie es Sheva, nicht Clara, ihm befohlen hat.

Weil er es wieder gutmachen will, das böse Wort, geht Niklas am folgenden Abend allein in die Stadt, um seine Mutter aus der Firma abzuholen. Aus dem Türchen über dem Juwelier springt das Männchen und spielt zum Feierabend *Freude, schöner Götterfunken.* Doch noch ist nicht überall Geschäftsschluss, und noch immer strömen Menschen durch die besonders im Abendlicht golden leuchtende Passage. Sein Großonkel steht bereits mit seiner Pfeife am anderen Ende, sieht sich das Treiben an, während seine Gesellen die Auslagen nach drinnen schieben. Seine Mutter allerdings bedient seit geraumer Zeit eine in regelmäßigen Abständen aufmeckernde Kundin, läuft mit deren uraltem Kram nach hinten und näht ihn wieder zurecht, als vor einem der großen Schaufenster ein Pärchen stehenbleibt. So, wie sie dastehen, hat Niklas seine Eltern schon lange nicht mehr beieinanderstehen sehen. Der Arm des Mannes umfasst die Hüften der Frau, die sich dabei regelrecht zurücklehnt. Sie deuten in das Fenster hinein, und das ist der Moment, in dem Niklas versteht, dass er die Gelegenheit ergreifen muss. Er macht behutsam ein paar Schritte nach vorn und stellt sich neben sie.

Zunächst fällt es ihnen gar nicht auf. Sie plaudern und kichern, deuten wieder mit den Fingern und nicken.

– Das hat alles meine Mama gemacht, sagt Niklas.

Die Frau scheint sich erschrocken zu haben. Der Mann wirkt ernst und nicht erfreut, und Niklas ärgert sich, das wollte er beileibe nicht damit bewirken. Seine arme Mama. Nun bekommt sie doch keine neuen Kunden und muss Leuten wie der bösen Frau im Laden weiter ihre schäbigen Lumpen zusammennähen, auch kurz vor Feierabend. Doch im Gesicht der Frau vor ihm setzt sich, wenn auch nur ganz zögerlich, ein Lächeln in Gang, und auch ihr Zögern rührt eher von der Beobachtung her, der sie Niklas unterzieht. Sie schüttelt den Kopf.

– Na, wenn du das sagst …

Der Mann stutzt und sieht nun sie an, und ihr Strahlen wird immer größer.

– Meinst du nicht, wir sollten uns mal umschauen?

Nach einiger Tuschelei, deren Inhalt Niklas nicht verstehen kann, nickt ihm die Frau noch einmal freundlich zu und geht ins Geschäft hinein, auch der Mann sieht ihn an, leblos allerdings, dann folgt er seiner Frau.

Als sie tief genug mit seiner Mutter ins Gespräch versunken sind, stiehlt sich Niklas an ihnen vorbei und setzt sich hinter einen der Vorhänge, lauscht dem sich anbahnenden Verkaufsgespräch, in dem die Herrschaften ihn Clara gegenüber loben, die aber lachend abwiegelt und es auch nicht glauben zu wollen scheint, als die Frau von seiner netten, indirekten Einladung berichtet. Daraufhin glaubt er das Rotwerden seiner Mama bis in die Kabine zu spüren. Er bekommt mit, wie sie sich neben einigen Accessoires, darunter ein bunter Paisley-Schal und Handschuhe aus Nappa, für einen Nerzmantel entscheiden, für den sie seiner Mama einen Scheck über zehntausend Mark ausstellen, und als die Leute aus dem Laden heraus sind, hört er sie in einer Weise kräftig schnauben, wie es sonst nur seine Oma macht, ein pfeifendes Geräusch. Nach einer Weile, wahrscheinlich als die beiden sich weit genug entfernt haben, ruft sie nach ihm. Sie geht durch den Laden, findet ihn nicht, kommt immer näher. Er sieht ihre Füße, sie reißt die Gardine weg.

– Was machst du denn hier? Manchmal glaube ich, ich spinne.

Niklas sagt nichts.

– Und warum erzählst du denen, das hätte *alles* ich gemacht? Das Stück, das ich ihnen verkauft habe, das haben unsere Schneiderinnen gemacht! Verstehst du? Man darf niemals überheblich werden.

Sie dreht sich weg und räumt ein paar Dinge auf dem Glastresen zusammen. Niklas steht auf, geht um ihn herum und stellt sich vor ihr auf, dann schreit er es heraus.

– Weil sie es sonst nicht gekauft hätten!, schreit Niklas.

1975

Obwohl es sich nicht anders behaupten lässt, als dass sie alles für ihn und die gemeinsame Zukunft getan habe, stellt er es in seinen Briefen manchmal anders dar. Auch jetzt, wo sie wieder zunehmend das Bedürfnis nach Ruhe verspürt, geht es unmittelbar weiter mit allem, der Firma einerseits, die sie zu leiten versucht, mit den Bemühungen um Cosmins Befreiung andererseits. Wann und wie sonst, wenn nicht jetzt und auf diese Weise, könnte sie mehr für ihr Kind tun? In jeder freien Minute durchforstet sie ihr Gedächtnis auf der Suche nach Möglichkeiten, nach Unterstützung und neuen Erkenntnissen, und es ist nicht mehr lange hin, bis sie den Höhepunkt all ihrer Aktivitäten erreicht. Sie nimmt das Heft vollständig in die Hand, und sie schreibt, schreibt ihnen allen, einen ersten Brief, dann einen zweiten, noch unter Verwendung gemäßigter Worte.

Einige Wochen wartet sie ab, in denen aber nichts geschieht, beruhigt das schreiende Kind und schreibt, als nichts geschieht, weitere Briefe. Immer flüssiger kommt es aus ihrer Feder und geht an die höchsten politischen Instanzen, an Politiker, die im Fernsehen auftauchen, an die Botschaft, an bekannte Wirtschaftsbosse, doch wieder kommt nichts, und sie grämt und fragt sich, ob sie vielleicht zu fordernd war. In jeder Mittagspause läuft sie nach Hause, um den Briefkasten zu überprüfen, aber nichts.

Sie hat sich abgefunden, lässt den Kasten bald links liegen

und schaut nicht mehr regelmäßig nach, bis sie eines Morgens nur noch leicht gebeugt an ihm vorbeitrottet und, obwohl sie es sieht, zunächst gar nicht wahrnimmt, dass der Kasten samt Zeitung so überfüllt ist, dass oben schon der erste Brief aus dem Schlitz lappt und zwischen Zeitung und Eisen klemmt.

Als sei darin etwas Verbotenes, Heiliges, Unberührbares, nähert sie sich zögernd dem Kasten, begutachtet ihn noch einmal so ausführlich wie skeptisch, dann steckt sie den mickrigen Schlüsselbart hinein und dreht ihn herum, hält mit der flachen Hand den Druck gegen das hervorquellende Innere aufrecht, gibt langsam nach, worauf unten gleich zwei Umschläge herausfallen und ihr weitere seitlich entgegenkommen. Sie lässt sich den Packen entgegenfallen und stopft ihn in die große Tasche, hebt die heruntergefallenen Briefe auf und schleppt alles nach oben.

Einen nach dem anderen reißt sie mit dem Küchenmesser auf. Bei den meisten handelt es sich um Absagen, die höchsten Politiker verweisen auf die entsprechenden Instanzen, die Wirtschaft auf ihre Machtlosigkeit in solchen Fragen oder aber schlicht darauf, hierin unbefugt zu sein, und entweder schicken sie ihr Parteiprospekte mit oder aber Stapel von Werbung und Broschüren. Nur von einem sehr bekannten Anwalt kommen einige hilfreiche Bögen mit einschlägigen Rechtsverordnungen zum Thema.

Doch unter den elf Briefen finden sich ebenso zwei, die sie nicht nur sofort aufmerken lassen, sondern die sie auch zwingen, sie immer und immer wieder zu lesen und schließlich jubilierend durch die Wohnung zu springen. Der eine stammt von einem jungen, frisch zum Bundestagsabgeordneten gekürten Mann namens Franz Müntefering, dessen Namen sie in der Westfalenpost recherchiert und mithilfe von Amtsblättern seine Anschrift ermittelt hat.

Sehr geehrte Frau Kemper!
Ich bestätige den Eingang ihres Briefes vom 12.7.75.
Ich habe das Büro von Willy Brandt über den Eingang ihres Briefes vom 27.1. erinnert. Sie können aber sicher sein, dass dort Ihr Anliegen nicht unbeachtet geblieben war. Sicher prüft man die Möglichkeiten, auf diesem oder jenem Weg Ihnen helfen zu können.
Ich selbst habe heute, wie von Ihnen vorgeschlagen, den Botschafter der Sozialistischen Republik Rumänien, Seine Exzellenz Dipl.Ing. Herrn Ion Morega, Oberländer Ufer 68, 5 Köln 51, auf Ihren Fall hingewiesen und um wohlwollende Prüfung und um Hilfe gebeten.
Ich kann allerdings von mir aus in diesem Stadium keine Aussicht auf Erfolg dieser Intervention wecken; Sie werden das verstehen.
Sobald ich in dieser Angelegenheit von einer neuen Entwicklung Kenntnis bekomme, schreibe ich Ihnen.
Freundliche Grüße und die besten Wünsche für Ihre Zukunft und die Ihrer Familie
Ihr Franz Müntefering

Sie ist außer sich vor lauter Zuversicht und kommt kaum dazu, sich der anderen positiven Nachricht zu widmen. Und dieser Fang ist wirklich ein ganz besonderer. Einer, von dem sie sich am allerwenigsten eine Reaktion erhofft hat. Niemand Geringeres als der Bruder des verstorbenen Präsidenten der Vereinigten Staaten schreibt ihr hier einen Brief, mit dunkelblauer Tinte unterzeichnet, oben das Wappen des United States Senate, und sie muss die englischen Sätze immer wieder lesen, um es zu begreifen.

Dear Mrs. Kemper,
Thank you for your kind letter of May 2, 1975. Please

accept my apologies for taking so long with a response.
I was extremely moved by the difficulties which you, your daughter, and your husband have experienced in the past several years, and admire your spirit and determination throught it all.
I have made a personal appeal to the Ambassador of Romania to the Unites States, to permit you and your husband to be reunited.
The Ambassador has assured me that he will personally look into the matter.
Please advise my office if favorable response is finally made to your applications. I would appreciate it if you would address any communication on this matter to Mr. Stephan Collins in my office in Washington.
With best wishes,
Edward M. Kennedy

1964

Eine letzte Herbsthitze flutet über die Äcker in die Stadt hinein. Milde Ströme verwirbeln das erste gelbe Laub und umfahren die Sockel der beiden sich feindlich gegenüberstehenden Kirchen. Links der katholische Dom, rechts der protestantische Petrus, zwischen ihnen nur ein schmales Stück Fußgängerzone, das Reza nun passiert. Die Sonne jagt goldene Streifen über einen wolkenlosen Himmel. Oben im Domgebälk, in dem man seit Jahrhunderten die Rüstungen und Schilde der heimischen Kämpfer aus dem Dreißigjährigen Krieg aufbewahrt, klingt das donnernde Geläut. Schulkinder in Zweierreihen schleppen ihre Turnbeutel über den Petrikirchplatz, am Anfang und Ende des Zuges junge Pädagoginnen. Interessiert sieht Reza ihnen nach, und als eine von ihnen es bemerkt, nickt sie mechanisch, ohne jeden weiteren Gesichtsausdruck. Ihre Miene erfriert förmlich im Nicken. Doch sie hat reagiert, auf was auch immer.

Er lässt die Altstadt hinter sich und geht eine Allee hinauf. Nach einer Weile erscheint ein Schild mit dem Hinweis *Seminarweg*, dahinter öffnet sich das Universitätsgelände. Ein Mädchen mit einer roten Blüte im Haar lächelt ihn im Vorbeigehen an, ansonsten sehen hier alle sehr nach Land und Handwerk aus. Diesen Weg wird er sich angewöhnen, auch wenn es eindeutig ein Umweg ist, aber man sieht auf diese Weise viel mehr von dem, was und wer zu einem Morgen dazugehört in dieser Stadt. Reza hat das Bedürfnis, verwickelt zu werden in die Umtriebe dieser Menschen, die im Vergleich zu denen im Süden auffallend verschlossen wirken. Er will endlich hinter die Kulissen dieser uralten Mauern schauen, doch hierbei hilft ihm nichts, außer weiter dranzubleiben und die Ohren zu spitzen. Genauso muss er dafür sorgen, ein wenig positiver aufzufallen, denn einzig und allein mit seiner Anwesenheit kann er hier nicht landen. Eher wird sie ihm zur Last gelegt und bürdet ihm eine Bringschuld auf, die er stets mit sich herumschleppt. Seine Anwesenheit benötigt dringend bessere Gründe.

Die Seminare sind angelaufen, bald im vollen Gange, er belegt alles Notwendige und versucht, durch Wortbeiträge auf sich aufmerksam zu machen. Anfangs spürt er die unverhohlene Irritation, dass einer wie er hier so offen spricht, doch je länger und ausdauernder er sich einmischt und dabei auch viele landwirtschaftliche Sichtweisen aus seiner Heimat preisgibt, desto unauffälliger fühlt er sich seltsamerweise inmitten seiner Kommilitonen, von denen eine überwiegende Zahl Sprösslinge von Bauern und Agrarmaschinenhändlern sind. Eine von ihnen mit dem Namen Levke macht einen ganz besonders zähen, wetterfesten Eindruck auf Reza. Ohnehin gibt es nur wenige Frauen in seinem Semester, und als sich bei ihm auch nach Wochen nicht das Gefühl abstreifen lässt, allein in dieser Stadt zu sein, intensiviert er seine Bemühungen, von ihr wahrgenommen zu werden. Die Seminare bereiten ihm zwar Freude, bei den interessanteren Leuten findet er aber noch nicht richtig Anschluss, obwohl sie sich in den Kursen durchaus mit ihm austauschen. Den staatsdienstlichen Pflichten kommt er sorgsam nach. Soweit es ihm möglich ist, schickt er von sämtlichen technischen Konstruktionen, die in seine Hände gelangen, feinsäuberliche Abzüge an eine Adresse in einer Stadt namens Bad Godesberg, samt Kommentierung. Diese Adresse hatten ihm seine Begleiter genannt, zum Versenden seiner Unterlagen, als Anlaufpunkt in brenzligen Situationen. Dort warteten, sagten sie, Landsleute Tag und Nacht auf seine Ergebnisse. Sobald sie den Standort aufgeben müssten, würde er es selbstverständlich erfahren.

Sein Deutsch kann sich hören lassen, auch wenn es mit der Aussprache nach wie vor schrecklich ist, aber sein Drang zu sprechen übertüncht alles und gibt ihm eine Sicherheit, die aus dem bloßen Wunsch heraus entsteht, möglichst schnell dazuzugehören. Der Wunsch, diese Sprache flüssig zu sprechen, ist so unbändig, dass Zweifel längst nichts mehr gelten.

Ein Herbst und ein Winter vergehen, in denen Reza den süßherben Duft von Zuckerrüben wahrnimmt, der von der nahen Raffinerie herüberweht. Noch immer verbringt er viel Zeit in der Wohnung, wo seine Mitbewohner dauerhaft damit beschäftigt sind, Petersilie zu schnippeln und Pilze zu trocknen. Die meiste Zeit liest er und raucht, allerdings stellt sich zu selten der erwünschte Genuss ein. Um sich abzulenken, wandert er ziellos zwischen den Kirchen umher, folgt den Gassen, die er bislang nicht kannte und von denen aus weitere Gassen abgehen, die er noch weniger kennt. Unter seinen Schuhen spürt er das glitschige Pflaster und findet kaum Halt. Am kleinen Stadtbach, der in dem großen Salzsee im Heuss-Park mündet, lehnt er sich über das Geländer und beobachtet, den Kopf in beide Hände gestützt, eine Weile lang die Enten und Schwäne. Nur ein wenig von ihrer Gleichgültigkeit, denkt er, und alles wäre wesentlich bequemer.

Manchmal setzt er sich in ein Café. Als er eines Nachmittags zwischen Weihnachten und Neujahr eine heiße Schokolade im *Venezia am Markt* trinkt, betreten zwei Frauen das fast leere Lokal. Kurz ist er unsicher, weil er sie nur von der Seite sieht, dann aber besteht kein Zweifel mehr. Es sind Levke, die engagierte Agrarstudentin, und Bettina, seine Helferin vom Spezialitätenmarkt. Sie sind ganz und gar ins Lachen und

Plaudern versunken, doch als sie im Eingang abgelegt haben und sich nach einem Platz umsehen, fällt ihr beider Blick auf ihn. Das erkennbare Staunen in ihren Gesichtern übertünchen sie schnell, kehren zurück zum geschäftigen Lächeln, aber als er zurücklächelt, bleibt nur im Gesicht der Helferin etwas von der anfänglichen Herzlichkeit übrig. Die andere hingegen, die ihn doch viel besser kennen müsste, verschließt sich, und nimmt die leeren Tische ins Visier.

Seine Helferin folgt ihr, und Reza versucht ruhig auf seinem Platz zu verharren. Eine knappe Stunde bleiben alle in ihrer Ecke, ohne dass etwas geschieht. Obwohl Reza längst hätte gehen wollen, bleibt er immer weiter sitzen. Irgendwann steht die Kommilitonin auf, geht zur Toilette.

Sofort, als sich die Tür hinter ihr schließt, richtet sich der Blick der anderen auf Reza. So lange wie möglich versucht er, nicht darauf zu reagieren, dann aber geht es nicht mehr, ohne ablehnend zu wirken.

Er sieht sie an, lächelt und nickt, und sie macht dasselbe. Es entsteht ein Moment, in dem er nicht weiß, wie er nun weiter vorgehen soll, doch zu seiner Überraschung steht sie bereits auf, legt ihre Serviette zurecht und kommt zu ihm herüber. Kurz wird ihm schwindelig, dann ist er plötzlich in einer Weise wach und aufmerksam, wie er es noch nie an sich vernommen hat. Als hätte sie jemand scharfgestellt, macht sie langsam, aber auch zielgerichtet die letzten Schritte bis zu seinem Tisch, er steht auf und kann das Strahlen in seinem Gesicht nicht mehr unterdrücken.

– Hallo, sagt sie und lässt etwas Aufgeregtes in ihre Augen wandern.

– Ja, hallo, wie schön, dich wiederzusehen!

Seine Gesten kommen ihm ein wenig gespielt vor, doch mit ihrer Natürlichkeit hebt sie alles Künstliche an ihm wieder auf.

– Geht es dir gut, fragt sie. Ich meine, das war ja schon ein bisschen eng, neulich.

Obwohl es im Grunde nicht überraschend ist, dass sie ihn erkennt, ist er innerlich völlig aus dem Häuschen, dass sie von sich aus darauf zu sprechen kommt. Ohne jede Scham.

– Ja, doch. Eigentlich schon.

– Bist du dir sicher?

– Aber ja. Du hast mir doch geholfen. Und sonst ist es ja ganz ruhig hier.

– Ach, wirklich? Aber es ist doch alles neu für dich hier, das muss doch wahnsinnig spannend sein.

Sie greift nach einem Stuhl und setzt sich etwas zu schwungvoll zu ihm, sodass der Stuhl knarzt.

– Woher kommst du überhaupt?

– Aus Iran, sagt Reza. Aus Hamadan. Mein Vater ist Gutsherr.

– Meine Herren. Und dann hier? Ich stelle mir das unglaublich bereichernd vor, dort zu leben, wo du herkommst.

Ganz leicht irritiert Reza dieses offenherzige Gerede, und schon im nächsten Moment begeistert es ihn, aber er versucht, sie beides nicht spüren zu lassen.

– Manchmal ist es das, aber eigentlich ist es langweilig. Und meistens ist es sogar besser, wenn es langweilig ist. Wenn es das nicht ist bei uns, wird es schnell gefährlich.

Nun macht sie einen sehr konzentrierten Eindruck.

– Aha ... Ihr wünscht euch also Langeweile ... Und bist du noch oft dort?

– Seit ich hier bin, leider gar nicht mehr. Es ist ja schon Arbeit genug, hier anzukommen. Da ist keine Zeit für zu Hause.

– Ich verstehe, sagt sie. Und hier wünschst du dir auch Langeweile?

– In einem gewissen Sinne schon. Es ist ein Stress und macht einen unruhig, wenn man nicht weiß, wie man sich am besten zu verhalten hat in so einem Alltag, wohin man gehen soll und wo die richtigen Leute für einen sind. Jeder neue Moment ist ein Abenteuer, dir kann alles passieren.

Er hält kurz inne und beobachtet ihre Reaktion, doch sie lauscht bloß konzentriert, fast regungslos seinen Worten. Er nimmt sich zusammen.

– Andererseits, redet er weiter, will ich sie aber auch nicht, die Langeweile, ich will etwas erleben, ohne dass es eine Rolle spielt, woher ich bin. Verstehst du?

– Gut, gut, sagt sie. Natürlich. Und nach einer Pause, in der sie ihn nochmal wie von Grund auf zu mustern scheint: Das bekommen wir schon hin.

Die Klotür öffnet sich, leicht erschrocken schaut sie zu ihrem alten Platz. Ihre Freundin tritt aus dem Toilettengang, richtet gerade noch eine Strähne, blickt auf und ist irritiert, wobei es eher ein Zurschaustellen ihrer Brüskierung ist. Bettina gibt ihr ein Zeichen.

– Sekunde, bin gleich wieder da. Reza nickt und macht ein möglichst ergebenes Gesicht. Sie bleibt bei Levke stehen, kurz tuscheln sie. Ihre Stimmen zischen über die Wände und gegen das Glas der Terrassenfront. Dann packt die Kommilitonin zusammen und geht schnurgerade, ohne ihn noch einmal anzusehen, hinaus. Bettina setzt sich wieder zu ihm.

Erst jetzt fallen ihm ihre starken, beinahe dunkelroten Augenringe auf, und von ihrem sanften, aber gezielten Verhalten geht eine Form von Erwartung aus.

– Wie kommt es, dass du hier bist? Ich meine, in deiner Heimat kann man doch mittlerweile sicher auch studieren. Also, ich meine … kompliziertere Sachen.

Über ihre Nasenwurzel wandert kaum merklich ein Zucken.

– Kann man, sagt Reza. Aber da studieren nur die, die etwas von der Uni lernen wollen. Ich soll unseren Unis etwas beibringen.

Ihm fällt auf, wie gut das klingt. Zugleich ist er sich unsicher, ob solche Aussagen nicht vielleicht etwas zu freimütig sind. Nein, er ist sich sicher. Es ist ihm nicht nur vollkommen untersagt, sondern auch gefährlich. Und es zeigt Wirkung.

– Beibringen?

– Ja, genau. Neue Dinge in Erfahrung bringen, die nicht ohnehin schon alle wissen. Wir müssen weiterkommen.

– Weiterkommen, ja.

– Und zu diesem Zweck hinausschauen.

– Zu diesem Zweck …

– Dafür hinausgehen.

Ihre hellgrünen Augen schimmern jetzt wach in dem hereinfallenden Licht, sind kurz davor, silbern zu werden. Freundlich und traurig zugleich, liegt in ihnen etwas Ahnungsvolles. Und hier genau ist der Punkt gekommen, an dem dieser Nachmittag kippt, hineinkippt in einen geheimnisvollen Traum, aus dem Reza immer nur momentlang wieder erwacht; als sie beim Kellner stehen und zahlen, im Eingang kurz warten und hinausschauen in das milchige Grau, in das sie sich aufmachen, und eingehakt durch den feuchten Stadtnebel huschen; dann erst wieder, als er sich mit ihr auf einem Bett aus weißen Laken wiederfindet, seine Hand auf ihrer schmalen Hüfte, und auch der Rest des Raums nur noch aus weißem Licht besteht.

Aus einem Stockwerk unter ihnen ist ein Klopfen zu hören, das er als bedrohlich empfindet, und erst, als ihre Hand nach seiner greift und von dort aus seinen Arm hinaufwandert, verliert es sich allmählich in der Ferne. Er spürt ihre Nägel über seine Schulter gleiten, hinauf in den Nacken. Vereinzelte Bemerkungen fallen, die augenblicklich verglühen im Weltraum der Wörter. Obwohl er sich erstaunlich wohl fühlt, spürt er sein Herz unbändig pochen. Auch sie bemerkt es, weist ihn lachend darauf hin, küsst seine Wange, seine Stirn. Er streichelt sie, wo er nur kann. Es kostet ein wenig Aufwand, bei dieser Frau selbst aktiver zu werden. Schon arbeitet sie sich an ihm hinunter, ihr Kopf verschwindet unter der Decke, doch er versucht hierdurch nur die nötige Temperatur zu erlangen, dann ist er so weit und kehrt die Verhältnisse um.

Als sie beide gekommen sind und in einem angenehmen Sinne entleert nebeneinander liegen, die Blicke starr in die sich aufhellende Trübnis da draußen gerichtet, scheint es Reza, als sei er gerade an einem Ort angelangt, dessen Existenz er bislang nur entfernt geahnt hat. Der wahre Luxus, in dieser Stadt angekommen zu sein, kann sich nur durch Momente wie diesen erfüllen. Daliegen und bei jemandem zu sein, intim zu sein und geheimniskrämerisch. Nicht vor, sondern hinter den Jalousien.

1976

Noch immer hat sie keine Antwort aus dem rumänischen Zentralbüro. Das Warten scheuert über ihre Hirnhaut. Zwischendurch gibt es Situationen, in denen sie daran denkt, sich wieder einmal bei Reza zu melden, von dem sie seit Monaten keinen Ton gehört hat. Doch in Berlin wird es spannendere Dinge geben, als sich mit einer Frau zu beschäftigen, deren einzige Gedanken um das Wohlergehen eines Kindes kreisen, das wiederum nicht seines ist.

Sie reißt sich zusammen und setzt sich hin, um noch mehr Briefe zu schreiben. An den Botschafter, an Müntefering, an Willy Brandt. Alle versprechen, regelmäßig ihre Eingaben zu machen. Alle sind verständnisvoll und wohlwollend. Niemand schiebt sie beiseite, obwohl es doch so leicht wäre, denkt sie.

Dann kommt die erwartete Nachricht, und alles beschleunigt sich in einer Weise, die sie sprachlos macht. Sobald sie beim rumänischen Botschafter in Köln vorspreche und dort eine gewisse Summe hinterlege, schreibt Cosmin, dürfe sie ihn abholen. Wie hoch denn diese Summe sei, fragt sie in ihrer Antwort, und er schreibt eilig zurück, es handele sich um einen niedrigen fünfstelligen Betrag, der sich jetzt noch nicht genauer beziffern lasse. Nachdem sie in Münteferings Büro angerufen hat, wo man ihr versichert, dass dies wohl die einzige Möglichkeit bleibe und sie in vielen Jahren sicher sehr froh auf diesen Tag zurückblicken werde, überlegt sie kurz, ihren Vater um das Geld zu bitten, schließlich geht es ja auch um das Wohl seiner Enkelin, lässt es aber sein und geht zur Bank. Mit dem Geld fährt sie nach Köln und übergibt es dem Attaché.

Wenige Tage später sitzt Clara im Flieger nach Cluj. Dort packt sie, ausgezehrt vom vierjährigen Behördenkampf, ihren Ehemann ein und wünscht ihren Schwiegereltern noch ein fröhliches Leben.

1965

Ein erstes Semester vergeht, dann noch ein zweites. Es wird Sommer, und alles geschieht wie automatisch, bis Reza bemerkt, dass ihm etwas fehlt. Bettina sieht er regelmäßig, ohne dass sie diesbezüglich jemals etwas ausgemacht hätten, vielmehr ist ihre Antwort auf seine anfangs noch wiederkehrende Frage, wie er sie finden solle, wenn sie nicht zu Hause sei, schlichtweg, dass man sich hier immer finde, selbst wenn man es gar nicht wolle, und wenn doch einmal nicht, es auch nicht anders sein solle. Damit kann er gerade noch leben, nicht aber mit seiner wachsenden Unruhe, die er mit Gras, Hasch und leichten Schmerzmitteln zu lindern versucht. Jetzt sitzt er auf den Wällen, blickt in die sich allmählich öffnenden Auen hinter dem geschwungenen Bach und erkennt, dass er im Grunde zwar auf dem Land lebt, diese Tatsache aber seit geraumer Zeit sträflich vernachlässigt hat. Obwohl diese Stadt kleiner ist als die, aus der er stammt, ist sie in ihrer drückenden Mittelalterlichkeit in der Lage, jedes ländliche Gefühl in sich zu verschlucken. Außer in seinem Zimmer sitzt er nur noch in Kneipen, Cafés und Seminarräumen. Alles um ihn herum ist bevölkert mit beflissenen, gierigen, gleichgültigen, hochtrabenden oder heruntergekommenen Menschen. Noch in jeder Geste, einem plötzlichen Aufblicken oder einem harmlosen Nicken, sieht er ein Interesse lauern. Bloß ein dünner Faden von Zivilisation ist es, der sich um seinen Radius schnürt, doch er genügt schon, um Reza sich vollkommen unbeweglich fühlen zu lassen. Nach einigem Nachdenken fällt ihm auf, dass er die naheliegendste aller Möglichkeiten bislang völlig außen vor gelassen hat.

Er braucht Luft, frische Luft.

Seit er denken kann, war er immer draußen. Er ist hier, um die Landwirtschaft zu studieren, zugleich steht er weniger auf Äckern als jemals zuvor. Das Gleichmaß der Arbeit im Freien gehörte aber schon in Hamadan zu jenen Dingen, die ihm angesichts seines über allem schwebenden Vaters Halt gaben. Selbst, wenn er sich die ganz dreckigen Sachen meist vom Leib halten konnte.

Nach einer Weile springt er von der Mauer und läuft strammen Schrittes zum Postamt, wo er das Telefonbuch durchsucht, in der Hoffnung, darin auf die Namen einschlägiger Bauern zu stoßen. Doch nichts gibt einen Hinweis. Bauern sind keine Ärzte mit einem eigenen Verzeichnis, und niemand fügt seinem Namen eine entsprechende Bemerkung hinzu. Anzeigen gibt es genauso wenig. Reza bleibt bei seiner Suche nach Bauern im Postamt erfolglos.

Wieder schlendert er richtungslos durch die Gassen, bis er auf eine der Ausfallstraßen gelangt. An dieser Stelle noch eng und düster, sieht er sie sich in der Ferne weiten, zur Kreuzung werden, von der aus die Bundesstraße 1 nach Westen führt. Ihm wird bewusst, dass er keine andere Wahl hat, als sie hinabzugehen und ihr aus der Stadt hinaus zu folgen. Ohne ihnen einen weiteren Impuls geben zu müssen, bewegen sich seine Beine so, dass diese Erkenntnis in Handlung umgesetzt wird. Nun schlendert er nicht mehr, er geht. Die Kreuzung mit den blinkenden Ampeln nähert sich. Zwischen den sich teilenden Straßen steht die weiß leuchtende Villa der Volksbank, als wollte sie Besuchern einen freundlichen Abschied bereiten. Er lässt sie links liegen, kommt an weiteren Villen, einem Gebrauchtwagenhändler und einer Tankstelle vorbei, ansonsten ist nicht mehr zu sehen als eine unübersichtliche Wüstenei, kleine Siedlungsränder, durch dichte Hecken vorm Verkehr geschützt.

Am Himmel nicht eine Wolke. Die Stadtgrenze erscheint in Form eines Schildes, er überschreitet sie und spürt, wie Freiheit durch seine Innereien spült. Von Bächen umrahmte Felder reihen sich aneinander, Apfelalleen zweigen seitlich von der Fernstraße ab und stechen schräg in die Landschaft. Krähen sammeln sich um einen schwarzgrünen Weiher. In den Gräben nimmt das Zirpen zu, und flirrend zeichnen sich die ersten Höfe ab. Reza wandert immer weiter, sein Schritt ist voller Entschlossenheit. Er öffnet die obersten Knöpfe seines Hemdes, auf dem sich langsam dunkle Flecken ausbreiten. Leichter Ammoniakgeruch hängt in der Luft, nicht aufdringlich, aber noch immer wahrnehmbar. In den Kronen der Buchen, die bald erscheinen, entdeckt er Nester. Um sie besser beobachten zu können, springt er über den Graben und läuft ein wenig ins Feld hinein. Vereinzelt steigen Raben aus ihnen auf und verlieren sich im weiten Blau.

Halbwegs überrascht ist Reza schon, als er den alten Keiler sieht. Von ihm unbemerkt hat er sich genähert, tritt hinter einer Schonung aus seiner Deckung und hält nun offenbar darüber inne, mit welcher Art von Begegnung er es hier zu tun hat. Witternd streckt er die Schnauze in die Luft. In seinem Nacken sträuben sich die Borsten, und durch winzige, halb teuflische, halb unbedarfte Schlitze sieht er Reza an. Durch die kurzen, spitzen Ohren pocht rhythmisch ein Zucken, der Pürzel steht ruhig und aufrecht. Bewegungslos mustern sie einander, ordnen das Gefahrenpotential ein, das vom anderen ausgeht. Doch scheint es Reza zu gelingen, ihn von seiner Harmlosigkeit zu überzeugen, und als der Keiler sein Interesse mit einem Schnaufen verliert, beginnt auch der Pürzel übergangslos zu kreiseln. Er grunzt und steckt die Schnauze in den aufgewühlten Modder zu seinen Füßen, dann wälzt er sich darin, voller Behagen.

Weil nicht auszumachen ist, ob sich seine Aufmerksamkeit nicht doch wieder verlagern könnte, nutzt Reza diesen Moment, um zurück auf die Straße zu gelangen. Sein Absprung aber gelingt nicht so konsequent wie auf dem Hinweg, und er holt sich einen nassen Fuß im Graben. Eine dunkle Limousine rauscht an ihm vorbei, im Heckfenster die bleichen Gesichter zweier Kinder. Bei jedem Wagen, der vorbeifährt, prüft er aufs Neue seinen Abstand zur Fahrbahn, aus Angst, er könnte auf sie geraten. Nach einer Weile verschmälert sich die Landstraße zu einem einfachen Dorfweg. Die Hitze drückt sich zunehmend in sein Gesicht.

Schmale, zerbrechlich wirkende Häuser am Wegesrand, dann wieder der Backstein mächtiger Gehöfte. Die gusseisernen Tore meist verschlossen, regt sich kaum etwas hinter ihren hohen Mauern. Nur weiter unten im Ort singt eine Kreissäge auf, ihr monotoner Klang sirrt durch die Lüfte, und Hunde jaulen traurig von irgendwoher. Immer weiter folgt er dem Weg ins Dorfinnere. Hof an Hof reiht sich nun, und aus den ersten Einfahrten treten dünn bekleidete Kinder, die ihn reglos ansehen. Tiefe Schatten in den Gesichtern, scheinen sie so gebannt zu sein von seinem Anblick, dass sie alles andere vergessen. Eine melancholische Leere in den Augen, streben ihre Lippen kaum merklich auseinander.

Erst als er einen Schritt auf sie zumacht, kehrt das Leben zurück in die fahlen Gesichter, und kreischend streben sie auseinander, verstecken sich hinter Mauern, Baumstämmen und einem massiven Wegstein. Einige sind so verschreckt, dass sie in den Innenhof rennen, wo sie sich, einigermaßen in Sicherheit, wieder umdrehen und gebannt dem weiteren Geschehen folgen. Auch aus den Verstecken lugen Köpfe hervor und zucken wieder zurück, sobald sich Rezas Blick in ihre

Richtung wendet. Langsam bewegt er sich vorwärts, bis er mitten im Hofeingang steht und vorsichtig in das Gelände hineinschaut, wozu er in äußerster Langsamkeit seinen Kopf über die imaginäre Grundstücksgrenze schiebt. Sofort beginnen sie zu quietschen. Er zieht den Kopf wieder zurück und vernimmt hier und da ein Lachen. Dieses mutiert sogleich wieder zum Quietschen, sobald er den Kopf wieder vorstreckt, und ufert vollkommen aus, wenn er länger in ein einzelnes Gesicht blickt und dieses Gesicht hiervon Notiz nimmt.

Einige Kinder beginnen, sich einen Spaß daraus zu machen, wild kreischend aus ihrer Deckung zu hechten, über den Hof zu stürzen und sich auf der anderen Seite wieder zu verschanzen. Hierzu genügt ein Gebüsch, ein Zaun oder ein Hänger voller Korn. Ihr Geschrei überschlägt sich, und als Reza eine kräftige Frauenstimme meckern hört, was denn da schon wieder los sei, macht er kehrt und lässt die Hofeinfahrt schnell hinter sich.

Immer tiefer arbeitet er sich ins Dorf vor. Nachdem es anfangs eine karge Straße mit ein paar Gebäuden ringsherum zu sein schien, entpuppt es sich als erstaunlich weitläufig. Zudem ragt es zur einen Seite der Dorfstraße einen steilen Hang hinauf und zieht sich auf der anderen bis hinab in eine kleine Talsohle, wo es von einem schmalen Fluss umrahmt wird. Mehrere Holzbrücken führen auf die dahinterliegenden Äcker. Eines der dort unten liegenden Gehöfte sticht besonders heraus. Um ein einfaches Bauernhaus, das trotz seines Alters sehr gepflegt wirkt, reihen sich mehrere Ställe aus fast schwarzem Holz. Immer wieder laufen Leute zwischen ihnen hin und her, schleppen Eimer und Säcke oder schieben eine Karre. Gänse flattern auf. Neben einem Brunnen steht ruhig an einen Pflock gebunden ein Pferd. Hunde liegen im Gras und dösen.

In den Hängen sucht Reza nach einem Weg, der ihn dort hinunterführt, irrt eine Weile an der dornigen Bewuchsgrenze entlang, bis er zwischen zwei hohen Birken fündig wird. Ein erdiger Pfad, der trotz der Trockenheit keinen echten Halt bietet und sich als überaus rutschig erweist, führt schräg die Böschung hinab und weitet sich allmählich zu einem kleinen Wegenetz, das zwischen abgezäunten Gartenparzellen auf verschiedenen Routen ins Tal führt.

Obwohl er sich nur in aller Langsamkeit vortastet und immer auch ein guter Kletterer war, kommt er mit diesem Boden nicht zurecht, muss unaufhörlich korrigieren und in die Hocke gehen, in der er einen Augenblick verharrt. Er erhebt sich aufs Neue und trippelt ein paar Schritte, verliert aber nun endgültig das Gleichgewicht, rutscht weg und lässt sich auf den Hintern fallen, um nicht in den Hang zu stürzen, dessen Bewuchs an dieser Stelle von wildem Gebüsch in Nutzpflanzen übergeht. Knallgrüne, mächtige Stauden strecken ihre buschigen Köpfchen der Sonne entgegen. Zwischen den Reihen sieht er etwas sich bewegen, kann es aber nicht identifizieren. Er klopft sich ab und nimmt das letzte Stück mit einer Entschiedenheit, von der er selbst nicht weiß, woher sie rührt, die ihn überrascht und deren Schwung und Eindeutigkeit er still genießt, wie eine unerwartet und mächtig über ihn gekommene Verliebtheit.

Es dauert nicht mehr lange, da tritt er zwischen den Beeten hervor auf den Landweg, der vor dem schönen Hof herführt. Etwas Wind kommt auf, warm und beruhigend, doch auf dem Hof ist plötzlich niemand mehr zu sehen. Langsam tastet sich Reza in die Einfahrt vor, wischt mit dem Ärmel den Schweiß aus dem Gesicht, fährt sich durch die Haare. In die Stille hinein beginnt ein Hahn zu krähen, und als er den ersten Schritt auf das Grundstück macht, stimmen von irgendwoher Hunde mit ein. Meilenweit schallt ihr Gekläffe durch die Ruhe des Nachmittags. Da hört Reza eine Stimme, zwitschernd und krächzend zugleich. Sie klingt nicht vielversprechend.

– Was gibt's, der Herr?

Einen Moment benötigt er, um auszumachen, woher sie kommt, doch als er nichts sieht, dreht er sich um und zuckt zusammen. Eine kleine, alte Frau im geblümten Arbeitskittel steht in gebückter Haltung hinter ihm auf dem Weg. Leises Entsetzen in ihrem Gesicht, erkennt Reza gleich, dass es mehr Furcht ist als Ärger. Dennoch bringt er nichts heraus, spürt vielmehr noch den Ruck, mit dem sich ihm die Sprache verweigert. Er steht auf deutschem Land vor einer alten deutschen Bäuerin, der dieses Land hier vermutlich gehört. Ihm kommt es vor, als entgleite ihm jeglicher sinnhafte Zugriff auf die Situation, und er spürt sogleich, wie sehr das mit der Umgebung zu tun hat, die etwas in ihm in helle Aufregung versetzt. Es scheint, als befinde er sich plötzlich inmitten einer Parallelwelt zu seiner Heimat, was ihm wiederum schlagartig verdeutlicht, wie unmöglich es ist, in dieser Umgebung als Fremder einfach so zu sprechen, mit diesen Landleuten zu sprechen, von denen er nichts weiß, außer dass sie nichts über ihn wissen und ihn somit als das Fremdeste empfinden, das man sich ausmalen kann. Nichts anderes als das Wissen über sein Zuhause hindert ihn daran, hier und jetzt frei und für sich zu sprechen, denn das Sprechen auf dem Land ist ein anderes, die Menschen sind andere, und auch hier, auf diesem Flecken Erde wird nichts dieses stille, wirksame Gesetz entkräften.

Während sie ihn scheu betrachtet, kämpft er mit sich, im äußersten, fast zwanghaften Bemühen, wieder Sinn einkehren zu lassen unter die Schädeldecke und sich aus der Schockstarre zu lösen.

– Hallo, atmet er eher, als es zu sagen. Er beugt sich leicht vor und versucht zu lächeln.

– Was machen Sie denn hier?, entgegnet sie zögerlich.

– Ich bin Agraringenieur.

Etwas Besseres fällt ihm nicht ein, doch sie horcht merklich auf. Versucht ihre Regung allerdings sofort zu verbergen.

– Na und?

Er findet etwas lächerlich, wie sehr sie sich darum bemüht, unbeeindruckt zu wirken. Doch es macht ihn auch sicherer.

– Ich suche Arbeit, ich möchte helfen und etwas lernen.

Ihre krausen, grauen Brauen zucken.

– Sie haben wohl 'nen Vogel, sagt sie noch, dann fängt sie an zu rufen: Erwin, Erwin!

Doch als sie den abermals aufzuckenden Schrecken in Rezas Augen bemerkt, scheint etwas in ihr umzuschlagen. Sie hört auf mit dem Rufen, sieht ihn für einen Moment mit leichtem Widerwillen an.

– Na, was können Sie denn?

– Ach, ganz viel. Aber ich muss noch mehr können.

Das lässt sie plötzlich schmunzeln und sich in Gang setzen.

– Sagen Sie also, ja? Dann wollen wir mal gucken, stößt sie hervor. Kommense mal!

Sie deutet zum Hof und setzt sich in Bewegung, als im Stechschritt der Bauer um die Ecke kommt. Dünnen Flaum im dunkelbraunen Gesicht, leuchten seine vollen Haare strohfarben, und obwohl man auch ihm das Alter ansieht, spannen unter einem besudelten weißen Unterhemd seine Muskeln. Er trägt eine schienbeinlange, waldgrüne Arbeitshose, und aus seinen vom Dreck verklumpten Galoschen ragen ehemals hellbraune Stutzen. Unter kräftigem Aufstampfen bleibt er stehen.

– Was ist denn los, Roswitha? Er zögert. Soll ich die Knechte holen? Sie schüttelt nur den Kopf und atmet durch. Kurz steht eine Uneindeutigkeit zwischen ihnen in der Luft, die Reza Sorgen macht. Aber die Frau nimmt nur Anlauf.

– Beruhig dich, Erwin. Der junge Mann möchte anpacken!

Betontes Staunen und Mustern. Zurückweichen. Kopfschütteln und Schnauben. Ringen.

– Ist nicht wahr, oder? Anpacken, ja? So ein Bengel, der weiß Gott woher stammt.

Er betrachtet Reza kritisch, aber verlegen.

– Muss das jetzt sein?

– Wer weiß, wer weiß, bellt sie. Ob das sein muss? Es ist nun eben so.

– Was soll er denn machen?

– Na, helfen! ... Brauchst du keine Hilfe? Ihr kommt doch kaum hinterher mit dem Heu. Willst du, dass die Viecher verhungern? Darum könnte er sich doch erstmal kümmern. Ich passe schon auf.

– Du meinst, ich soll den an das Vieh lassen? Auf keinen Fall.

– Nun schau ihn dir doch erstmal an, senkt sich ihre Stimme wieder. Gerade wollte er erzählen, was er alles kann. Richtig, junger Mann?

– Ganz richtig, strahlt Reza.

– Also, bitte. Da hast du's. Stell dich nicht so quer.

– Wo haben Sie denn Deutsch gelernt?, wendet sich der Bauer unvermittelt an Reza.

– In der Schule, in Baden.

– Ach was.

– Das war mir sehr wichtig, es schnell zu lernen.

– Hörst du, sagt die Bäuerin, die mittlerweile hinter Reza steht wie seine Advokatin. Das war ihm wichtig!

– Na immerhin, lacht der Bauer lauthals heraus, ohne ginge es auch nicht. Sie müssen alles verstehen, hören Sie? Wenn nicht verstehen, gehen!

– Ja, ja, beteuert Reza, verstehen! Bitte machen Sie sich keine Sorgen.

Die beiden Alten sehen einander nun an, als würden sie etwas verabreden, wortlos.

– Na gut. Erwin.

– Reza.

Wieder sieht er zu seiner Frau und zurück zu Reza.

– Na dann mal los, raunzt Erwin, dreht sich um und stapft davon.

– Los, los, zischt die Bäuerin. Dann zeigen Sie mal. Ich bin die Roswitha.

Reza nickt höflich und eilt dem Bauern mit weit aufgerissenen Augen hinterher.

1993

Niklas ist der Diktator von Nord-Kuschelea. Sein gemütliches Reich erstreckt sich über die gesamte Matratze. Auf dem Kissen thront sein verschwitzter Kopf. Die Bettpfosten markieren die äußersten Wachtürme, dahinter fällt das Land ab ins tiefe Bodental.

Seit einigen Minuten herrscht Aufruhr im Land, auch wenn Niklas immer wieder auf das kleine Knöpfchen tippt. Dadurch kann er das endgültige Ausbrechen des Alarms noch ein wenig hinauszögern und sein Volk, das einige Milliarden Zellen umfasst, für den Moment im Dämmerzustand halten. Ein gutes Dutzend Kuscheltiere, die seine Vertrauten und sein Kabinett in Personalunion sind, ruht im Zwielicht. Frau Tiger aber scheint sehr erregt.

Und sie soll recht behalten mit ihrer Unruhe. Draußen rumpelt es schon. Die Tür springt auf, und Clara lehnt im Türrahmen. Nun muss sie sich anhören, sie sei die Vereinigten Staaten von Wachsein und rollt die Augen. Niklas stammelt, er wehre sich gegen die Behauptung, er reichere Kuschel-Atome an. Dies entspreche nicht der Wahrheit, ihre Behörden der Ungemütlichkeit hätten alles längst überprüft. Sein Reich habe sich nichts vorzuwerfen, es sei alles gut gemeint und nur im Sinne der Zellen.

– Weißt du, Niklas, manchmal frage ich mich, was eigentlich los ist. ... Geht das jetzt jeden Tag so? Ist ja toll, dass du es schön hast im Bett, aber ich muss los jetzt und du auch.

Warum man ihm einen Vorwurf daraus mache, es schön haben zu wollen, ruft er ihr entgegen, die Atome dienten höchstens der zivilen Nutzung. Niklas teilt seiner Mama offiziell mit, dass er soeben die nächste Alarmstufe ausgelöst habe, die nur innerhalb des Reichs zu hören sei. Diese Stufe würde veranlassen, dass nun seine Schergen ausschwärmen und ihre boshaften Intrigen sabotieren.

Clara schüttelt den Kopf, schließt geräuschvoll die Tür und motzt draußen weiter, dass er jetzt bitte aufstehen soll. Doch zu dieser Forderung hat sie kein Recht. Er aktiviert eine Welle neuer Flauschigkeit und reibt sein Gesicht im Kissenthron. Zwischen den Knien liegt die Steppdecke doppelt, damit die Knochen nicht aufeinander schaben. Das hat er bei seiner Oma gelernt. Schon schlummert er wieder ein und erinnert sich erst, wie ernst sie es meint, als sie abermals hineinstürmt und ihm die Decke wegzieht.

Weil auch ihr Blick es jetzt nicht mehr anders erlaubt, springt er viel zu schnell auf, sodass es sofort pocht im Magen. Und um zu verhindern, dass etwas hochkommt, läuft er ins Bad, wo er sich unter den Wasserhahn klemmt und sturztrinkt. Schon hat er die Hose an. Die Zähne putzt er mit Odol, weil sie das frischer macht als normale Paste, auch wenn seine Schwester sagt, das sei nicht für ihn und er solle den Mist lassen.

Er läuft an der pulsierenden Clara vorbei, die Treppe hinunter. Aus der Küche strömt der Duft gemahlener Bohnen. Weil er viel zu spät ist, schlingt er die Cornflakes, die seine Oma ihm bereitgestellt hat und die er deswegen nur noch mit Milch fluten muss, zügig und gierig hinunter. Oma sitzt ihm dabei gegenüber und schüttelt belustigt von seiner Eile den Kopf, er schaufelt die letzten bunten Weizenringe in sich hinein, winkt ihr zu und läuft hinaus, holt sein Rad aus der Garage und mäht klappernd durch die Fußgängerzone.

In der Klasse ist es so stickig, dass man nicht denken kann. Nur auswendig Gelerntes hilft einem weiter. Das sieht auch Herr Knauß ein und lässt kräftig reproduzieren. Erik steht mit dem Gesicht hauchdünn vor der Tafel und betet die Deklination von *porta* herunter. Fast berührt seine Nase den dunkelgrünen Schiefer. Herr Knauß hat ihm befohlen, jetzt nicht mehr zur Seite zu schauen, denn dort stehe nichts, das ihm weiterhelfe. Auch sei umgehend das Gemurmel einzustellen. Das wiederholt er mehrmals so, als habe er es bislang noch nicht gesagt. Doch nur langsam legt sich die Aufregung, die heitere Stimmung, und ganz zaghaft, ohne jede äußere Regung, bemüht sich Niklas, Erik hinüber zu telepathieren, dass Herr Knauß nicht porta, also Tor, sondern portus, den Hafen, dekliniert haben wollte.

Doch in seiner besinnungslosen Angst, seinen Eltern keine Versetzung anbieten zu können, und weil es nun einmal zufällig die a-Deklination ist, die er sich mit dem militäraffinen, stets in Forstjacke und dunkelgrüner Kordhose auftretenden Nachhilfelehrer Herrn Heise oben im Turmzimmer des Gymnasiums bis zum Umfallen hineingezimmert hat, stürzt sich Erik voller Verzweiflung auf das vertraute Präfix, rattert die Fälle hinunter wie das kleine Einmaleins, während Herr Knauß ihn sich wortlos in sein Verhängnis plappern lässt.

– Porta-portae-portae-portam-porta-portae-portarum-portis-portas-portis.

Mit jeder Silbe wähnt er sich sicherer, mit jeder reitet er sich mehr hinein. Der miese Schroth, der immer in der ersten Reihe hockt und unentwegt mit dem Finger schnipst, kichert gekünstelt vor sich hin. Als Erik fertig ist, sieht er Herrn Knauß erwartungsvoll an. Der schweigt und macht ein genießerisches Gesicht, weil er sonst wenig hat, um zu schweigen und zu genießen.

In der Klasse wird es unruhig, Erik sieht irritiert umher,

noch immer löst Herr Knauß das Missverständnis nicht auf, sondern verwandelt es in eine Frage, die dazu bestimmt ist, noch jemand anderen mit hineinzuziehen in den Schlamassel.
– Na, mucitos? Fehler erkannt?

Schroth grunzt ganz leicht, schnippt mit dem Finger und grinst. Dass er es weiß, wissen alle, darum sucht Herr Knauß nach jemand anderem, der genauso wenig weiß wie Erik. Die Wahl fällt auf Förster, der sich ansonsten immer vor allen Blamagen zu drücken versteht, sich nahezu unsichtbar macht, und während andere unverschuldet und trotz gutem Willen ständig auf der Hut sind, um nicht in die Bredouille zu geraten, ziehen an ihm auch jene Sorten von Unheil vorbei, die eigentlich sehr naheliegen, das peinliche und meist stümperhafte Vorexerzieren im Physiksaal etwa, das in aller Regel erfolglos abgebrochen wird, was vorn am Pult einen erst kühl konstatierenden, dann sichtlich ratlosen, dann schon fluchenden Lehrer zurücklässt; oder die geläufigen und von Elternschaft und Paukern zu normaler Strenge kleingeredeten Peinigungen des hünenhaften Sportlehrers, der sich nicht davon abhalten lässt, jemanden auch dann noch Anlauf nehmen zu lassen, wenn er schon etliche Male mit dem Bauch in den Bock gerannt ist und keuchend versucht, im Hallenmob unterzutauchen, selbst dann nicht, wenn es nicht mehr offensichtlicher sein kann, wie sehr es dem dort Keuchenden an Überwindung fehlt.
– Na, Boris, wie steht's mit dir?

In äußerster Langsamkeit hebt sich der Blick vom Tisch.
– Was?
– Boris. So weit ist es jetzt auch nicht her mit deinen Kenntnissen, dass du hier träumen kannst. Glaubst du, das fällt mir nicht auf? Ihr werdet euch alle noch wundern. Hier gibt's kein Latinum zu verschenken. Wenn ihr in der Uni sitzt und den Mist nachholen müsst, werdet ihr euch krankärgern. Da fresst ihr Staub.

– Entschuldigung, versucht es Förster nochmal, ich habe es nur nicht …
– Na, na, na, Schnuppi. Klappe halten, überlegen!
Schroth lacht hell auf. Wieder schnellt sein schnippender Arm in die Höhe. Doch Herr Knauß ignoriert es, sieht über ihn hinweg in die Runde. Sein Blick begutachtet gierig die einzelnen Reihen.
– Also … wer findet den Fehler?
– Wieso Fehler?, fährt es in diesem Moment aus Erik.
Herr Knauß schaut amüsiert.
– Pürzelchen, das war nix. Zuhören!
In Eriks Gesicht flammt Enttäuschung auf, ein hauchfeiner Schatten.
– Porta, wollten Sie, porta, portae, femininum. War doch richtig alles.
– Auf -us?
Herr Knauß sieht Erik im Wechsel mitleidig und schroff an.
– Das glaubst auch nur du.
– Aber … setzt Erik noch einmal an, findet schon kein Gehör mehr.
Das Schnippen Schroths ist nun kaum noch zu ertragen, selbst für Herrn Knauß nicht, und entnervt von allem gibt er nach, bedeutet ihm mit einer wedelnden Geste, zu sprechen.
– Erik, du solltest portus deklinieren, nicht porta, züngelt Schroth und spuckt über den halben Tisch. Zuhören!
Das letzte Wort steigert sein Vergnügen nochmal um ein Vielfaches.
– Iiieeehhh, macht Förster, der so tut, als sei auf seinem Mäppchen ein Tropfen gelandet, obwohl Schroth nach vorn spricht.
– Aha, sehr interessant, sagt Erik so laut, dass es sogar einen kleinen Hall gibt. Mit aller ihm möglichen Schärfe sieht er Schroth an.
– Ganz richtig, Schrötchen, sagt Herr Knauß.

– Tja Erik, war wohl noch nicht wirksam, die Büffelei, leiert Schroth und quietscht beseelt.
– Na dann, husch husch aufs Thrönchen. Das war wohl nix, sagt Herr Knauß.
– Du bist fällig, flüstert Erik im Vorbeigehen zu Schroth.
– Was hat der zwecklose Erik eigentlich schon wieder, meckert Schroth. Herr Knauß, haben Sie das gehört?
– Na, na, Fröthchen, lispelt Herr Knauß künstlich. Ruckthfuck ift die Freffe dick!

Herr Knauß hat jetzt genug und befiehlt Schroth, den anderen für den Rest der Stunde Ovid vorzulesen. So kann er sie strafen und muss zugleich nichts mehr tun. Niklas sieht zu Erik, seine Haut ist feucht und weiß.

Der vom Altbau umrahmte nördliche Schulhof ist das Stadion, in dem das UEFA-Cup-Halbfinale stattfindet. Das bislang wichtigste Spiel in der Zeit nach den Osterferien, und jetzt hat Manu, der verletzt ist und deswegen Schiedsrichter sein muss, zum Elfmeter gepfiffen. Der Gong der ersten Pause ist schon lange ertönt, sie befinden sich tief in der Nachspielzeit, und oben in den Fenstern des Altbaus, dessen dunkler Backstein vom Wein überwuchert ist und von dessen Dachrinne Taubenkot aus großer Höhe in die Tiefe platscht, reihen sich die Köpfe der Oberstufenschüler, von denen viele sie schallend auslachen und Papierkugeln und Müll auf das Spielfeld werfen.

Normalerweise ist Erik der Schütze, und kurz hebt er den extrakleinen Ball sogar auf und betrachtet ihn stumm, dann aber sucht er Niklas' Blick, und beide wissen sofort, dass heute *er* es machen muss. Nach dieser Stunde. Immer, wenn Erik in Latein an die Tafel musste, muss Niklas sich für Elfmeter bereit halten, und wenn sie beide vorne waren, auch.

Niklas spürt angesichts der Kulisse und des Spielstandes den ungeheuren Druck im Grunde nicht weniger, viel zu bedeutsam ist der heutige Ausgang der Partie, als dass er einfach so schießen könnte, ohne feste Taktik. Zumal einige der anderen allen Ernstes auch noch ihre Trikots mitgebracht haben. Sie selbst spielen wie immer ganz normal, in Jeans und Shirt, und im Vorbeigehen übergibt Erik Niklas den Ball. Sorgsam legt er ihn auf den mit geklauter Kreide markierten Punkt. Sofort fängt Beister an zu lamentieren, das sei zu nah, aber glücklicherweise bleibt Manu gelassen und weist ihn zurück, indem er auf ihn zeigt, pfeift und eine unsichtbare gelbe Karte aus seiner Tasche zieht. Niklas versucht, in den Tunnel zu gelangen, von dem der Spieler Chapuisat im Fernsehen gesprochen hat, in dem man nur noch den Ball und das Tor sieht und die Lücke, die ihm der bewegliche, aber nicht so kompakte Löbert bietet. Immer tiefer bewegt sich Niklas in diesen Tunnel hinein und bekommt nicht mehr mit, wie Beister sich fluchend hinter ihn stellt, von oben eine weitere Papierkugel im Strafraum landet und sich links und rechts von ihm alles in Startpose begibt, um einen möglichen Nachschuss mitzunehmen oder zu klären. Und ebenso wenig bemerkt er, dass eine Etage über dem Tor, oben am Fenster eine Gestalt erscheint und die Hände in die Hüften stemmt. Niklas hört nur noch Manus Pfiff, deutet die antäuschenden Bewegungen Löberts, pustet zwei Mal kräftig durch und schnauft durch die Nase, trippelt langsam an und beschleunigt, während oben die Gestalt die Fensterflügel aufreißt und sich hinauslehnt. Niklas trifft den Ball mit dem Innenspann. Zwischen linkem Arm und dem linken Bein Löberts knallt es auf der Hauswand, gar nicht weit entfernt von seinem Körper, viel zu mittig eigentlich, doch eben, die fehlende Kompaktheit, er bekommt die Gliedmaßen einfach nicht mehr geschlossen, hat sich im Grunde kaum bewegt, höchstens gezuckt und ähnlich wie ein Hampelmann im Sprung nur eine Täuschung auf die andere, nicht beschossene Seite gemacht. Sogar den Abdruck sieht man noch. Niklas schreit, reißt im Loslaufen die Arme nach oben, lässt sie wieder fallen, driftet seitlich weg, beschleunigt wieder und rennt zu den Mülltonnen, die eine Eckfahne bilden. Die anderen schreien auch und folgen ihm, die Gegner winken einander ab und zeigen dem, der das Foul begangen hat, einen Vogel oder den Scheibenwischer. Über dem Schulgelände erklingt der zweite Gong, und oben im Fenster ertönt eine Stimme.

– Ihr habt sie ja wohl nicht mehr alle!

Sie starren hinauf, sehen den Lehrer Köster und gefrieren.

– Es hat jetzt zum zweiten Mal gegongt, hallt es hinab, in diesem Moment habt ihr an eurem Platz zu sitzen. Darf man das jetzt nicht mehr erwarten? ... Oder wie stellt ihr euch das vor?

Seine Stimme geht auf und ab, niemand antwortet. Nur aus den anderen Fenstern schwappt der Spott der Älteren, und als der eher noch zunimmt anstatt abzuebben, ist es um den Lehrer Köster, der sich in seinem Beruf zunehmend unwohl und manchmal geradezu clownesk fühlt, geschehen. Er beginnt in einer Weise zu schreien, dass sie neben Verdutztheit und Belustigung nun auch der Schrecken erfasst, dort oben sogar zuallerletzt hängen bleibt, was an den Worten des Lehrers Köster liegt.

Die sind anfangs gar nicht so schlimm und erst recht nichts, das Oberstufenschüler berührt.

– Was ist denn da überall schon wieder los?, ruft er, kneift die Augen zusammen und sieht auf einen nicht auszumachenden Punkt, als würde er geblendet.

– Ist denn da nirgendwo ein Lehrer? Er macht eine Pause, dann setzt er nach. Wo sind eure Lehrer?

Aus dem Inneren einer Klasse im dritten Stock ist nun deutlich eine Imitation des Lehrers Köster zu vernehmen. Kurz darauf erschallen beherztes Lachen und Gejohle, auch Gerumpel ist zu hören und das Kreischen eines Mädchens. Der Lehrer Köster nimmt dies alles genau zur Kenntnis, seine Sensoren erhalten einen zusätzlichen Schub, er erwacht regelrecht wie aus einer vor langer Zeit eingenommenen Schonhaltung, und bedächtig, konzentriert und voller Demut saugt er die allgemeine Atmosphäre rings um den Hof in sich auf, sammelt sich, schweigt noch einen Augenblick lang, während die Jüngeren ihn noch immer beobachten. Niklas ist, als stünde alles auf der Welt still.

– Ihr!, ruft er. Sein Kopf wird rot, sein Zeigefinger fährt aus. Ihr macht Menschen kaputt! Ihr treibt Menschen in den Selbstmord! ... Ja, genau *das* macht ihr. Es *ist* einfach so.

Kurz atmet er durch.

– Jetzt aber, jetzt ... drehen wir den Spieß um!

Sagt es, nickt und wischt sich über die schwitzige Stirn, tritt zurück ins Innere. Die Fenster knallen zu, man hört die Scharniere, das Verriegeln, und viele Gesichter sind längst von den anderen Fenstern verschwunden, denn auch wenn niemand den Lehrer Köster jemals ernst genommen hat, fällt ihnen nun doch wieder ein, dass es sich bei ihm um den Oberstufenleiter handelt und er sich, wenn man ehrlich ist, wirklich lange Zeit zurückgehalten hat, vermutlich vor Scham, jedenfalls ohne Not. Und dass der Dank, den sie hierfür übrighatten, aus wenig mehr bestand als Respektlosigkeit, Hohn und Spott. Auch die anderen Fenster schließen sich der Reihe nach, hinter ihnen verklingen die Stimmen, und Stille kehrt ein auf dem Hof.

Niklas schlendert mit seinem Team hinauf zum B-Trakt, mit schweren Beinen schleppen sie sich über die Treppen, aber es fühlt sich an wie etwas Großes, sie haben sich selbst auch unter großem Druck bewiesen. Sie sind froh, dass die Oberstufe noch weit entfernt ist. Natürlich triezt der dämliche Schroth Erik, dass er Angst hatte zu schießen. Niklas aber erwähnt es nicht mehr.

Und selbst als sie die Tür öffnen, die Fassungslosigkeit in den Augen Frau Hofmanns sehen, ihre anfängliche Sprachlosigkeit, die nach wenigen Sekunden in schiere Wut umschlägt und sie mit Konsequenzen drohen lässt, kann das ihnen diesen Schulmorgen nicht mehr verderben, denn heute haben sie nicht weniger gelernt, als sich wortlos verlassen zu können.

Nach der Schule wissen sie trotzdem nichts mit sich anzufangen. Sheva besetzt die Glotze und droht mit Blicken, sobald man einen Fuß über die Schwelle zum Wohnzimmer setzt. Obwohl seine Oma sicher lieber hätte, dass Niklas mit Erik dort sitzt, traut sie sich nicht, etwas gegen Shevas Vormachtstellung zu sagen, und schmiert ihnen stattdessen lieber ein paar Stullen, die sie in einer Tupperdose stapelt, knackend verschließt und Niklas unauffällig zusteckt. Sheva findet, dass Niklas neuerdings zu dick ist. Ihm selbst fällt vor allem auf, um wie vieles härter sein Schuss dadurch geworden ist, dass er leicht zugenommen hat.

Sie gehen aus dem Haus, ziehen einmal quer durch die Fußgängerzone und müssen sich auf Domhöhe im Eingang eines Schreibwarengeschäftes verstecken, als sie in der Ferne, noch beim Stolper, den Stoßtrupp des Rothaarigen entdecken. Ganz gemächlich schlendert die Horde voran und prüft bei jedem Fahrrad, ob es abgeschlossen ist. Als sie nicht fündig werden, tritt einer von ihnen in die Speichen eines Hinterrads. Passanten drehen sich um, der Rote faucht sie sofort an, nicht so blöde zu glotzen.

Die Luft wird wieder rein, und sie laufen die Anhöhe hinauf. Nach einer Weile kommen sie bei Erik an. Wegen der Noten seines Bruders ist das Fernsehzimmer verschlossen. Wehmütig betrachten sie den ruhenden Super Nintendo durch die dünne Scheibe. Erik würde sie am liebsten eintreten, beherrscht sich aber, weil ihm gerade noch einfällt, dass der Nintendo dann ganz verschwinden würde. Eriks Mutter schießt aus der Küche und fragt, wie die Lateinstunde war. Ganz in Ordnung, behauptet Erik. Wirklich?, fragt sie.

Als er ihr genug dumme Antworten gegeben hat, verschwindet sie wieder in der Küche, und sie sehen sich im Keller um. Kurz überlegen sie, die alten Schwerter aus der Sammlung seines Opas zu nehmen und drohend damit durch die Stadt zu laufen, um Menschen zu verschrecken, doch als sie den Ball finden, den Eriks Mutter vergessen hat wegzusperren, stehlen sie sich hinaus und halten ihn für den restlichen Nachmittag vor Maria zur Wiese in der Luft, und manchmal, wenn gerade kein Spaziergänger zu sehen ist, jagen sie ihn mit dem Vollspann hoch oben gegen das Kirchengewölbe, wo er fast kurz zum Stehen kommt. Sie meinen, etwas splittern zu hören. Nach einem Moment der Stille, der wie ein Luftanhalten ist, fällt der Ball wieder, und kurz nachdem er vor ihnen auf das Pflaster knallt und zurück in die Luft springt, rieseln grüner Staub und sogar einzelne Stückchen hinunter in die Tiefe. Und dann sehen sie ihn, wie er durch den Garten des Pfarramtes wippt, der Kopf des Pfarrers, den die dumpfen Geräusche vom Schreibtisch losgerissen haben. Bevor er aber ausmachen kann, was Ursache und Folge dieser Geräusche war, sind sie schon um die Ecke, den Ball eng am Fuß.

Abends wissen sie sich vor Langeweile nicht mehr zu helfen, ziehen ein scharfes Messer aus dem Holzblock von Niklas' Oma und laufen in die Nordstadt. Kaum Lichter irgendwo, und als sie dort ankommen, ist auch der Himmel sternlos schwarz. Sie spazieren, kundschaften. Anfangs sind da nicht mehr als diese Blicke, die sie einander zuwerfen, sobald sie bestimmten Automarken begegnen. Doch es dauert nicht mehr lange, bis Erik den ersten Stern von der funkelnden Haube eines Mercedes bricht, und als benötige es hierzu keinerlei Absprache, sondern nur einvernehmliches Schweigen, macht es Niklas ihm nach, bis sie schließlich keinen mehr auslassen.

Mit dem Messer erstechen sie die Reifen. Die Reifen, sagen sie, sind die Opfer und Zeugen, die Sterne die Beute. Bald haben sie jeder ein knappes Dutzend beisammen. Niklas ist überrascht von Eriks Zielstrebigkeit und froh, dass man auch Unternehmungen dieser Art mit ihm machen kann, nicht weniger aber freut er sich auf seine Rückkehr. Zurück in sein Reich, zurück nach Nord-Kuschelea.

DRITTES BUCH

1948

Der Junge im Feudalherrenkostüm steigt majestätisch die zwei Stufen des Tritts aus dunklem Eibenholz hinab, lässt sich von seiner Frau Mama die Hand reichen und steht, als er wieder festen Boden unter sich hat, einmal stramm, spitzt etwas verstohlen den Mund, und seine Mutter betrachtet ihn, als sei er ein lebendes Geheimnis. Für die Aufnahmen hat er überraschend gut stillgehalten, dieses für sein Alter viel zu klein geratene Kraftpaket, dessen großer Vorteil schon jetzt darin besteht, meistens unterschätzt zu werden. Das wieder lässt die Überraschung und den Unmut auf der anderen Seite nur umso mehr anwachsen, wenn er den anderen Kindern bei den zaristischen Spielen regelmäßig davonläuft oder sie beim Stemmen von Hanteln um ganze Pfunde hinter sich lässt. Auch im Kinderringen macht er sich prächtig.

Nichts aber ändert dies an der Tatsache, dass sie gewarnt ist, gewarnt vor der Unnachgiebigkeit und Explosivität ihres Kindes, und nicht zuallerletzt sie selbst hat es schon schmerzlich spüren müssen, welch unruhige Kraft dort in dem Jungen schlummert. Ein wenig abfedern konnte sie es immer schon, indem sie ihn neben dem Sport so oft es geht hinaus zu den Ziegen und Hunden schickt, um sich mit und an ihnen auszutoben. Nicht mehr lange wird es dauern, bis sie ihn auf ein Pferd setzt, um sich in den weiten Steppen abzureagieren. Doch selbst das, ahnt sie, wird nicht genügen, denn sein Geist dürstet nach Beschäftigung, will herausgefordert werden, damit nicht alles in ihm umschlägt in schiere Wut und Kampfeslust.

Der Grad an Aufmerksamkeit aber, den er benötigt und einfordert, ist an Maßlosigkeit kaum zu überbieten, und als der Französischunterricht, den sie im Anschluss an die glücklicherweise halbwegs gelungenen Aufnahmen für zwei Nachmittagsstunden angesetzt hat, diesmal nicht nach dem Geschmack des jungen Herrn ist, beginnt er zu toben, indem er die Fäuste ballt und brüllend auf der Stelle springt. Seine gewarnte Mutter tritt einen Schritt zurück, sieht sich das Gezeter einen Atemzug lang an, um dann nach der Wache zu schnippen, die sie vor der Tür platziert hat. Sofort kommt ein Mann in enger weißer Uniform herein und marschiert zielgerichtet auf den Wüterich zu. Der fixiert ihn unverzüglich und nimmt seine Position der Starre ein. Die Wache packt Reza und hebt ihn an, seine Mutter deutet mit der Hand und einem Nicken nach oben, und auch der Mann will nicken, als Rezas eine kleine Faust ihn knapp unter dem linken Auge, die andere mitten auf der Nasenwurzel trifft. Reza wird fallengelassen und rollt sich ab, der Wachmann greift sich mit beiden Händen ins Gesicht, schwankt ein wenig vor und zurück. Reza kneift ihm in die Wade, spürt einen Tritt in die Seite und rollt sich abermals ab, springt unter den desillusionierten Blicken seiner Mutter wieder auf und rennt die zwei Stockwerke hoch in sein Zimmer. Ohne Begleitung.

1980

Warum sie ihr nicht frühzeitig mitgeteilt habe, dass es an Schmieröl fehle, meckert Clara, und Petra, die für den Nachschub zuständig ist, senkt ihren Blick. Die Füße der Näherinnen reiten auf den Pedalen, und wenn das Rattern der Maschinen ausnahmsweise für einen kurzen Moment aussetzt, hören sie knapp über sich das Schaben der Mäuse, die emsig über den Dachboden krabbeln. Der Karton mit den Abfallstücken, der in der Mitte des Raumes steht, quillt zunehmend über.
– Und *den*, wann leerst du *den*?
– Alles auf einmal kann ich auch nicht.
– Dann musst du lernen, dich so zu organisieren, dass das nicht auffällt. Mir zumindest nicht.

Sind es die zunehmend gereizten Töne, die sie auch zu Hause ausgemacht haben will, zwischen den immer nur andeutungsvollen Halbsätzen Cosmins, der in alle erdenklichen Wunden seine Finger legt, mit denen er sie selbst aber kaum noch zärtlich berührt? Färbt diese Stimmung ab auf das, was ihr noch immer wichtiger ist, wie sie sich selbst eingestehen muss? Jedenfalls erkennt sie sich kaum wieder und weiß, dass sie es so nicht lange durchhalten wird. Zwar bekommt die Kollektion, die sie in aller Heimlichkeit produziert, immer mehr Charakter, aber die doppelte und dreifache Arbeit, spürt sie zunehmend, macht etwas mit ihr. Gerade weil aber das, was es macht, nicht ausschließlich negative Spuren hinterlässt, fühlt es sich immer zwiespältiger an. Mit nichts beschäftigt sie sich lieber als mit den Stoffen und Mustern, und ja, auch immer noch mit den Fellen, selbst wenn es landesweit in letzter Zeit einige Demonstrationen gab. Aber waren die nicht harmlos? Das wird diese Branche doch wohl nicht stürzen, denkt sie, und erst recht wird es sie nicht von der Arbeit abhalten. Sogar den Förderpreis eines Design-Wettbewerbs hat sie gewonnen, bekam die ein oder andere Anfrage von fremden Unternehmen, doch vielleicht einmal etwas für sie zu entwerfen, gegen ein angemessenes Einstiegshonorar. Und auch, wenn sie sich nur in wenigen Fällen darauf eingelassen hat, sollte ihrem Vater das vorerst nicht zu Ohren kommen. Sie möchte ihn nicht endgültig verschrecken und erträgt zumindest beim Geschäftlichen gern sein wachendes Auge im Hintergrund, denn genau das, eine Geschäftsfrau, spürt sie, wird sie nicht mehr.

Auch darum wird es ihr immer wichtiger, denen hier oben einmal etwas anderes bieten zu können, ein hübscheres Umfeld, ein Gebäude ohne Nässe, Kälte und Ratten. Sie möchte nicht mehr auf Kosten und Gesundheit derjenigen sparen, die sie mit ihrem Vater ausgebildet hat und die ihr Kapital sind. Die Passage, inzwischen zu zwei Dritteln in Familienhand, sieht aus wie ein Goldpalast, und die Mitarbeiter stopft man unters Dach oder gleich in den Keller. Nicht mit ihr. Wenigstens fällt hier oben ein wenig Licht herein.

Etwas anderes zu machen, als die Firma zu übernehmen, bleibt ihr unterdessen nicht mehr übrig, denn jeder auch nur angedeutete Versuch, in eine andere Richtung zu argumentieren als eben diese eine, löste zuletzt nicht mehr aus als ein müdes Abwinken, das genauso grundsätzlich gemeint war, wie es unscheinbar daherkam. Ein Neigen des Kopfes, der sich daraufhin kaum merklich schüttelt, und es war klar, dass ihr Zurücktreten hiervon auch das Zurücktreten von einigem anderen bedeuten würde, das ihr Sicherheit bietet und ohne das sie nicht mehr kann. Umso schlimmer findet es Clara, dass sie unter dem Druck ihres eigenen Sicherheitsbedürfnisses zu dieser Entscheidung genötigt wird, ohne herausfinden zu können, wie es sich ohne das anfühlt, ohne die Ketten der Pflicht und des Gehorsams. Wie es wäre, hätte *nur sie* es gewollt. Doch seine Zeichen, die selbst in Momenten an der Kasse oder bei der Anprobe mit betuchter Kundschaft sichtbar sind und die Außenstehende meist kaum bemerken, empfindet sie als überdeutlich.

Wen juckt es, was sie will? Als Frau in diese Geschichte hier hineingeboren zu werden, denkt sie, ist wirklich kein Vergnügen. Um wie vieles leichter wäre es für alle, wenn sie ein Mann wäre. Dann wären seine größten Bedürfnisse wahrscheinlich schon befriedigt, und er gäbe ihr lange Leine. So, ist ihr Gefühl, muss er immer noch überwachen und sich einmischen, auch wo es gar nicht nötig ist. Das wieder macht sie nicht gerade sicher im Umgang mit den Näherinnen. Ist sie etwa zu hart? Manchmal hegt sie den Verdacht, es zu übertreiben, bis die Disziplin in der Truppe wieder einreißt und sie denkt, es sei umgekehrt. Etwas wie eine Mitte findet sie in der Ausübung ihrer Autorität bislang jedenfalls noch nicht.

Andererseits sind da die Worte ihrer Mutter, die es sich nicht nehmen lässt, sie konstant daran zu erinnern, dass der ihr bereitete Weg mehr ist, als die Frauen in ihrer Familie grundsätzlich erwarten dürfen. Sich ein bisschen wehren, den Freiraum so lange wie möglich aufrecht erhalten, das geht vielleicht. Das Unternehmen aber endgültig auszuschlagen, sagt Berta, das wäre mehr als Hohn. Und doch weiß Clara, dass die Abwehr nicht einfach von gestern auf heute aus ihr verschwunden ist.

Zudem muss sie nun eben eine vollständige Familie versorgen, die neben ihr aus einem Kleinkind und einem zunehmend garstigen, empfindlichen Studenten besteht. Auch die wachsende Handlungsfreiheit, was alles Nicht-Geschäftliche betrifft, verblüfft sie. Denn die Blicke ihres Vaters auf die Bilanzen bleiben zwar noch eine ganze Weile penibel, doch muss sie auch zugeben: von Einmischung in ihre Konzepte verliert sich zunehmend jede Spur. Was daran liegt, dass er die Unterschiede durchaus erkennt. *Wie* sie das Geschäft betreibt, muss ihm nicht unbedingt gefallen; es verdeutlicht aber, dass wieder einmal eine neue Zeit angebrochen ist, denn unabhängig von jeder Wertung gibt ihre Herangehensweise dem Unternehmen einen sichtlichen Schub, verleiht es ihm neue Energie. Nicht mehr nur Diener der Wohlhabendsten zu sein, sondern bald selbst einer, das war schon das Credo ihres Urgroßvaters, und nachdem ihr Vater sie ausgebildet und zur Handelsschule geschickt hat, so ahnt sie, kann er sie nun endlich in eine Chefin verwandeln, endlich selbst ihren Worten und Anweisungen folgen, ohne dass dies größeres öffentliches Aufsehen erregen würde. Schon lange fasst er nur noch Stücke der Stammkundschaft an, und auch nur die mit einem besonderen Reiz. So, wie er es sich lange gewünscht hat. Und natürlich misst er sie messerscharf an all den nassforschen Worten, mit denen sie seinen Führungsstil seit jeher zu kommentieren wusste, bis ins letzte Detail. Nun darf sie sich also wund ackern, mit den Wehwehchen der Mitarbeiter herumplagen, und auch alle anderen teils unsäglichen Scherereien gehen durch ihre Hände. Sie stellt fest, dass es zu deren weitgehender Bewältigung notwendig ist, einen bestimmten Gestus anzunehmen, der vor allem von Wiederholungen lebt und es ihr ein wenig erleichtert, nicht mehr nach links und rechts zu sehen.

Die kommende Woche wird noch einmal zäher. Alle haben sie unentwegt Fragen, als sei nicht vollkommen klar, was eines jeden Aufgabe sei. Kurz vor Feierabend hält sich Clara im Keller auf. Mit einem Ruck zieht sie die Felle vom Zwecktisch und gibt sie in die Trommel mit den Spänen. Es sind die letzten Handgriffe des Abends. In aller Frühe klebte ein Pappschild am Eingang der Passage, auf das *Mörder* geschrieben war. Erschrocken riss sie es herunter und warf es verstohlen ins Altpapier.

Nun kommt sie schwer bepackt die Kellertreppe hinauf. Im ganzen Treppenhaus, dessen Eingang auf die Passage führt und schräg gegenüber vom Hauptgeschäft liegt, riecht es nach einer Mischung aus Feuchtigkeit und Tier und immer auch ein wenig nach Erbsensuppe, denn auf halber Höhe wohnt Alma, die ewig meckernde Mutter des Pächters.

Mit dem Ellenbogen drückt Clara die Klinke der Haustür nach unten, zieht sie langsam auf. Und erschrickt. Durch die Glasscheiben der Schaufensterfront sieht sie ihren Vater mit einer der Näherinnen, der Else, im Verkaufsraum stehen. Er sieht auf die Passage hinaus, Clara reißt den Kopf nach hinten, aber wegen seiner schlechten Augen erkennt er offenbar nicht, dass ihr Ellenbogen noch immer die Tür aufhält. Die Näherin sieht sich nicht um. Clara schiebt ihren Kopf wieder vor, Willi greift jetzt nach Elses Hand, führt sie zu seinem Mund und küsst sie.

Clara durchfährt ein kaltes Brennen, das sich im Hals in ein Pochen verwandelt. Etwas Spitzes drückt von innen gegen ihre Speiseröhre. Nur *fast* lautlos lässt sie die Tür wieder ins Schloss sinken, atmet durch. Eilig stellt sie den Korb mit den Waren auf das ebenfalls im Erdgeschoss befindliche Dienstklo, geht wieder zur Tür und kniet sich hin, öffnet den Briefschlitz. Die Münder öffnen und schließen sich, Clara hört nichts. Willi umarmt Else, daraufhin packt sie ihre Tasche und verlässt den Laden, geht direkt auf die Tür des Treppenhauses zu. Clara springt auf und rennt wieder hinunter ins Kellergewölbe und dort bis in die letzte düstere Ecke hinein. Das Fräulein stakst die Treppe hinab, klimpert mit dem Schlüssel, geht noch einmal ins Lager. Was will sie da? Sie zieht die Tür hinter sich zu

und verschließt sie. Einen kurzen Moment lang lauscht Clara, dann schleicht sie zurück nach oben. Als sie dort ankommt, erscheint hinter dem Milchglas der Tür ein schwarzer Schatten, der offenbar in seinen Taschen nach etwas kramt. Doch noch einmal wegzurennen, darauf ist ihr die Lust vergangen, und mit einem kräftigen Ruck reißt sie die Tür auf. Er reagiert verzögert, dafür ist sein Staunen umso größer.
– Clara. Wo warst du?
– Ich? Arbeiten?
– Du bist noch hier?
– Offenbar.
– Aber wo denn nur?
– Im Dachgeschoss, füttern.
– Aber im Keller warst du gerade nicht mehr?
– Wieso?
– Ach, nur, weil ... ich habe irgendwo mein gutes Kürschnermesser liegenlassen. Das hast du nicht gesehen?
– Wäre mir aufgefallen.
– ... Gut, gut. Na dann.
– Bleibst du noch?
– Ein Bördchen annähen für den Seeberg, kleiner Freundschaftsdienst ... Braucht er bis morgen.
– Verstehe, sicher.
– Also ...
– Ja.

Sie schieben sich aneinander vorbei durch die Tür. Den Laden hat er bereits abgeschlossen, nur ganz hinten brennt noch eine Lampe. Sie geht noch einmal hinein und holt ihren Kram, dann macht sie sich auf den Weg nach Hause.

Auf dem Kanapee im Wohnzimmer liegt ihre Mutter und reibt sich die Beine ein. Sheva und Cosmin sitzen bereits im Wohnzimmer. Wortlos starren sie auf den Fernseher, in dem eine

Vorabendsendung läuft. Als Sheva aufstehen will, schaltet ihr Vater sich ein.
– Was machst du?
– Muss auf Toilette, sagt Sheva.
– Auf *die* Toilette, Papa, heißt das.
– Regungslos sieht sie ihn an.
– Gut, dann los. Geh schon.

In der Küche wärmt Clara das von ihrer Mutter zubereitete Essen auf, und während sie noch ein wenig darin rührt, fallen ihr siedendheiß die Felle auf dem Dienstklo ein. Kurz versetzt es ihr einen richtigen Schrecken, obwohl es außer ihrem Vater heute niemand mehr betreten wird. Zwar könnte er sich fragen, wie die Felle dahin gelangt sind, aber nach seinem zwielichtigen Treiben, hofft sie, wird er sich unangenehme Fragen im eigenen Interesse verkneifen.

Was aber soll sie ihrer Mutter sagen? Nichts. Sie wird dieses Geheimnis strengstens hüten, ihre Mutter würde es nicht überleben. Sheva kommt in die Küche gelaufen und setzt sich an den Tisch. Kurz darauf erscheint Cosmin im Türrahmen, lässt seinen Blick durch den Raum schweifen, dann faucht er seine Tochter an.
– Das war aber länger als verabredet.

Sheva schaut eingeschüchtert, Clara skeptisch.
– Was meinst du?
– Ich rede nur mit meiner Tochter, Clara.
– Hör mal, fährt sie eine Lage höher, könnt ihr euch jetzt vielleicht mal vertragen? Ich kann das gerade wirklich nicht gebrauchen.
– Aber Clara, sagt Cosmin. Das hat doch damit nichts zu tun. Glaubst du, da bist du die einzige? Ich brauche hier einfach ein bisschen mehr Ordnung. Sonst kann ich mich nicht aufs Lernen konzentrieren.
– Bitte, setz dich doch jetzt hin.

Cosmin nimmt neben seiner Tochter Platz. Sheva mustert ihn unauffällig von der Seite. Sein Blick fährt herum.
– Sitz gerade, Sheva.

Mit beiden Händen richtet er ihre Position, Shevas Blick wandert auf ihren Teller.
– Clara, ich will mal ehrlich sein. Leider muss ich zugeben, dass ich wirklich nicht glücklich bin. Über Shevas Manieren, verstehst du. Entweder du gehst das stärker an, oder ich muss nachhelfen.
– Was musst du denn nachhelfen?
– Na, du siehst es doch.
– Also langsam geht's los, fährt Clara hoch, ich weiß nicht, wie du auf so etwas kommst.
– Wie ich darauf komme? Was ist eigentlich los in deinem Kopf? Was ist da drin, Wasser?

Clara antwortet darauf nicht, sondern reißt Schubladen und Schränke auf und zu, wuchtet Teller und Geschirr auf den Tisch und sieht ihn nur einmal kurz und scharf an. Doch er nimmt Fahrt auf.
– Ihr habt alles hier, in diesem Land, seit Ewigkeiten, könnt euch frei entwickeln, und was macht ihr draus? Wie Bourgeois lauft ihr herum, aber in Wahrheit seid ihr Proletarier!
– Pass mal auf, Freundchen, das ist hier nicht dein Bolschewikenstaat, motzt Clara, ihre Stimme überschlägt sich. Das ist ja wohl ein Witz, was du da schon wieder redest. Hast du noch mehr davon?

Sie essen wortlos, Sheva schaut kaum auf.
– Wie war es bei deiner Freundin, fragt Clara vorsichtig.

Sheva reagiert nicht. Lustlos stochert sie in ihren Erbsen.
– Hallo! Aufwachen!, herrscht Cosmin sie an, dir wurde eine Frage gestellt.
– Nun lass sie doch mal in Ruhe, bemüht sich Clara zu deeskalieren.

– Und gerade sitzen beim Essen habe ich gesagt!

Er führt seine Gabel an Shevas Rücken und drückt sie hinein.

Das Kind schreit. Clara springt auf.

– Raus! … Raus jetzt, sofort! Da ist die Tür. Du kannst gehen!

1971

Reza ackert auf den Feldern, studiert, ackert wieder auf den Feldern. Mittlerweile gelingt es ihm immer besser, sinnvolle Verbindungen herzustellen zwischen dem, was draußen in der kühlen Erde und drinnen, in der stickigen Wärme des Seminars geschieht. Er erkennt immer genauer, was Erwin gut macht, in welchen Handlungen ein besonderer Sinn liegt, und erlebt so, was natürliche Schläue, die auf der Erfahrung basiert, alle erdenklichen Fehler einmal selbst gemacht zu haben, von angelesener unterscheidet. Und auch, wenn Erwin die Fehler selbst nicht mehr machen musste, weil ihm das uralte Wissen darüber bereits mitgegeben wurde, musste sie doch einer seiner Vorfahren stellvertretend für ihn machen. Wer aber alle Erfahrung selbst gemacht hat und sich dauerhaft auf sie verlassen kann, hat keinen Grund, sich Rat bei jemandem wie ihm einzuholen, denkt Reza. Das ist hier nicht anders als in Iran. Und Reza hat einen echten Prototypen gefunden, der sich von den Bauern in seiner Heimat im Prinzip nicht gravierend unterscheidet. Oder doch? Erwin weiß so unbeschreiblich viel mehr als er, ohne je eine Universität von innen gesehen zu haben. Er benötigt keine Zeitung, um zu ahnen, wie das Wetter wird. Seine Saat sät er, wenn sein Pulsschlag es ihm gebietet, und ob es Niederschlag gibt, erriecht er an der frischen Luft. Reza will ihn und sein Verhalten ausführlich studieren.

Alles, was ihnen die Professoren mühsam vermitteln, scheint Erwin auf eine geheimnisvolle, aber natürliche Weise eingeflüstert zu werden, von einer unbekannten Kraft, die auch dann aus seinem runden Gesicht hinausstrahlt, wenn er wie meist unfreundlich in die Ferne starrt.

Was wiederum nicht bedeutet, dass er seinen Verstand nicht benutzt. Der scheint erst die Voraussetzung dafür, dass er sich auf seinen Instinkt verlassen kann. Und obwohl Reza beeindruckt ist angesichts der Zielsicherheit seiner Griffe und Entscheidungen, misstraut er zunehmend dem mystischen Schauspiel, das Erwin so gern vollführt: den Blick gen Abendsonne gerichtet, die Hand als Schirm über den Brauen, dann ein tiefes Einatmen, den kleinen Finger befeuchtet und in den Wind gestreckt. Es muss doch, denkt Reza, handfeste Gründe für all das geben, und insbesondere dafür, dass manche Dinge in der Landwirtschaft auf die eine oder die andere Art erledigt werden können, andere dagegen niemals, ohne dass je erörtert worden wäre, weshalb das so ist.

Abends sitzt er an seinem Schreibtisch, schlürft Darjeeling und liest sich durch alles, was er zu den Themen Bodennutzung, Düngung und Viehwirtschaft, aber auch zur Hydraulik, Mechanik und Motorisierung findet. Er wähnt sich so sicher wie noch nie, dass sein Land ihn brauchen wird. Auch scheint es ihm nicht mehr ganz so vermessen wie noch anfangs, dass eine der wunderbaren Frauen dieser immer grüner leuchtenden Stadt ihn einmal begleiten wird, zurück nach Hause. Nur welche, das weiß er noch nicht.

Clara wird es wahrscheinlich nicht sein, ihre Signale wirken zu ablehnend auf ihn, als dass er sich Chancen ausrechnet. Was Bettina betrifft, verhält sich das anders. Sie erscheint ihm geeignet und gewillt, eine Familie beieinanderzuhalten, ihn bei der Bewirtschaftung eines Gutes zu unterstützen und ihm den Rücken freizuschaufeln bei seinen Versuchen, die hier gewonnenen Erkenntnisse selbst anzuwenden, statt sie den vor Bequemlichkeit und Ängstlichkeit erstarrten Ingenieuren des Schahs in den Schlund zu werfen, die am Hof in saturierter Koketterie dahindämmern und in einem falschen Glauben an einen falschen Fortschritt leben.

Reza sieht keinen Grund, es anderen zu überlassen, den Schah und die eigenen Eltern glücklich zu machen und ein neues Land zu entwerfen, einen neuen Iran. Nach dem Studium, hofft er, wird er noch effektiver vorgehen können bei seinen Nachforschungen, um bald darauf zurückkehren zu können, voll von nützlichem Wissen. Allerdings hat sich inzwischen auch noch eine andere Neuigkeit ergeben, die seine Pläne nicht nur gefährdet, sondern andererseits auch in ihrem tiefsten Fundament stützt. Denn nur wenige Monate, nachdem Bettina ihn von ihrer, wie er findet, erfreulicherweise festgestellten Schwangerschaft unterrichtet, tritt auch Clara eines Abends mit derselben Botschaft an ihn heran.

Nachdem sie es ausgesprochen hat, stammelt er ein wenig, spürt Schock und Freude in einem, eine gewisse Verblüffung auch, und denkt schneller, als ihm lieb ist, an die peinlich genau limitierten monatlichen Zuwendungen seiner Versender, an seinen Stundenlohn auf dem Hof und geht darum am nächsten Morgen mit gesenktem Kopf zur Weka, um sich eine Stelle an der Kasse zu besorgen. Sie nehmen ihn sofort, und von nun an wird die Zeit, die ihm fürs Studium bleibt, dünn. Noch schlimmer aber, auch seine Zeit für Erwin.

Anfangs kann Reza ihn noch mit Verpflichtungen in der Universität vertrösten, die durch den anstehenden Abschluss immer mehr knebeln, dann aber entdeckt ihn ein Knecht beim Einkauf und petzt, woraufhin Erwin ihn vor die Wahl stellt. Feld oder Kasse? Für Reza ist es keine Frage. Trotzdem muss ihm etwas einfallen.

Er überlegt, zögert, kombiniert und rechnet, nimmt Einbußen hier und da in Kauf, um möglichst alles unter einen Hut zu bekommen. Er überlegt wieder, stutzt, erkennt den Mangel an Zeit, es geht nicht auf. An mehr als einer Stelle wird ihm etwas fehlen.

Ausgerechnet jetzt kommt es seinen Versendern in den Sinn, sein Pensum auszudehnen, denn er erhält neue Anweisungen und Interessenbekundungen, eine satte Akte voll.

An einem verregneten Samstagmorgen setzt er sich in eine rostige Regionalbahn. In einem der großen westdeutschen Hauptbahnhöfe steigt er aus, betritt eine Toilette und wartet, bis die Kontaktperson aus der Kabine tritt, geht wortlos vorüber, ohne den Mann anzusehen, und verschließt die Tür. Das ist der Moment, in dem es ihn plötzlich doch wieder packt, das leise Grauen, indem es sich durch schlichtes Herzrasen bemerkbar macht. Er greift nach der Ledermappe, verstaut sie unter seinem Mantel und verlässt, ohne sich noch einmal umzusehen, den Sanitärbereich.

Auf der Rückfahrt kommt er nicht umhin, sich die ganze Zeit umzusehen. Wer ihn bis hierher beobachtet hat, könnte jetzt zuschlagen. Müsste es sogar. Doch es geschieht nichts. Gibt es etwa niemanden in Deutschland, der misstrauisch geworden wäre, der sich für seine Umtriebe interessiert und ihn schon lange ins Visier genommen hat? Neben den Dokumenten, die sie anfordern, und den Fragen, die sie stellen, erwähnen sie erstmals Ziele für die Zeit nach dem Studium, das sie ihm raten, lieber gut abzuschließen, denn das sei der Auftrag und davon hänge vieles Weitere ab.

Anscheinend haben sie seine Gedanken gelesen, denn mittelfristig ist es ihr Ziel, ihn in der sogenannten *geteilten Stadt* zu platzieren, also genau dort, wo er sich selbst vorläufig, bis zu seiner ruhmreichen Rückkehr, sieht, um dort Politik oder Jura zu studieren und sich in die wirklich wichtigen Kreise hineinzubewegen. Wie funktioniert das, fragen sie in einem der vielen Beipackzettel, die sich in der Mappe finden, wie funktioniert diese sich in Deutschland anbahnende, unübersichtliche Revolution, welche Sanktionen hätten deren Protagonisten zu fürchten, und über welche Maßnahmen des Staates lachen sie nur? Wie verständigen sich die geheimen Vertreter beider Seiten und verhandeln Bedingungen? Worauf kommt es dabei an?

Das war zwar nicht seine Absicht: bloßes Ansammeln und Weitergeben von politischen Informationen. Vielmehr möchte er seinen technologischen Ansatz perfektionieren. Aber wenn es das ist, was sie gerade von ihm wünschen und ihn diese Nummer auf der Leiter des Schahs nach oben befördert, dann soll es eben so sein. Vorläufig. Denn natürlich bleibt ihm der deutsche Boden vor allem ein vorzügliches Testfeld. Seine wahren Taten hebt er sich jedoch auf. Für Teheran. Für Hamadan.

Ungelegen kommen ihm die vielen Vorsichtsmaßnahmen, die auf einem Beiblatt genau beschrieben werden und um die er nicht herumkommt, bevor er die von ihm gesammelten Dokumente an die ebenfalls in der Mappe zu findende, neue Adresse in Bad Berleburg senden kann. Und was haben sie nur mit diesen Bädern? Seine Konzentration schwindet nach langen Tagen, umso mehr angesichts dessen, dass er bald wieder auf dem Feld steht und darauf wiederum ins Seminar muss, und vielleicht sind es einfach diese Umstände, die ihn trotz aller Disziplin zur Schludrigkeit verführen, die Übersicht entgleitet ihm, er ist sich seiner Sache nicht mehr sicher.

Quellen, Daten, Kommentare, er kann diesmal nur hoffen, dass das von ihm entworfene Bild in groben Zügen zutrifft, und bevor ihm für heute die Augen zufallen, fügt er seinem Kuvert neben den erwünschten Unterlagen die Bitte hinzu, ihn vorerst etwas üppiger zu versorgen, da er den hiesigen Anforderungen ansonsten nicht mehr gerecht werden könne.

Mit dem guten Gefühl, dass sie es verstehen und sicherlich auch kein Risiko eingehen werden, was seine Unternehmungen betrifft, entscheidet sich Reza, Erwin neben dem Studium doch noch eine Weile lang zur Hand zu gehen.

Bei der Weka kündigt er am nächsten Morgen wieder. Genervt reißt ihm die Bürokraft seine Sachen aus der Hand.

Härter ist sie, die Arbeit in den Ställen, auf den Äckern und in der Scheune, doch wenn ihm der bitterkalte Wind ins Gesicht fährt, die schwarze Erde unter seinen Nägeln trocknet und er ununterbrochen das Ammoniak atmet, vergisst er beinahe wieder, wie lange er nicht mehr zu Hause war. Und er muss es vergessen, will er weiterhin funktionieren, denn abgesehen von einem kurzgehaltenen Ausflug nehmen seine Versender ihr Versprechen, ihn in gewissen Abständen einzufliegen, schon lange nicht mehr ernst, sondern vertrösten ihn regelmäßig mit Gewäsch über Risiken und akute Notwendigkeiten, und bloß ein einziges Mal in den vergangenen drei Jahren waren den Unterlagen Briefe seiner Eltern beigelegt.

Nachdem Reza vom frühen Morgen bis in den Abend hinein zusammen mit den Knechten die Ochsen nach vorn peitschte, die den Pflug durch den Schlamm zerren, fahren sie ihn nun wieder zum Hof und stellen ihn unter. Überall haben sich Höfe längst der Mechanisierung unterworfen, schaffen teure Maschinen an, und angesichts der Anstrengung fragt sich Reza hin und wieder, warum er nicht einfach kündigt und einen anderen Bauern sucht. Diese elende Quälerei von Tier und Mensch, denkt er, sie muss eines Tages ein Ende finden, und zwar überall und zur Not per Verordnung, und auch, wenn ihm die Kommunisten und Sozialdemokraten, auch die Adorniten und ohnehin die Trotzkisten, die sich neuerdings überall einmischen, nicht unsympathisch sind, sieht und ahnt er eine weitere Bewegung heraufdämmern, eine andere Form von Revolution, und zwar keine rote, sondern eine Art grüne Revolution, die aber erst ermöglicht wird durch die Modernisierung und bei der alles auf die Schonung der Kräfte und Ressourcen angelegt ist, um sie auf das Eigentliche zu verwenden.

Reza vermutet, dass die bloße Gülle nicht gut ist für den Boden, das Grundwasser, aber noch gibt es keine andere Wahl. Alle möglichen Leute entwickeln undurchsichtige Gebräue, welche der Gülle beizumischen seien. Der Erwin lehnt sie durchweg ab.

Schlapp trotten sie nun über den Hof, durch den Hintereingang gehen sie ins Bauernhaus.

– Schuhe draußen abstellen!, blafft ihn Robert, der große Knecht, an, oder glaubste, du bist'n Fürst?

Der andere lacht scheppernd, sie tasten sich ins wenig belichtete Innere vor. Die Stube öffnet sich, es wird heller, an der langen Holztafel sitzen Erwin, seine Frau, die Mägde und die beiden Kinder, und als sie aufsehen, deutet Erwin auf die freien Plätze.

– Da ham'wa woll für dieses Jahr was erreicht, frohlockt er, die anderen nicken.

Gerda, eine der Mägde, steht auf, greift zum Topf, schmettert ihnen mit der Kelle das Püree auf die Teller. Darüber gießt sie Bratensud und legt ein rosiges Stück Fleisch an den Rand. Erwin beobachtet streng, aber wohlwollend ihre Handgriffe und freut sich sichtlich, als sich alle drei artig bedanken. Die Knechte beginnen umstandslos ohne jedes Maß zu schlemmen, während Reza alles sorgfältig zurechtschnitzt.

– Nun man zu!, feuert Erwin ihn an, lacht.

Sie essen, bis sie nicht mehr können, denn weil Erwin tatsächlich zufrieden scheint, hört es nicht auf, von allem zu geben, dem Braten, der Soße, dem Püree und dem Kraut, rotem und weißem. Am Tisch wird kaum gesprochen, was nichts daran ändert, dass ein unglaublicher Geräuschpegel herrscht. Es klimpert und klirrt, schlürft und schmatzt. Alle sind versunken in ihr gesegnetes Mahl. Dennoch merkt Erwin nach einer Weile auf, betrachtet Reza. Der bemerkt es zwar, tut aber so, als bekomme er nichts mit.

– Lütt, poltert Erwin mit einem Mal, Lütt! Komm menn' hier bei!

Reza sieht ihn an und zurück in die Runde, wartet ab, vernimmt Erwins *Na komm, was is nu*, steht auf und macht die paar Schritte, bleibt neben ihm stehen. Erwin zupft ihn am Ärmel.

– Ja nu, setz dich mal hier bei!

Mit einer Handbewegung scheucht er die Mägde einen Sitz weiter.

– Lütt, was willst du erreichen mal? Auch 'nen eig'nen Hof? Wird nicht leicht. Es verändert sich aber auch zu schnell alles, die ganze Technik! Nicht nur Gutes dabei. Und dann die Hochschule, Kerl, die machen vielleicht einen Druck, dass man sich mit denen zusammensetzt. Aber mir ist schon klar, was die wollen. Dass ich denen ihren Kram abkaufe. Aber, Lütt, ich brauch es nicht. Ich komm auch so gut zurecht.

– Das verstehe ich, sagt Reza leise. Und ich kann mir auch nicht erlauben, Ihnen etwas anderes zu raten. Trotzdem glaube ich, dass die Technik schon heute viel Gutes leistet, und eines Tages wird sie noch mehr leisten.

Einer der Knechte schnaubt, lacht und schüttelt langsam den Kopf.

– Spinner, murmelt er.

– Na, na, fährt Roswitha, von der man schon lange nichts mehr gehört hat, plötzlich hoch, zügel dein Mundwerk!

– Doch, sagt Reza, alles wird mit sicherer, günstiger und schonender Energie betrieben werden, die menschliche Arbeitskraft wird auf die Planung und die Kontrolle angewendet werden, wir werden mithilfe von Maschinen das Leid der Tiere verringern und müssen nicht mehr selbst übers Feld waten, nicht mehr den Ochsen auspeitschen. Aus den wenigen

stinkenden Träckern werden viele abgasfreie werden, glauben Sie mir. Es wird eine vollkommen neue Welt.
– Der hat sie doch nicht alle, stöhnt Robert und hebt das Bier an, das Gerda ihm hingestellt hat.
– Das nicht, sagt der andere. Aber es ist Zukunftsmusik!
– Nun lasst ihn doch wenigstens mal erzählen, sagt Erwin, ich bin ja auch nicht gerade begeistert, aber wenn man die Gelegenheit hat, sich das im Vertrauen anzuhören, ja warum denn nicht. Wenn es wirklich so kommt, Lütt, dann kannst du ja den Hof übernehmen.

Als Erwin sich ins Innere des Hauses verabschiedet und sie hinausgehen, stellt ihm der eine Knecht ein Bein, sodass er mit dem Socken voraus in die nasse Erde tritt. Donnernd lachen sie, ihre Züge werden bösartig.
– Sei bloß vorsichtig, Kanacke! Wenn du dich hier weiter so wichtig tust, müssen wir uns noch was anderes überlegen.

Sie schauen ihn so düster wie möglich an, drehen sich um und stapfen davon in die Nacht.

Die nächsten Wochen werden hart in einer Weise, wie sie Reza noch nie erlebt hat, wie er sie erst recht von seiner Arbeit auf dem väterlichen Gut nicht kennt und die er angesichts des Frohmuts, den Erwin beim Abendessen verströmte, so nicht erwartet hat. Sie füttern die Tiere, pflügen die Äcker, stapeln das herb duftende Heu, stemmen sich in die Frische des Windes. Und auch, wenn Erwin bislang scheinbar alles zu beherrschen schien, mit wenigem viel bewirkte, sich auf seinen Instinkt verlassen konnte, werden die Mängel dieser Form des Wirtschaftens doch mit den Tagen, Wochen und Monaten immer sichtbarer, peinlich sichtbar geradezu, sodass es Reza beinahe schon wieder verdrängen möchte, so unangenehm sind ihm die Situationen, in denen die Rückständigkeit offenkundig wird. Überall fehlt es an bestimmten Dingen, und auch

Erwin scheint zunehmend erschöpft von den täglichen Hiobsbotschaften, die ihm die Knechte bringen. Gegen Wetter, wenn es nicht mitspielt, ist eben doch nichts auszurichten, und die Geißel, von dem dünnen Faden abhängig zu sein, mit dem der Hof an der Elektrizität hängt, wollte er allzu lang nicht sehen. Wie sehr hat ihn das Drängen der Hochschule, sich technisch weiterzuentwickeln, immer gekränkt, wie bedroht sieht er seinen naturgegebenen Status als Hüter eines alten Wissens und wie genau meint er in diesem Moment zu spüren, dass es höchste Zeit ist, aus seinem mittelalterlichen Schlummer zu erwachen. Vielleicht, denkt Erwin, ist Reza mit seinem natürlichen Verhältnis zur Technik genau derjenige, der es seinen Leuten auf sanfte Weise näherbringen kann. Was er aber in jedem Fall endlich tun muss: sich diesen Burschen zunutze machen.

1990

Niklas stützt die Ellenbogen auf die Fensterbank und sieht dem Regen bei seiner Arbeit zu. Noch immer weiß niemand, dass er existiert. Jedenfalls nicht diejenigen, die es wissen sollten, wenn er von seinem starken Wunsch ausgeht, dass einen, wenn schon nicht die ganze Welt oder Deutschland, doch zumindest diejenigen kennen müssen, die so sind wie man selbst. Wie viel Unterschied das mit der anderen Mutter genau macht, beschäftigt ihn seit einiger Zeit neben den neuen Tierstickern im *Allerlei* am meisten. Seine fremden Geschwister, von denen er ja sogar einige besitzt, wenn man dem ganzen Gerede trauen kann, sitzen irgendwo in ihrem Zimmer und wissen vielleicht gar nichts von ihm. Vielleicht sind sie ja sogar auch voneinander getrennt. Niemand kennt dafür die Gründe oder sagt, warum so etwas Seltsames geschieht, niemand gibt sich die Mühe, es ihm zu erklären. Dabei wäre doch eine Erklärung etwas, das ihm wirklich weiterhelfen würde. Eher geben sie sich allergrößte Mühe, nicht darüber zu sprechen.

Das wieder wirft für Niklas die Frage auf, weshalb sie dann überhaupt über diese komischen Dinge reden. Man hätte es ihm am besten nicht gesagt, denkt er, selbst wenn es stimmt, aber seine Mama betont regelmäßig, sie sage ab jetzt nur noch, was sie wolle in diesem Haus, sie würde immer die Wahrheit aussprechen, sie kehre nichts mehr unter den Teppich.

Niklas hätte sehr gern, dass sie das macht, Sachen unter den Teppich kehren. Es bedeutet anscheinend, dass man dann nicht mehr davon spricht. Seine Oma hat das auch mal so gesagt, genauso der Sachkundelehrer. Warum also nicht?

Aber jetzt weiß er es eben, und es ist zu spät, und jetzt möchte er natürlich gern noch viel mehr erfahren, ununterbrochen eigentlich, doch genauso weiß er, dass er jetzt nicht mehr danach fragen darf, wo er schon so oft gefragt hat. Er kennt sogar schon einen Namen, aber noch immer kein einziges Gesicht.

– Hier und da ginge es schon, sagt sein Vater bei einem ihrer Telefonate. Die wohnen aber schon gar nicht mehr bei mir.

Das erstaunt Niklas.

– Was, so alt sind die?

– So alt nun auch wieder nicht.

Sein Vater schnauft aus der Muschel. Niklas möge sich gedulden, es werde sich bestimmt eine Gelegenheit ergeben, und wenn er die Mama nicht zu viel frage, werde es mit Sicherheit noch etwas leichter, das mal zu arrangieren.

Nass und grau fährt der Herbst über die Börde, der Wind fegt Laub über die leeren Bürgersteige. Gering auch das Verkehrsaufkommen, nur ein paar Großmütter in beigen Mänteln schieben feixend ihre Rollatoren nebeneinander her, in ihren Netzen ein paar Einkäufe, und in die Weiden auf der anderen Straßenseite klettern Männer in orangefarbenen Anzügen, sägen das Holz klein.

Niemand von ihnen kennt ihn, und auch das hat bestimmt Gründe, von denen er aber lieber keinen begreifen will, denn wie kann man schon das Seltsamste, seine Geschwister nicht zu kennen, überhaupt begreifen wollen. So sitzt er lange am Fenster, ohne zu merken, wie lange genau, schaut sich die Fußgänger und den Verkehr an, und das Einzige, was ihm in dieser Situation bleibt, ist es, sich die dort ablaufenden Dinge einzuprägen, denn all das muss schließlich im Gegensatz zu dem, was hier drinnen bei ihm vor sich geht, einen Grund haben.

So merkt er sich vor allem Automarken. Bald kann er sie alle. Die deutschen, japanischen, französischen und auch die paar Exoten, die sich allmählich unter sie mischen. Nicht weit entfernt liegt im trüben Lampenschein der Busbahnhof, die Rückseite der Zentrale mit ihrem umgrünten Parkplatz, auf dem Mitarbeiter ankommen und wieder fahren. Viele kommen mit dem Fahrrad, was ihn wundert. Es erscheint ihm merkwürdig, mit so einem rostigen Esel zur Arbeit zu kommen, um dann in ein solches Ungetüm zu steigen und es zu lenken. Besonders früh morgens, im Dunkeln, ist es aufschlussreich, die Buszentrale zu betrachten, die vereinzelt und schwankend eintrudelnden Lichter, die Laterne über dem Hintereingang, in dem die Männer – es sind ausnahmslos Männer – verschwinden und dann wieder in einer Art Aufenthaltsraum erscheinen, der hell erleuchtet ist und den er genauso wie den Parkplatz von seinem höhergelegenen Zimmer aus gut einsehen kann. Kürzlich hat er sich bei seiner Mutter eine Wochenkarte erbettelt und sich damit noch mehr ins Busfahren vertieft. Auch heute möchte er sich wieder auf eine Tour begeben, und ohne dass davon jemand Notiz nehmen würde, schleicht er sich am frühen Nachmittag aus dem Haus.

Bald thront Niklas hoch oben hinter dem Busfahrer. In einem cremeweißen alten Setra, auf den beidseitig das fröhlich lächelnde Jägerken der Stadt lackiert wurde, trudeln sie durch die Innenstadt, beim Anrollen und Bremsen wippt der Bus hin und her. Niklas staunt wie immer über den Vorgang, dieses Gefährt durch die Gassen zu manövrieren, ohne dass der Fahrer in größere Aufregung gerät, sondern nur nach links und rechts schaut, nach links und wieder nach rechts. Über die Wallstraße gelangen sie aus der Altstadt hinaus, schon sieht er die weiten, hoch stehenden Felder, und er merkt, dass es ihm nicht gleichgültig ist, was er sieht. Noch nie war er auf dieser Seite der Stadt so weit draußen. Obwohl da eigentlich nicht viel zu sehen ist, stellt Niklas fest, dass das Sehen von hier oben ein ganz anderes ist als aus dem Auto. Niklas erkennt, dass es Richtung Südosten geht, bergauf, sie durchfahren das erste Dorf, und am Straßenrand erscheinen Stände mit Schildern, auf denen die Wörter Erdbeeren und Spargel stehen. Niklas fragt sich, ob sich jemand unter seinen Geschwistern vielleicht auch für Erdkunde interessiert oder für Fahrpläne und ob sie wohl in einer Stadt wohnen oder doch auf dem Land.

Gegen halb zehn am Abend steht Clara regungslos am Busbahnhof und starrt apathisch auf den Platz. Sie beginnt sich zu drehen, erst zur Ampel, an der die Busse ein letztes Mal stehenbleiben, bevor sie ankommen, danach zu den Haltestellen. Sie tigert den Bordstein hinauf und betrachtet die Haltestellen noch intensiver, schaut kritisch, hetzt wieder zurück, fast bis zur Ampel. Die Klänge eines Motors, der von einem Bus stammen könnte, hallen aus der langen, wegen ihrer Kurvigkeit schlecht einsehbaren Straße. Sie horcht, und für einen kurzen Moment setzt es aus, wahrscheinlich wegen des Gangwechsels, um sogleich kräftig und dunkel weiterzurasseln. Der Bus schießt aus der Kurve und fährt schwungvoll unter der Ampel hindurch, auf die andere Seite zu, und im Inneren geht das Licht an. Doch sie kann nichts erkennen, ihre Augen machen nicht mit. Sei da drin, denkt sie, sei da bitte drin. Nach dem kommt nicht mehr viel.

Im Bus herrscht Bewegung, mehrere Personen kommen zur anderen, für Clara nicht einsehbaren Seite heraus. Sie geht einige Schritte, als es neben ihr dröhnt. Sie sieht nach links, und langsam, aber ungebremst rollt ein Bus auf sie zu. Clara besinnt sich mit einer Geschwindigkeit, die sie sich selbst nicht zugetraut hätte, und macht einen Satz.

Noch einmal hupt der Bus, sie meint zu sehen, wie der Fahrer ihr einen Vogel zeigt. Als er vorbei ist, fährt auch der ge-

rade angekommene Bus wieder los, und legt – sie erkennt es sofort am himmelblauen Shirt – wie ein sich öffnender Vorhang Niklas frei. Den Blick auf dem Boden, schlurft er gemächlich auf die Ampel zu, und Clara rennt los, um ihn abzufangen. Auch beim Überqueren der Ampel beschleunigt er kaum, und selbst, als sie auf der anderen Seite stehenbleibt, bemerkt er sie noch immer nicht. Erst als sie einen Schritt auf ihn zu macht, hebt sich schreckhaft sein Kopf.
– Ja bist du wahnsinnig geworden?

Er kann nicht verhindern, dass sein Schrecken sichtbar wird, was ihn unheimlich ärgert. Es war doch sein Plan, niemandem etwas zu sagen, und unterwegs hatte er zu keinem Zeitpunkt Angst. Niemand soll ihm weiter Angst machen, auch nicht seine Mama. Doch nun ist sie wieder da.

– Jetzt sag mir das mal bitte! Bist du etwa verrückt geworden?
– Nein, bin ich nicht.
– Niklas. Du bist acht Jahre alt. Wo warst du?
– Nur einmal in Warstein.
– Das darf ja wohl nicht dein Ernst sein.
– Es war aber ganz schön …
– Schön?

Clara muss sich ein Lachen verkneifen, das sie in sich aufsteigen spürt, denn eigentlich ist sie unglaublich wütend.

– Vorwärts jetzt, du musst bald mal ins Bett. Und ich auch.
– Na gut, sagt er.
– Ach so, ja … die Wochenkarte bekomme ich jetzt erstmal zurück.
– Wieso? Nein!
– Du solltest mit Erik ein bisschen in der Stadt herumfahren, um dir die Wege zu merken. Mehr aber auch nicht.
– Aber so sehe ich auch mal die Felder!
– Ja, und turnst allein in irgendwelchen Käffern herum, also

bitte, Niklas. Das geht so nicht. Außerdem ist die Karte dafür gar nicht gültig.

– Aber die Busfahrer erlauben es mir!

– Bitte?

– Ja, ich muss nur fragen, und ich glaube, eigentlich brauche ich die Karte bei manchen Fahrern nur am Anfang.

– Das darf ja wohl nicht wahr sein ... Morgen ruf ich bei der Ruhr-Lippe an.

– Nein, bitte nicht! Mama, bitte, quengelt er. Oma hat gesagt, dass Ausflüge guttun, wenn man traurig ist.

– Oma?

– Und vielleicht hätte ich ja unterwegs jemanden von meinen Geschwistern getroffen, vielleicht wohnen sie ja nicht weit.

Clara macht die Schotten dicht.

– Deine Geschwister? ... Meine Güte, sagt sie ... Niklas.

1971

Wieder kommt Post, diesmal von seiner Mutter. Es ist der erste Brief seit fast zwei Jahren, und der Anlass ist nicht rosig. Offenbar sei man beim Geheimdienst mit seinen letzten Berichten nicht zufrieden gewesen, jedenfalls stand, schreibt sie, eines frühen Morgens eine Schar Abgesandter vor dem Hoftor, forderte Zutritt und ließ seinen Vater wissen, dass man die westlichen Felder bis auf Weiteres für sich in Anspruch nehme, also für das Land und die Gemeinschaft aller Iraner, solange sich kein befriedigenderes Fortkommen ihres Sohnes abzeichne, dessen Aufenthalt in der Ferne den Staat schließlich einiges koste. Sie schreibt, seinem Vater gehe es nicht sonderlich gut.

Reza geht ans Regal und zieht das Foto aus einem Notizheft, das ihn mit seinen Eltern zeigt. Wie düster das Gesicht seines Vaters auch darauf wirkt. Reza denkt an seine ohnehin schon kaum zu durchdringende Versunkenheit, macht sich klar, dass er nichts für die beiden tun kann, solange er hier ist, und hofft, dass sie nicht allzu verstört sind angesichts der Entwicklungen und der Frage, was bloß mit ihrem Sohn vor sich geht. Ihnen erläuternde Briefe zu schicken, erscheint ihm nutzlos, zu wahrscheinlich ist es, dass sie abgefangen werden und seinen Eltern noch mehr Ärger bescheren, als sie ohnehin schon haben. Umso zwingender ist es, sich sinnvoll abzulenken.

Und Reza will es noch einmal wissen, das soll es nicht gewesen sein. Und auch Erwin wird immer neugieriger, immer probierfreudiger. Mit gezielten Kampagnen und anderen Maßnahmen drängt ihn die Hochschule nach wie vor, sich technisch weiterzuentwickeln, politisch eingefädelte Prüfstudien zum Modernisierungsbedarf laufen ständig im Hintergrund, doch Reza gelingt es, ihm das Gefühl zu nehmen, er stehe mit dem Rücken zur Wand.

Als sie an einem dieser Nachmittage zusammensitzen und einen aus der Beesmilch gebackenen Kuchen verputzen, kommt das Thema wieder auf. Noch immer muss Reza an die Sturzgeburt denken, die Zange und den organischen Schlamm, der hinterhergeflutet kam, an das Durcheinander von Blut und Kot, als das es ihm erschien, so hatte er das von zu Hause nicht in Erinnerung.

Nun klagt Erwin, es gehe so nicht weiter. Schon länger nicht, und das sei ihm schon klar gewesen. Nur zugeben wollte er es nicht. Reza schwappt vor Staunen etwas Kaffee auf den Teller.
– Etwas muss man sich einfallen lassen. Nur was.

Reza wird augenblicklich wieder gepackt von dem Wunsch, etwas zu bewirken, einem Menschen, der ihm etwas bedeutet, helfen zu können. Angestrengt denkt er nach.
– Jede Frage bedarf einer eigenen Antwort.
– Da hast du nicht ganz unrecht, meen Jong, aber schlaues Reden macht noch keinen Sommer. Uns fehlt es doch sehr an Strom, merke ich. Ich weiß, und das habe ich ja immer gesagt, wie lange wir hier ohne Strom ausgekommen sind, und als wir dann welchen bekamen, war es immer noch fast nichts, erst viel später ein ganz klein wenig mehr, und das hat immer gut funktioniert. Aber wenn nun die ganzen anderen Höfe auch mehr Strom haben, dann gerate ich ins Hintertreffen mit den Mengen.

Die Knechte nicken und schauen ehrfürchtig auf ihre Teller, weil sie wissen, um wie vieles leichter ihnen eine Lösung dieses Problems ihr Leben machen würde.

– Ich brauche hundert Mark, sagt Reza und denkt nach. Nein, eher zweihundert.
– Bitte?, sagt Erwin.

Aus den Knechtsgesichtern weicht die Ehrfurcht, verärgert sehen sie Reza an. Doch Erwin hat verstanden, und nach einer kleinen Rückversicherung, damit ja etwas Gescheites anzustellen, schleppt er sich hinüber in die Stube, von wo es nun rumpelt, und kommt mit zwei Scheinen wedelnd zurück.
– Gut, denn mach mal! Ich vertrau dir.

Von überall her schleppt Reza verwendbares Material an, wozu er sich Erwins Dreckschleuder leiht und sich, da er noch immer keinen Führerschein besitzt, von Robert kutschieren lässt, der seinen Unwillen hierüber zum Ausdruck bringt, indem er die ganze Fahrt in die Stadt über, während des Einladens hier und dort und auch während der gesamten Rückfahrt nicht ein Wort spricht. Auch packt er nicht mit an. Es soll Reza recht sein. Halt doch die Klappe, denkt er, steht dir am besten.

Manches kostet etwas, manches nichts, einige Dinge bekommt er legal, für andere muss er erfinderisch werden. Als sie bei dem alten Schrotthändler vorfahren, der jeden Samstagabend auf seinem Hocker im Bärenkeller sitzt und der zumindest bislang nichts gegen ihn zu haben schien, bedeutet er Robert, im Wagen zu bleiben. Der sieht ihn angewidert an, gehorcht aber. Hier wird er seine ganze Überzeugungskraft benötigen, und der trottelige Knecht stört nur mit seiner Starrerei.

Aber der Schrotthändler scheint ganz zahm. Kurz schüttelt er zwar den Kopf, nachdem Reza alles aufgezählt hat: Riemen, Kompressor, Spule und so fort; aber weil er selbst ein Bastler ist, findet er Gefallen an der forschen Art, mit der dieser junge, ihm vom Sehen her nicht ganz unbekannte Mann sein offenbar umfangreiches Vorhaben angeht. Ganz genau kann der Schrotthändler sich nicht erinnern, woher er ihn kennt, liegt doch sein Kopf ab einer gewissen Uhrzeit meist schon auf dem dunklen Holztresen und fährt erst wieder ruckartig hoch, wenn der Wirt im Morgengrauen die letzten Leichen aus der Stube fegt. Doch der Händler ahnt, dass ihm dieses Gesicht eher nachts als tagsüber begegnet ist.

Bald hat Reza alles beisammen. Sie verabschieden sich und bezeugen ihre Anerkennung, winken einander sogar zu, als Reza und der Knecht aus der Einfahrt brausen. Über den Ring geht es wieder hinaus auf die Felder. In der Scheune sichtet Reza, was zusammengekommen ist. Er schraubt, zwickt, beult aus, lötet.

Endlich kann er anwenden, was er gelernt hat. Zwischendurch kommt Erwin herein, begutachtet skeptisch, aber auch neugierig sein Treiben, humpelt wieder hinaus. Nach ein paar Minuten kommt seine Frau in die Scheune, auf dem Arm ein Tablett voller Stullen und eine Kanne mit Milch.

Reza bedankt sich und reißt an einer eingebauten Kurbel, ein Funke sprüht, dann wieder nichts. Er justiert neu, probiert abermals, und als nichts geschieht, öffnet er das Gehäuse, nimmt alles noch einmal fast vollständig auseinander, schraubt und knipst, verringert Abstände, ersetzt das eine Material durch ein anderes.

Aufs Neue setzt er alles zusammen, verkleidet die empfindlichen Elemente, dreht die letzte Schraube fest. Also noch einmal. Er reißt an der Kurbel, der Dynamo im Inneren surrt, gefolgt von einem nochmal höheren Ton. Gebannt blickt Reza auf das kleine Monstrum. Es läuft.

Sofort rennt er hinüber ins Bauernhaus und trommelt alle zusammen. Geschlossen hasten sie zur Scheune, treten ein und erstarren. Der jüngere Knecht winkt ab und geht sofort wieder hinaus. Erwin aber reißt die Augen auf, ein Lachen bleibt ihm in der Kehle stecken.

– Lütt! Das hast du wirklich aus dem ganzen Müll gemacht?
– Woraus sonst, sagt Reza.
– Himmel, flüstert Roswitha.
– Der ist doch irre, hört man von draußen. Als ob das gut geht.

Aber Erwin nickt anerkennend.

– Das brummt ja ganz ordentlich, sagt er und rollt noch mehr als sonst den zweiten Buchstaben.
– Ja, das ist der Gleichstrom, sagt Reza. Es sieht vielleicht aus wie aus einem Horrorfilm. Aber das Ding ist sehr sparsam mit dem Benzin. Ein, zwei Jahre wird das schon halten, und in der Zeit könnt ihr in aller Ruhe für ein echtes Aggregat zusammensparen. Es schenkt euch Zeit, versteht ihr.

Erwin nickt ehrfürchtig.

– Bist ein feiner Kerl.

Der Knecht sieht ihn düster an, wendet sich ab und murmelt etwas vor sich hin.

– Wie bitte?, blafft ihn Erwin ohne Vorwarnung an.

Sofort fährt er wieder herum.

– Das hält doch nicht lange, nach zwei Tagen ist der Kolben hin, da wette ich.

Doch er hat nicht mit Erwins Unbestechlichkeit in dieser Sache gerechnet.

– Das überlässt du von heute an mir, das zu beurteilen! Verstanden?

Reza sieht zu Boden, weil ihm in dieser Sekunde klar wird, wie sehr er mit seinen Fähigkeiten Einfluss nehmen kann, und sei es bloß auf einen Hof wie diesen. Unter bloßer Anwendung natürlicher Gesetze. Sie sind das, worauf er sich verlassen kann.

Durch die verbleibenden Studienwochen gleitet Reza ohne Druck. Die Prüfungen verlaufen zu seiner Zufriedenheit, sogar in den gefürchteten Nutztierwissenschaften gelingt es ihm, über die Prüfungsinhalte hinaus zukunftsweisende Themenstellungen zu verhandeln, und in der unmenschlichen Phytomedizinklausur schreibt er sich beinahe um den Verstand, so vieles verknüpft sich erst auf die letzten Meter dieses Studiums in seinen Windungen. Als er abgegeben hat und mit noch immer leicht verschrecktem Blick die Aula verlässt, überrollt ihn eine Leere, als erreiche er gerade den Fuß eines der majestätischen Berge des Talysch, von dem er während der letzten sieben Jahre nicht einmal hinabgestiegen ist. Wochenlang könnte er nur noch daliegen, nichts erwarten, nichts ersehnen. Doch er ahnt, dass es so nicht kommen wird.

An einem angenehm warmen Vormittag drückt der Fachbereichsleiter Reza und seinen Kommilitonen die Diplomurkunde in die Hand. Sektkorken platzen von Flaschenhälsen und schießen in die Luft, die ersten grölen und nuckeln an Zigarren, deren Rauch sich in die Atemwege beißt, doch anstatt mit den anderen weiter in die Innenstadt zu ziehen, um sich im *Saloon* die Lichter auszupusten, steigt er auf sein Rad und fährt noch einmal hinaus zum Hof, denn obwohl er bereits von allen Abschied genommen hat, dem Bauernpaar und den Mägden, den Kindern und Tieren, mit einem faden Nicken selbst von den grimmigen Knechten, muss er doch noch etwas prüfen. Er hat, was er benötigt, und saufen kann er den ganzen Abend noch. Ihm bereitet Sorge, das Aggregat könne beim Einschalten streiken, denn selbst ihm, der es immerhin zusammengedrechselt hat, gelang es nur unter höchster Konzentration, es zum Laufen zu bekommen. Doch als er schweißgebadet auf den Hof fährt, hört er es aus der Scheune leise brummen. Hastig rennt er auf sie zu, als die Stimme der Magd erklingt.

– Was machst du denn heute wieder hier?

Er reagiert nicht, läuft in die Scheune, in der das Aggregat auf dem Boden steht und vor sich hinarbeitet. In einer Ecke hocken die Knechte an einem Tisch, der aussieht, als würde er jeden Moment in sich zusammenstürzen. Sie knobeln und löffeln Brühe aus tönernen Schüsseln. Überall stehen Kisten, in denen dunkle, fast violette Möhren schimmern und einen aromatischen, zugleich etwas muffigen Duft verbreiten. Hinter sich hört er es knacken, er fährt herum, und im Scheunentor steht Erwin wie in einem Loch aus weißem Licht.

– Nur die Ruhe, Jong. Wat is' denn los?

– Ich wollte nur, stammelt er, nur einmal nachsehen.

– Nachsehen? Warrom?

– Na ja, weil man doch immer nochmal nachsehen sollte, sagt Reza.

– Aber dein Aggregat läuft wunderbar, schnurrt so richtig. Und wir wissen ja, dass es nur ein Behelf ist für den Moment. Aber helfen tut es mir schon nach einem Tag.

– Ganz sicher?

– Mach dir mal keine Sorgen, Jong. Alles bestens. Komm!

Mit einer weichen Handbewegung weist er Reza aus der Scheune, geht voraus ins Haupthaus, Reza immer hinter ihm her. Als sie in der Stube stehen, zieht Erwin die Schublade auf, kramt einen kleinen Umschlag hervor. Feierlich steckt er ihn Reza in seine Hemdtasche, anschließend nickt er mehrfach und presst die Lippen aufeinander. Kurz sehen sie einander wortlos an.

– Fünfhundert sind in Ordnung, oder? Melde dich, wenn du mehr brauchst. Und auch, wenn ich weiß, was du vorhast: Hierher kehrst du immer zurück, dagegen kannst du gar nicht viel machen.

– Ich … glaube auch, sagt Reza.

– Jedenfalls danke ich dir, auch wenn ich nicht alles verstanden habe. Er atmet schwer. Du aber auch nicht.

– Nicht?

– Und genau das gefällt mir auch so an dir. Dass du nur das

Wichtige verstehst und die Scherereien nicht! Mach's man gut, Jong.

Er streckt die Hand aus, Reza schlägt ein und merkt wieder, wie sehr er den Alten physisch unterschätzt. Ein letztes Nicken, dann verschwindet Erwin zum vorläufig letzten Mal in der schattigen Tiefe des Hauses, und Reza geht hinaus und noch einmal über die Koppel, wirft sich hinter die Baumreihe ins halbhohe Gras. Zückt und entzündet einen fertigen Joint, lässt seinen Blick im Himmel versinken. Aus einer Wolke, die aussieht wie eine Acht, stößt ein Flugzeug hervor, so hoch, dass man es nicht hört.

Als es raschelt und etwas einen Schatten über ihn wirft.

– Na, Freundchen, jetzt haben wir dich aber.

Einer der Knechte gibt ihm einen leichten, weniger schmerzhaften als vielmehr verächtlichen Tritt in die Seite.

– Das müssen wir leider dem Alten mitteilen. Und glaub mir, dann wird er dich nicht mehr mögen. Der ruft die Bullen.

– Zu spät. Macht euch vom Acker.

– Spinnst du eigentlich?

– Spinnt *ihr*?, fragt Reza und fährt hoch.

– Nicht so sehr wie du, glauben wir.

– Hirnverbrannte Tölpel.

Doch sie lachen bloß und flüstern einander etwas zu, woraufhin einer zum Stall läuft, um Erwin zu informieren. Der andere hält Wache und blickt Reza aus hohlen, missmutigen Augen an. Sie warten, nichts passiert. Der Knecht steht auf und blickt zum Stall hinüber, wo es aber vollkommen still ist. Nur die Hühner sind zu hören, hier und da wiehert in der Ferne ein Gaul.

– Siehst du, es passiert nichts, sagt Reza.

Dem Knecht geht auf, dass er allein wahrscheinlich schwächer ist als sein Gegenüber. Er betrachtet ihn noch einmal, wobei sein Blick immer verzagter wird, und jetzt ist es Reza, der grimmig zurückblickt. Dem Knecht wird mulmig. Ohne von ihm wegzusehen, entfernt er sich Schritt für Schritt, erst zögerlich, dann beschleunigt er, läuft davon.

Nichts geschieht, so viel Zeit sich Reza mit dem Verlassen des Hofes auch lässt. Keine Polizei, kein schimpfender Erwin, keine Mistgabel schwingenden Knechte. Eine Weile schiebt er das Rad über den Seitenstreifen der Bundesstraße, bevor er aufspringt. Schon zeichnen sich die Konturen der Stadt ab, die eng beieinander stehenden Kirchen, der schiefe Turm. Noch eine letzte Nacht wird er sich hineinwerfen in diese Stadt, ihre Kraft aufsaugen, ihre Blüte spüren. Eine wird er ihr entreißen. Bettina liegt zu Hause auf seiner Matratze. Daneben ihrer beider Koffer, gepackt.

1991

Am zornerfüllten Blick des Vikars vorbei wandert Niklas' Blick hinauf zu den Fenstermalereien, mit deren Tausenden von Farben das hereinfallende Mittagslicht spielt, das wiederum zum Zucken gebracht wird vom wüst durch die Bäume streifenden Wind. Er schluckt; die Moralpredigt wird immer lauter statt, worauf er verzweifelt wartet, endlich wieder leiser. Noch einmal etwas Vergleichbares und er fliege raus, donnert der Vikar. Er werde höchstpersönlich dafür Sorge tragen, darauf könne er sich verlassen. Und dass es ihn nicht weniger betreffe als die beiden Schlaumeier, sagt er auch. Erik habe seinen Brief schon bekommen beziehungsweise seine Eltern. Das weiß Niklas aber schon und ebenso, dass Erik danach fast den ganzen Tag geweint hat. In ihm pumpt das Blut, aber er schafft es, fast regungslos zu bleiben.

Ob er das jetzt kapiert habe?

– Mal gucken, schnauft Niklas, schönen Tag. Dreht sich um und spaziert in aller Seelenruhe aus der Krypta. Das hier, denkt er, soll Gott sein?

Zu Hause macht er reinen Tisch, wie sein Opa das nennt, wenn er mit dem Rollstuhl auf der Terrasse steht und flucht.

– Nein, da gehe ich nie wieder hin!, faucht er seine Mutter an.

– Aber wieso denn nicht, was ist denn da auf einmal so schlimm?

– Das verstehst du nicht!

– Nein, das verstehe ich wirklich nicht. Erst das Judo, jetzt das …

Niklas droht zu versteinern, so wenig kann er es glauben. Sie kann es nicht sein lassen, ihn daran zu erinnern, wie sie mit seinem Großcousin Lars, der schon länger den blauen Gürtel besitzt, zur Turnhalle der Realschule gefahren sind, an einen Ort, den Niklas bis dahin noch nie wahrgenommen hatte. Wortlos betraten sie die stickige Halle, in der er sich eine halbe Stunde auf die Holzbank setzte und zusah, wie jedes der Kinder immer wieder Anlauf nahm, ohne im letzten Moment noch einmal abzubremsen, so wie sie es beim grauenhaften Bockspringen machen müssen. Atemlos und mit weit aufgerissenen Augen sprangen die Kinder ab, wurden vom Judomeister über die Schulter geschleudert und klatschten mit dem Rücken auf die blaue Matte. Niklas versetzte sich in sie hinein und probte innerlich den Absprung. Als er nach einer halben Stunde des Zuschauens schließlich gefragt wurde, ob er jetzt nicht mitmachen wolle, fing er unwillkürlich an zu weinen.

– Es interessiert dich doch eh nicht, sagt Niklas.

– Niklas, sagt seine Mutter, wieso sollte mich das nicht interessieren?

– Weil du ja noch nicht mal in die Messe kommst, wenn ich diene!

Clara zögert, richtet eine Haarsträhne.

– Ist dir das so wichtig?

Er sagt nichts mehr, kann nichts mehr sagen, und versucht die Antwort mit aller Macht in seinen Blick hineinzulegen. Ganz sicher, ob sie ihn versteht, ist er nicht.

Am späten Nachmittag soll Niklas die Tageseinnahmen aus dem Geschäft zur Bank bringen. Mit Erik, der mitkommen und ihm assistieren darf, steht er vor der Glasvitrine, auf der seine Mama mehrere tausend Mark abzählt, ihre Blicke folgen jedem einzelnen Schein. Auf einen Blanko-Zahlschein mit den Firmendaten trägt sie die Zahl 12.000 ein und unterschreibt. Schon öfter durfte er Geld wegbringen, aber so viel war es noch nie. Er spürt, wie ihm etwas durch den Hals läuft, seine Augen werden feucht. So ähnlich wie Angst fühlt es sich an, aber er ist sich sicher, dass er keine hat.

– Gehört das alles uns?, fragt Niklas. Erik lacht.

– Das würde euch gefallen, stöhnt Clara. Ihr seid ganz vorsichtig und lauft in einem durch, ja?

Die beiden machen ein wenig seltsame Geräusche, tasten nach den Scheinen und sagen mehrfach *Boah ey*.

– Jetzt ist aber gut, schnauft Clara, steckt Geld und Zahlschein in eine schwarze Ledermappe mit dem Aufdruck *Sparkasse* und sieht Niklas scharf an.

– Stopf sie dir bitte in die Unterhose, unter das Bündchen.

Niklas greift nach der Mappe, hebt seinen Pulli an und klemmt ihn unters Kinn, öffnet seinen Gürtel.

– Was machst du denn jetzt für einen Aufwand?, fragt sie.

Als er alles verpackt und den Pulli drübergezogen hat, gehen sie hinaus auf die Passage, aber irgendetwas stimmt nicht. Die Mappe sitzt nicht richtig, sie rutscht. Außerdem hat er vergessen, den Reißverschluss zu schließen, darum greift er sich nochmal in die Hose und rupft die Mappe wieder heraus.

Ein Windstoß geht in diesem Moment durch den langen Tunnel, reißt Blusen fast von den Ständern und lässt Kleiderständer gegen ein Schaufenster rollen, dessen Scheibe aber stabil bleibt. Und ist so kräftig und kompromisslos, dass er die offene Mappe in Niklas' Hand erfasst und davonträgt, einige Meter weit, wo sie liegenbleibt. In seiner Brust klopft es sofort, und panisch läuft er ihr hinterher, als er im Rücken schon den nächsten Windstoß spürt, und es dauert keinen Augenaufschlag, bis ein blauweißer Regen aus Papier durch die

Passage wirbelt, in den Niklas und Erik nun schreiend hineinzugreifen versuchen. Im Grunde, und dieser Gedanke wird Niklas lange verfolgen, hätte der Anblick etwas Magisches, wenn nicht sein Herz vor Schreck so pochen würde.

Trotz seines ehrlichen Versuchs, Niklas zu helfen, kann Erik sich kaum noch halten vor Lachen. Gierig schnappen sie nach einzelnen Scheinen, doch die Scheine werden wieder vom Wind erfasst und entziehen sich ihren Fingern. Bis hierhin haben sie Glück, dass niemand zu sehen ist, doch jetzt betreten Leute die Passage und machen augenblicklich Geräusche, die nach Staunen klingen. Und es wird nicht besser. Aus dem Laden stürzt Clara und schreit in beunruhigender Tonlage.

– Um Gottes Willen, Niklas! ... Niklas!

Die Leute helfen, nach den wild flirrenden Scheinen zu schnappen, und es kommen noch mehr dazu, Erik rennt zwischen ihnen mit der geöffneten Mappe umher und sammelt ein, was einzusammeln ist. Aus dem Geschäftsteil von Willis Bruder schlendert Niklas' Großtante, und kaum, dass sie aus ihrem Gedöse aufgesehen hat, steht sie inmitten der Greifenden, die dünnen Arme in die Luft gestreckt. Nach einer guten Viertelstunde meinen sie, alles wieder beisammen zu haben. Clara und Niklas laufen aus der Passage hinaus und prüfen den Bordstein, und auch in die andere Richtung, zur Fußgängerzone, gehen sie und suchen die Winkel und Eingänge ab.

Am schlimmsten findet Niklas das anschließende Gerede. Alle bleiben sie vor dem Laden stehen, Clara holt sogar eine Flasche Schnaps von ihrem Vater samt Pinneken aus dem Hinterzimmer und bietet ihn an, was erstaunlich viele der Anwesenden, gleich fünf oder sechs, erfreut annehmen, als gebe es nun nichts Wichtigeres mehr.

– Da habt ihr ja nochmal Schwein gehabt, sagt Clara vorwurfsvoll und schaut auch genauso.

– Aber sie war offen, du hast sie nicht zugemacht.

– Ich? Nicht zugemacht?, fragt Clara, das ist jetzt nicht dein Ernst. Du willst mich dafür verantwortlich machen?
– Mann ey!, macht Niklas. Mit einem Ratschen schließt er die Mappe, stopft sie zurück in die Hose und zieht Erik am Arm. Im Sprint laufen sie an den Cafés entlang, durch die Gassen und an St. Petri vorbei, hinein in die Bank. Der Kassierer zählt zügig, aber doch ruhig und konzentriert, sodass Niklas wieder das Flimmern hinter der Stirn bekommt. Mürrisch beäugt sie der Mann. Vor seinen Augen stehen zwei völlig aufgelöste Kinder, die ihm die Summe mehrerer Monatsgehälter hingelegt haben, und während das Kind im Hintergrund bleich und verschwitzt ist, verschließt das vordere halb seine Augen, gerät offenbar in eine Art Trance, und nur der Blanko-Zahlschein und der darauf zu lesende Name sorgen dafür, dass er nicht nachfragt. Er knallt ihnen den Durchschlag auf den Tresen, nach dem der hintere der beiden greift und seinen Freund eilig vom Tresen wegdrückt, schon sind sie verschwunden.

Einige Wochen später stürmt sein Vater in den Laden und lässt Niklas wissen, er könne gern einmal über den Marktplatz spazieren und sich jemanden, mit dem er verwandt sei, anschauen. Aber, ergänzt er gleich, erstmal nur aus der Ferne. Alles andere dauere noch ein Weilchen. Schnell wechselt Reza noch ein paar düstere Blicke mit Clara, schon ist er auch wieder verschwunden. Nach kurzem Anlauf, in dem er wortlos, nur mit flüchtigen Blicken, ihre Erlaubnis einholt, läuft Niklas ihm hinterher.

Vollkommene Windstille auf der Sandwelle und dem sich anschließenden Markt, von oben drückt die Sonne ins halb fröhliche, halb gehetzte Getümmel, in die Enge und Schattenlosigkeit, und was sich ihm in alle Ewigkeit einbrennt, ist nicht zuletzt das lange, in der Sonne glänzende schwarze Haar, das einen Stich ins Rötliche hat, kastanienrot. Besonders beeindruckend ist auch das blendend weiße Sommerkleid, und so steht sie also dort, sichtbar und existent, in der endlosen Schlange vor der unter dem Besucherstrom beinahe berstenden Eisdiele. Das *Venezia*, dem man nachsagt, seinen Bedienungen ihre Trinkgelder abzuknöpfen, scheint schon immer dagewesen zu sein, und es ist ein sinnvoller, neutraler Ort, hat er das Gefühl, um diese merkwürdige Erfahrung zu machen. Dort, einen Steinwurf entfernt, steht eine ihm unbekannte, doch mit ihm verwandte Person, auf der Durchreise, in dieser für sie fremden Stadt, mit ihrem, mit seinem Vater. Wer mag sie sein?

Und auch wenn er es versteht und doch wieder nicht, erfasst Niklas trotz Freude und Neugier das Merkwürdige dieser Frage und des ganzen Moments, und so geheimnisvoll wieder einmal eine Angelegenheit ist, die er im Zusammenhang mit seinem Vater erlebt, so sicher spürt er auch etwas Grauenhaftes, das zwischen den gesprochenen Worten, zwischen dem Lachen und den Blicken liegt. Er betrachtet sie aus der Ferne, wobei er zunächst nicht mehr als ihre Rückseite sieht; wie sie an ihrem Eis leckt und sich daraufhin schüttelt, wegen einer Biene vielleicht, bis sie sich mit einem Schwung im Halbkreis dreht, dem Marktplatz entgegen, auf dem er einsam steht. Er fühlt, wie hier und jetzt etwas vorherbestimmt wird, etwas, das ihn und alle um ihn herum noch lange beschäftigen wird, und dass es sehr ausufernd werden könnte, und vor allem begreift er in diesem Moment, dass all das niemals aufhören wird.

Als er ins Geschäft zurückkehrt, fragt ihn seine Mutter gleich, wie es war. Niklas zuckt nur mit den Schultern, versucht sich ein Lächeln abzuringen. Er nimmt eine D-Mark aus der Schublade und läuft hinaus, durch die Passage und die Fußgängerzone bis zu *Otto Mess*, in dessen Eingang sich eine Bäckerei befindet, in der er immer öfter Sahneschnitten kauft.

Die hat er für sich entdeckt, und weil nicht nur seine Mutter, sondern auch die Näherinnen aus dem Dachgeschoss und die Angestellten in den Geschäftsräumen nach und nach eine mindestens genauso große Vorliebe für diese Sahneschnitten entdecken, die sich im Laufe der Jahre immer mehr in eine das gesamte Unternehmen befallende Sucht verwandeln soll, drücken sie ihm immer häufiger einen großen Schein in die Hand, mit dem er dann unter dem Staunen der Bäckerinnen ein ganzes Blech bestellt. Doch heute holt er nur eine für sich.

Später ruft sein Vater noch einmal an, Niklas hört seine Stimme schon durch die Muschel schallen, doch bevor seine Mutter den Hörer an ihn weiterreichen kann, verlässt er das Geschäft. Er weiß schon, was kommen würde, eine fröhliche und leere Rede über etwas, das ihm niemand erklären kann. Danach hätte er wahrscheinlich nur noch mehr Fragen. Im Grunde hat Niklas ja schon alles erfahren, also muss sein Vater nicht so tun, als sei es eine Neuigkeit. Erst recht ist es keine schöne Überraschung. Niklas findet es gemein, dass er nichts selbst entscheiden kann. Was er vorher nicht durfte, eben seine Geschwister zu treffen, obwohl es ihm ständig in Aussicht gestellt wurde, das *muss* er jetzt. Was lange undenkbar gewesen wäre, soll jetzt mit einem Mal ganz schnell geschehen. Aber nicht mit ihm.

1972

Eine versiffte Couch in Berlin. Hautschuppen, Filzläuse, helle Flecken überall. Die Wände hier und da verschmiert, ein braun eingeschmocktes Blech liegt in der Mitte des kleinen Tisches, der übersäht ist von überquellenden Aschenbechern und benutzten Taschentüchern. Bücher über den sogenannten Dritten Weg fliegen herum. Leergut liegt und steht in allen Ecken, und in einer Nische befinden sich gusseiserne Sanitäranlagen, notdürftig getüncht. Aus den Holzdielen ragen Spanfäden vom Wurm. Eine Fahrmarke der Freien Universität klebt am Boden fest: Otto-Suhr-Institut.

Reza wälzt sich in den Stilblüten des Großstadtlebens. Er mischt sich unter Aktivisten verschiedenster Coleur, besucht SDS-Seminare und leninistische Lesungen mit anschließender Diskussion, durchforstet die einschlägigen Politspelunken nach neuen Kontakten. Trotzdem nagt das Leben hier an ihm, die grellen Lichter und die fürchterliche Luft, schon im Ruhrpott war er immer nur ungern, und selbst wenn sich mit dem Tiergarten und ein paar anderen naturbelassenen Plätzchen genügend grüne Flächen finden, fehlt ihm das umstandslose Hinausgehen aufs Land in einer Weise, die für ihn selbst kaum zu fassen ist, wenn er abends in sein Tagebuch notiert, schlaflos von der Bewegungslosigkeit.

Er vermisst die Klarheit der Luft mehr, als er je erwartet hätte, ja selbst die Gülle vermisst er, und es besteht kein Zweifel darüber, dass ihn das aggressiv und ungehalten macht. Die erste, die das spürt, ist Bettina, weswegen sie ihm vorschlägt, doch zwischendurch mal in den Westen zu fahren oder sich zumindest ein wenig in den Wald hinterm Wannsee zu verdrücken, auch dort gebe es Felder. Für Reza aber scheint es kein Vergleich, und dankend lehnt er ab, was wenige Wochen später dazu führt, dass sie seine Nervosität nicht mehr erträgt. Als er ihr zu allem Überfluss beichtet, dass auch Clara ein Kind von ihm erwarte, packt sie zwei Koffer und zieht mit Jara aus.

Reglos nimmt er es zur Kenntnis, und erst, als sie sich schon abgewendet hat, um mit dem Kind an der Hand aus dem Haus zu stürmen, deutet er ein Nicken an.

Seither gammelt und politisiert er vor sich hin, benötigt für sich allein nicht viel, liegt rauchend auf dem Sofa oder im Park und liest. Die Uni, spürt er, ist ein noch raueres Becken, als er dachte, aber das gefällt ihm. Besonders angetan hat es ihm ein junger Professor, dessen bahnbrechende Erkenntnisse auf dem Feld der Politischen Ökonomie zur Grundlage dafür werden könnten, um auch innerhalb der Marktwirtschaft zu einer fundierten, anwendbaren Kritik der politischen und ökonomischen Zustände zu gelangen. Zugleich ahnt er, dass genau dieses Denken auch den Schah gewaltig ins Wanken bringen könnte, ohne dessen Schutz er verloren wäre.

Für die Marxisten muss dabei alles immer und sofort international ablaufen, und genau diese Ansicht teilt Reza ganz und gar nicht. Was für eine Gesellschaft ist diese deutsche, in der das Wesen des Kapitalismus längst in einer atemberaubenden Weise zur Entfaltung gekommen ist, vor jedem ihrer widerwärtigen Kriege aufs Neue, und auch jetzt wieder? Und trotzdem. Dass hier deswegen alle herumrennen und das Maß der Freiheit überspannen, strammen Marxismus einfordern, muss längst nicht für alle Länder die Lösung sein.

Darum spitzt er bei den Sitzungen die Ohren. Viele der Debatten zeichnen sich vor allem durch ständiges Fluchen und

Schimpfen aus. An jedem Beschluss wird so lange gedoktort und genörgelt, bis er kaum noch eine Wirkung erzielen kann, und in solchen Momenten erkennt Reza, dass dieses ganze Linkssein keineswegs so leicht festzulegen ist, wie er hoffte, alle linker als die anderen sein wollen, es in den Gruppen kaum ein Interesse an Kompromissen gibt, sondern im Gegenteil, eine geradezu manische Sucht nach Abgrenzung vorherrscht, nur die Radikalität des Einzelnen in den Augen seiner Mitstreiter entscheidet, man einander vor allem abwinkt und ironische Fragen stellt, und wenn auch das durch ist, mit Vorliebe bepöbelt. Für ihn entscheidet allein die Zeit darüber, wann die gerade noch harmlosen Raufereien, die sich nach jeder dieser Zusammenrottungen im Hof abspielen, in einen Strudel umfassenderer Gewalt umschlagen. Der Professor mit dem Namen Altvater mahnt zu Konstruktivität in den Beiträgen und dem Verzicht auf jede Gewalt. Es rumort und brodelt überall, um Reza herum und auch in ihm selbst.

Die Bibliothek ist noch ein Ort, der kühl und still ist. Nur einzelne Lichtstrahlen gelangen durch das dichte Grün der Bäume vor den hohen Fenstern und fallen schräg über die polierten Tische. Reza zieht sich zurück und steigt tief ein in die massiven Wälzer zur politischen Praxis. Diese ganze Theoretisiererei ist doch zum Kotzen, denkt er, die können sich seinetwegen noch tausend Jahre lang die Birne zufaseln, was zu tun sei oder auch nicht. Für ihn persönlich scheint es einzig und allein gewinnbringend, ohne Furcht hineinzuspringen in den politischen Sumpf der Stadt, mit deren Teilung er immer noch herzlich wenig anfangen kann.

Weshalb musste man sie unbedingt teilen? Kaum etwas scheint ihm verwegener, als ein Land und mit ihm seine Hauptstadt in der Mitte zu spalten, während die Stadt selbst nur von einem der beiden Länder umgeben ist, in Drohgebärde. Wenn er auf die Karte schaut, ist ringsherum nur Land. Wie gern würde er dort hinaus, in dieses grenzenlose Brandenburg, sogar dort hinziehen würde er und nur zum Studium in die Stadt kommen. Mit einem Zug vielleicht. Doch er ist gefangen.

Das wieder schneidet ihn von jeglicher Praxis ab. Neue Agrartechniken werden in Berlin nicht benötigt, und mit welchem Schrott der Staat drumherum seine Mängel zu kaschieren versucht, ergründet er lieber nicht. Immer breiter werden dagegen seine historischen Kenntnisse, immer tiefer sein Einblick in das Machwerk der Jahrhunderte. Churchill liest er gefesselt, auch das frisch erschienene Buch *Wallenstein* vom Sohn Thomas Manns, zwischendurch wieder einige Fachartikel, und wenn er am Abend erschöpft ist, noch ein wenig Marx, Mao oder Hegel. All diese Kämpfer, gegen die sich das heutige Gezeter so winzig anfühlt. Um sich abzuhärten, greift er zu Macchiavellis *Fürst*, auch wenn ihm das im ersten Moment bigott und anrüchig erscheint, weil das Werk dafür bekannt ist, den Status quo zu verfestigen und das Volk und die Straße handzahm zu machen. Doch er muss weg von den Rastern, in dem alles um ihn herum denkt, und hierzu ist es nötig, alle Seiten der Medaille zu kennen. – Wie verfährt jemand, dem es nur darum geht, selbst an der Spitze zu bleiben? Jemand, der alle möglichen Inhalte hinnimmt, solange ihn dies nicht schwach erscheinen lässt?

Unterdessen vergrößert sich mit jedem neuen Menschen, den er in dieser von Menschen überreichen Umgebung kennenlernt, sein Gefühl, einsam zu sein. All die besserwisserischen Vögel, das Geschacher um einen Rang. In den primärpolitischen Kreisen, in die er nun mit Nachdruck versucht hineinzugelangen, scheint es unausgesprochene Absprachen darüber zu geben, keine Pakte mit unbekannten Gesichtern einzugehen, erst recht nicht, wenn es undurchsichtige Ausländer sind, und das gilt für die Konservativen wie die Linken gleichermaßen. Einer aus der Roten Zelle, Hanno heißt er, zu dem er schon vor einiger Zeit ein wenig Kontakt aufnehmen konnte, steckt ihm vertraulich zu, dass es bei den Marxisten Zweifel hinsichtlich seiner uneingeschränkten Solidarität gebe. Auch scheine er ihnen nicht gerade sattelfest in Sachen linientreuer Theorieverwendung, und dass er das natürlich nicht von ihm habe. Er solle zusehen, unauffällig zu bleiben und mitzuarbeiten, wo es möglich ist, dann werde sich der Rest von selbst ergeben.

Die Sozialdemokraten sind noch abweisender. Jeder von ihnen wird umhegt von Büromitarbeitern, die gar nicht erst zulassen, dass ein Gespräch entsteht. Als er sich eines Abends in eine traditionsreiche Arbeiterkneipe wagt, um ein paar Politiker aufzusuchen, deren Reformideen ihn schwer beschäftigen, stellen sich ihm kantig ein paar junge Parteireferenten in den Weg, um seine Fragen und Anregungen vorzukosten, bevor sie an die Ohren der Majorität gelangen.

Nachdem sie sich alles angehört und ein paar halbgare, eigentlich ganz und gar nichtssagende Antworten genuschelt haben, kommen sie zu der Ansicht, dass hierzu auch ihr Abgeordneter sicher noch nicht mehr sagen könne als das, was ohnehin bekannt sei, und sie deshalb um Verständnis dafür bäten, seinem Wunsch nach einem Gespräch nicht nachkommen zu können. Reza kocht und kämpft zugleich dagegen an, dass man seine Wut bemerkt. Ihre Härte und Arroganz aber lässt sie seinen hilflosen Unmut spüren, und die ersten beginnen milde zu lächeln. Wenn er sich informieren wolle, könne er gern in der Parteizentrale vorbeischauen, dort freue man sich immer. Hier aber hätten sie zu arbeiten, auch wenn die Atmosphäre nicht unbedingt darauf schließen lasse, doch in der Politik sei das eben so. Sicher verstehe er das.

Hart, arrogant, abweisend. Es sind genau diese Eigenschaften, steigt ihm der Gedanke zunehmend zu Kopf, die in solchen Zeiten nötig wären, doch ihm stehen sie nicht zur Verfügung. Er möchte doch bloß den Dialog voranbringen, sich inhaltlich profilieren, doch scheint der Dialog politisch überhaupt nicht erwünscht. Niemanden, der an irgendeinem Hebel sitzt, interessiert es, was er zu sagen hat. Für so viele Konflikte hat er ideologiefreie Strategiekonzepte erarbeitet, doch die Aufhebung der Konflikte scheint einigen die schlimmste aller denkbaren Lösungen zu sein. Er wird nicht vollständig irre, noch nicht. Obwohl es vielleicht sogar besser wäre, denn so begreift er immer noch zu viel von dem, was um ihn herum geschieht. Er hat vor allem begriffen, dass er vorerst nicht mehr begreifen will und verwendet seine Energie nun darauf, besseres Crack zu beschaffen.

Es kommt die Nachricht, einer aus der Zelle habe sich erhängt. Reza rennt hinaus in die Nacht, kommt am Savoy vorbei, wo die Portiers gerade einen Betrunkenen zu Kleinholz treten. Reza schreit ihnen etwas Beleidigendes zu und rennt weiter, immer weiter, die Bewegung nimmt ihm die Panik, und nach einer Weile streift er den Junkiepark im Tiergarten, wo dunkle Gestalten auf und neben den Bänken liegen und stöhnen. Er fragt sich, ob sein Leben auch so enden wird, in der Gosse. Aber ist er da im Prinzip nicht schon?

Sich etwas vorzumachen hilft nicht mehr. Er hockt in der Enge, doch trotzdem ist er noch immer gespannt auf alles, was da kommen mag, er weiß, was er kann, was möglich wäre, sogar jetzt noch. Es ist ein Spiel und fühlt sich, wenn er den Rauch hinausbläst und aus allem heraustritt, wie seit jeher leicht an. Er muss sich nur daran erinnern.

Was gehen ihn die Probleme dieser Menschen an? Haben sie sich nicht als unwürdig erwiesen? Hat er es nicht versucht, mit gutem Willen? Ihr Dank ist nichts als Gleichgültigkeit, im besten Fall noch offene Abscheu. Jetzt erst versteht er, was Politik wirklich ist, nichts als reines Verdrängen und Stellunghalten, reine Unbeweglichkeit und Konterkarierung von allem, was sich, wie es so schön heißt, einbringen möchte.

Wie zuvor besprochen, besucht Clara ihn. Sie fährt mit dem Käfer bis Hannover und fliegt von dort weiter nach Tegel. Es kommt ihr so vor, als würde das Flugzeug direkt nach dem Start wieder landen. In einer Pension an der Zionskirche mietet sie sich ein und sieht sich erst einmal um. Fremd erscheint es ihr, dieses graue und zugige Berlin. Das soll also die alte deutsche Hauptstadt sein?

Ganz unglücklich ist sie aber nicht darüber, dass Rezas Abschied ihr überhaupt die Gelegenheit zu einer solchen Reise gibt und vor allem dazu, hinauszugelangen aus dem Muff der Firma. Zugleich ist sie misstrauisch, zumal seine Wohnung wegen Bettina tabu ist. Obwohl sie mit dem ganzen Kapitel seiner Existenz eigentlich längst hat abschließen wollen, ist es ihr bislang nicht gelungen, den entscheidenden Schnitt zu vollziehen, weswegen sie sich nun umso kräftiger in den Kopf gesetzt hat, dass es vielleicht doch so etwas wie wahre Liebe ist. Zweifelnd und hadernd, noch im Ringen um die Wahrheit erkennt sie in ihrem Vater eine Ursache dafür, hierauf keine Antwort zu finden.

Kurz darauf klopft es, und Reza tritt in ihr Zimmer und wandert nach einer ausgiebigen Umarmung und vielen Küssen zwischen Fenster und Kommode auf und ab. Das wieder macht sie nervös, und während sie vor dem Spiegel die letzten Schönheitskorrekturen für den Abend vornimmt, scheint er nach etwas zu suchen, nach Worten zu suchen. Das macht sie noch nervöser.

– Kannst du mir verraten …

– Clara, hör mir zu.

– Ja?

Er kommt näher, packt sie an den Oberarmen, und es fühlt

sich schon ohne Worte an, als überkomme er sie orkanartig mit seinem unbändigen Willen.
– Pass auf, es hat sich einiges getan, weißt du … und da wollte ich fragen, wie es denn momentan bei dir aussieht, könntest du nicht vielleicht ein bisschen länger bleiben?
– Wieso? Ich bin doch gerade erst angekommen.
– Ja, natürlich, mein Schatz. Also, es hat sich da ein bisschen was getan …
– Was hat sich getan?
– Es ist so, dass Bettina jetzt erstmal nicht mehr bei mir lebt, weißt du. Eine Weile zumindest … Alles eine Scheiße, kannst du dir nicht vorstellen. Vielleicht könntest du ja ein bisschen hierbleiben und mir helfen?

Clara fällt der Lippenstift auf den Teppich.
– Bitte?

Es ging nicht anders. Wenigstens ein Zeichen musste sie setzen, sonst wäre er völlig übergeschnappt. Nachdem sie ihn rausgeschmissen und auf morgen vertröstet hat, reißt sie die Fenster auf, wirft sich aufs Bett und fängt an, mit sich zu ringen. Ob sie wohl wirklich so eine lahme, blinde Hirschkuh ist, die jeder mühelos aus dem Dickicht locken kann? Eine Mücke, von den Fingern der Zeit zerquetscht? Oder wird sie hier nur mit Dummheit gemästet und bald irgendjemandem zum Fraß vorgeworfen? Liegt ein Sinn darin, dass sie diesen Irrsinn so unerschütterlich mitmacht? Oder, fragt sie sich voller Verdruss, findet sie gerade das etwa verlockend?

Dieser Mensch hätte im Grunde genommen keinerlei Anspruch auf Aufmerksamkeit, doch er bekommt sie, wenn er schnippt. Es ist unverfroren, wie mühelos er sie einwickelt.

Nun hört sie wieder seine Stimme. Erst glaubt sie, es sei Einbildung. Das wäre nicht sonderlich überraschend, wahrscheinlich ist ihr armer Verstand bereits ordentlich in Mitleidenschaft geraten, das wäre ihm nicht zu verübeln. Aber die Stimme verschwindet nicht, sondern hallt die Hofwand der Pension hinauf, wieder und wieder, verkündet ihren Namen. Ruft nach ihm, beschwört ihn. Das darf ja wohl nicht wahr sein, denkt sie. Springt auf, hetzt zum Fenster, blickt hinaus. Die Arme nach oben ausgestreckt, grinst er sie an.

– Bist du völlig irre geworden?

– Nein, meine Liebe! Überhaupt nicht!

– Meine Güte, Reza!

So gern würde sie auf sein Gehabe eingehen, in seine Wohnung ziehen, ein paar leichte Wochen mit ihm verbringen. Doch so einfach geht das nicht, diese Beliebigkeit darf sie ihm nicht durchgehen lassen. Ihr Herzrhythmus erhöht die Schlagzahl, ihre Gedanken werden wieder fester. Von jetzt auf gleich dieses, von jetzt auf gleich jenes. Sie hat es so satt wie die Pflicht zum Grünkohlessen. Darum brüllt sie etwas hinaus, das sie an einem düsteren Flecken in ihrem Inneren findet, wirft einen verächtlichen Blick hinterher und rammt die hölzernen Fensterflügel ins Scharnier.

1992

Die großen Ferien geben kaum etwas her, woran man sich festkrallen könnte. Niklas und Erik gehen spätabends durch die halbdunkle Gräfte, die einmal herumführt um die kreisrunde Stadt. Erik ist süchtig nach Feuer, und in jeder der städtischen Mülltonnen aus Metall legt er eines, während Niklas stumm seine sicheren Handgriffe verfolgt. Bald ist die Stadt von einem Kranz aus Glut und kleinen lodernden Feuern umschlossen. Eine Weile schauen sie sich das Aufflackern jeweils an, dann ziehen sie eilig weiter.

Als sie sich schon auf dem Weg zurück zu Erik befinden, tritt aus einer Gasse Rouven. Sie zucken zusammen, er kommt auf sie zu.

– Na, ihr Spinner! Was ist los? Woher kommt ihr?

– Das geht dich einen Scheiß an, tönt Erik.

Rouven reagiert automatisiert, packt ihn im Nacken, zwingt ihn in die Knie.

– Na, na. Nicht frech werden. Was wird das hier?

– Er zerrt ihn wieder hoch und greift ihm in die Taschen, fingert zwei Feuerzeuge und die kleine Ampulle mit dem Anzünder hervor.

– Ach, so ist das, interessant. Nachdenklich betrachtet er das Etikett. Dann können wir ja gleich mal testen, wie gut du das drauf hast. Los, Abmarsch.

Er treibt seinen Bruder vor sich her, und Niklas folgt ihnen bis hinunter zum Parkplatz neben dem Großen Teich, auf dem eine Telefonzelle steht. Er deutet mit dem Finger auf sie.

– Anzünden.

Regungslosigkeit, flacher Atem, aufgeschreckter Blick. Niklas versucht noch, Erik wegzuziehen, doch der ringt schon mit sich und der Frage, ob er der Verlockung folgen soll oder doch lieber erkennen, dass sein Bruder ihn auf Abwege bringt.

Wenige Minuten später brennt die Zelle lichterloh. Die Kraft, mit der das Feuer sie von unten her erobert, hat eine beruhigende Wirkung, findet auch Niklas, was für Erik ohnehin gilt. Regungslos steht er vor der Zelle, in seinen Augen flackert das orangefarbene Licht. Rouven gibt amüsierte Geräusche von sich, und als sie das Martinshorn hören, schlägt er sich in die Büsche.

– Hau ab, Mann!, ruft Niklas Erik zu, dann fängt er an zu rennen. Als er um die Ecke ist, bleibt er kurz stehen, schiebt seinen Kopf um die Häuserwand, sieht dort das Blaulicht aufleuchten und sprintet panisch weiter.

Jetzt haben sie ihn. – Sie haben ihn! Hinter Niklas Stirn wirbelt es. Sie werden Erik einbuchten, und wenn sie ihn wieder freilassen, wird er für immer Hausarrest bekommen, für immer und ewig. Niklas keucht, bis er das Gefühl in seiner Brust nicht mehr aufhalten kann. Durch einen der Gänge, die zwischen den dunkelgrünen Mauern in die Gärten der teils leeren Grundstücke führen, verlässt Erik seitlich die Gasse, kann in dem düsteren Gang nicht mehr an sich halten und erbricht mitten auf den schmalen Pfad. Tränen rinnen ihm über die heißen Wangen. Im Rachen schmeckt er das Bittere.

1977

Die gelbe Sonne brennt, und in ihrem Licht blitzen die landenden Maschinen, die eine nach der anderen in die wie flüssig erscheinende Landebahn eintauchen, in graubraune Nebelfelder aus Staub. Der Pilot fährt die Störklappen aus, deren feine Mechanik für Sekundenbruchteile ihr Inneres preisgibt, und angesichts der Helligkeit, die ohnehin schon herrscht, ist selbst das Licht der Scheinwerfer kaum zu erkennen.

In seiner Ledertasche führt Reza alles mit sich, was nötig ist. Ausführliche Anleitungen zu Konstruktion und Bau der verschiedensten Landmaschinen, aber auch Jahreszeitenpläne und Auswertungen von Bodenproben. Neben ihm hat Bettina Jara auf dem Schoß. Das kann man zwar für ein kleines Wunder halten, doch als er sie bat, mitzukommen, um weitere Anhaltspunkte für ihre Entscheidung zu finden, ob es nicht doch eine Zukunft für sie geben könne, schienen plötzlich alle Unwägbarkeiten und Gereiztheiten aus der Welt gewischt, als seien sie nichts.

Unter ihnen nähert sich Teheran, das von hier aus gewaltiger als alles auf sie wirkt, was sie je gesehen hat. Die Maschine setzt auf, Jara versteinert in Bettinas Arm, und in Reza wütet die Sorge darüber, was nun kommen mag. Einen halben Tag verbringen sie in der Innenstadt, in die sie von den Fahrern, die die Versender ihnen geschickt haben, kutschiert werden, trinken hier und dort einen Kaffee und nehmen Süßspeisen zu sich, gehen über die großen Plätze, den grünen

Meidan-e Sahyad und den Meidan-e Baharestan. Seine kleine Familie scheint halbwegs vergnügt, doch ihm entgehen sie nicht, die misstrauischen Blicke und die Hektik, mit der die Leute über die Straßen laufen. Die Hauptstadt wirkt merkwürdig auf ihn, die Atmosphäre scheint auf unerklärliche Weise erkaltet, das Verhalten gedimmt, und in diesem Moment ist ihm, als kündige sich etwas an.

Ein wenig ist Reza noch immer überrascht, dass sie ihn gerade jetzt einladen. Die Stimmung war zuletzt unterirdisch, seine Eltern gerieten verstärkt unter Druck, ohne dagegen etwas unternehmen zu können, und etwas Angst macht es ihm schon, sich nun samt seiner kleinen Familie auszuliefern, vollkommen dem Gutdünken seiner Versender zu überlassen. Zugleich haben sie ihm unmissverständlich klargemacht, dass er sie beide, seine Frau und auch das Kind, mitzubringen habe, wenn sie denn später einmal mitkommen wollten. Es sei unumgänglich, schon jetzt die Vorbereitungen zu treffen, sie könnten nicht eines fernen Tages einfach antanzen und glauben, damit hätte sich ihre Integration erledigt. Dafür seien auch seine Verdienste nicht groß genug, als dass sie ihm das einfach so durchwinken würden.

Jara scheint zunehmend verwirrt, auch wenn sie begreift, dass sie eine Reise in das Land unternehmen, aus dem ihr Papa kommt. Weil sie aber jede Kleinigkeit genau registriert und, ohne dass ihre Eltern diesen Umstand je zur Kenntnis genommen haben, ein hellwaches Kind ist und die Reise auch jetzt kein Ende nimmt, sie seit nicht mehr zu überschauender Zeit sitzen, warten, plötzlich wieder aufstehen, durch Gänge und über Parkplätze eilen, durch Kontrollen und Schleusen laufen muss, immer umringt von Menschenhorden, mit denen sie daraufhin wieder stundenlang eng beieinander sitzt, während die gewaltigen Kräfte sie aufs Neue in die Lüfte reißen, und sie schließlich an einem Ort landet, an dem die Menschen und Häuser und Tiere aussehen wie aus einem ihrer Märchenbücher oder den Kinderfilmen am Samstagmorgen, verliert Jara nach der Ankunft für eine geraume Zeit ihre Sprache.

Zunächst fällt das weder Reza noch Bettina auf, weil sie unbewusst vor allem darauf schauen, was das Kind macht, als weniger darauf, was es sagt. Nach einiger Zeit aber bemerkt Bettina es aber doch, dass ihre Tochter nicht mehr spricht, woraufhin sie in leichte Panik verfällt. Sie bedeutet ihrem Mann mit Händen und Worten, er möge sich seine Tochter anschauen, und anfangs ist er nicht minder erschrocken angesichts der vollkommenen Teilnahmslosigkeit und tiefen Fahlheit in ihrem Gesicht, dem apathischen, finsteren Starren ins Nichts. Nach einigem Gutzureden und Rütteln aber begreift er, dass sie gar nichts anderes sein kann als verwirrt, betrachtet sie ruhig und hebt sie auf den Arm.

Am Abend geht ihr Flieger in den Westen. Nachdem sie gelandet sind, werden sie von einem Herrn, den Reza sofort wiedererkennt, und einem weiteren, wortkargen Mann abgeholt und in einer kleinen schwarzen Limousine stadteinwärts gefahren. Reza gibt dem Fahrer ein paar Anweisungen und spricht ansonsten kaum, hebt den Arm, deutet auf etwas: Jara sieht nach rechts, im Viereck des Fensters erscheint ein weiter Platz mit einem bunten Gebäude darauf. Es glitzert beinahe und ist unendlich hübsch, während fast alle anderen Häuser dunkelgrün sind, und wenn sie die Augen zusammenkneift, ohne sie ganz zu schließen, und sie nur noch die Umrisse erkennt, ist es ihr, als führen sie durch die Stadt, aus der ihre Mama kommt. Allmählich kehrt das Leben in sie zurück, weicht die Ehrfurcht dem Staunen, und in die Mundwinkel rutscht ihr sachte ein Lächeln.

Im Rückspiegel erkennt Reza, dass ihnen seit einiger Zeit ein Wagen folgt. Auch der Abstand, den er hält, kann ihn nicht unsichtbar machen, nicht ignorierbar. Ihn treibt kein anderer Gedanke mehr um, als dass seine Tochter und ihre Mutter in diesem gottverfluchten Abenteuer unversehrt bleiben, und sollte sich jemand an ihnen vergreifen, ginge es zweifellos dahin mit ihm. Er könnte sich in keinem Fall keine Sekunde lang beherrschen, würde denjenigen auf der Stelle aufknüpfen, und dafür wiederum, da gibt es keinen Zweifel, würden sie ihn lynchen.

Auf der anderen Seite der Stadt fahren sie wieder hinaus. Steppen breiten sich aus, durchpflügt von lichten Wäldern, Gazellen springen aus vertrocknetem Dickicht und schütteln sich frei vom Staub, doch um eine unberührte und wahrscheinlich temporäre Oase, die sich nach einiger Zeit seitlich der Fahrbahn auftut, gedeiht alles schon mit voller Wucht. Prophetenblumen und Glockenlilien sprießen, Maulbeerbäumchen reifen vor sich hin, und über den schwarzen Tümpeln, auf deren Oberfläche das Licht zuckt, schweben Mückenschwärme. Libellen schwirren durch den Sonnenschein, vor und zurück, bis sie in die Höhe stoßen und außer Sicht rasen. Etwas, von dem er nichts wissen will, arbeitet in Rezas elendem Gemüt.

Als sie gemächlich auf den Hof des elterlichen Gutes rollen, will er nicht verstehen, kann es noch immer nicht glauben, hier überhaupt nur angekommen zu sein. Er spürt, wie sich eine Verkrampfung seine Waden hinaufarbeitet, die seine Beine schon hier im Wagen zu lähmen droht, und als er in seinem Sitz nach oben rutscht und durch die Frontscheibe hinausspäht, wird ihm beim Anblick seiner Eltern fast schwarz vor Augen; er schließt sie vorsorglich und horcht tief in das hinein, wovon er meint, es sei das ihm verbliebene Innere, das ihn noch immer ausmacht, das doch noch irgendwo dort sein, dort hausen muss; und während ihn die anderen, seine kleine Tochter eingeschlossen, skeptisch beäugen, wird er fündig, und das zu seiner Überraschung auch noch glaubhaft für sich selbst. Sein Wille ist noch immer intakt.

Jara erschrickt, als er die Augen wieder öffnet, ruckartig die Tür aufstößt und aus dem Wagen steigt. Schon kommen seine Mutter und die Mägde gelaufen, während sein Vater unbewegt und etwas abseits dasteht, flankiert von Lakaien.

– Mein Sohn!, hallt es über den Innenhof und durch das Tor hinaus über das Gut und hinüber bis zum nächsten, damit es auch bloß nicht untergeht und der Ankunft Genüge getan wird.

Reza bringt nichts heraus, keine einzige Silbe, aber auch keine Träne, nichts. Er kann beim Umarmen nicht verhindern, angesichts seiner Hilflosigkeit so fest zuzupacken, dass seine Mutter einen kurzen, nach Schmerz klingenden Seufzer ausstößt, und er lässt wieder locker, sieht sie an. Ihr Gesicht ist verzerrt, eine Verblüffung liegt auf den noch immer feinen Wangen, doch umgehend weicht der Schock, ausgelöst durch die feste Berührung mit ihrem wiedergewonnenen Sohn, schon wieder der fröhlichen Heulerei, derer sich Reza nun durch jede Art von Gebärden anzunehmen versucht.

– Komm mit, sagt sie.

– Mutter, hallo, gelingt es Reza zu sagen.

– Hallo, mein Junge.

– Ich bin wieder da. Ich bin zu Hause.

– Das bist du.

Sie sehen einander an, und erst jetzt wird ihm bewusst, dass es für sie beide nicht dasselbe ist, dass es etwas ganz anderes ist, das eigene, in die Welt verstreute Kind zu vermissen oder seine ahnungslos in der Heimat wartenden Eltern. Hinter ihm steigen die Herren mit Bettina und Jara aus dem Wagen.

– Darf ich dir jemanden vorstellen, fragt Reza.

– Wieso das? Diese Herren kenne ich nur zu gut.

– Nein, nein, sagt Reza mit zunehmender Euphorie. Ich habe

jemanden mitgebracht, und als er sich umdreht und winkt, kommt Jara herangelaufen.

Er wendet sich wieder seiner Mutter zu, die einige Sekunden wortlos dasteht, bevor sie wieder etwas hervorstößt.

– Um Himmels Willen.

– Bitte?, sagt er ruhig.

– Reza, was hast du nur getan?

– Was ist denn, Mutter?, hört er sich stammeln und fühlt sich wieder hinunterrauschen aus den Höhen, in die er eben noch vorgedrungen war.

– Das ist dein Kind!

– Ja, genau, antwortet er und lacht.

– Wer hat dir das erlaubt?

Kurz weiß er nichts zu antworten.

– Aber Mutter, das geschieht. Der Herr wollte es so, sagt er und fühlt sich sogleich lächerlich.

Doch ihr Entsetzen wird nur größer.

– Der Herr? Wie kommst du denn darauf? … Bist du jetzt etwa auch verrückt geworden? Alle reden nur noch vom Herrn, und dass der Herr alles führt und leitet und überhaupt in jedem winzigen Korn sitzt, in dir und mir, überall. Das ist ja nicht mehr auszuhalten. Die werden uns an die Wand stellen und sich dann auf dem Gehöft breitmachen, sich die Ländereien unter den Nagel reißen, und verkaufen werden sie das als soziale Bewegung, die für Gleichheit und Gerechtigkeit im Namen Gottes steht. So wird es sein.

Reza begreift nicht ganz, wie sie auf all das nun kommt, aber sie legt jetzt erst richtig los.

– Dein Vater wird büßen und leiden, wenn das mit der Religion so weitergeht. Es breitet sich rasend schnell aus. Sie lauern überall, spionieren einen aus, kontrollieren, was die Leute machen. Die wollen an die Macht, mein Sohn, aber das will ja niemand wahrhaben. Auch dein Vater nicht, obwohl er es

ganz genau weiß. Aber er ist gern naiv, das weißt du ja. Das hält er für weise.
– Was redest du denn da?, Mutter, fährt Reza dazwischen.
– Und du bleib, wo du bist, wenn es soweit ist! Und gnade dir sonst wer, von mir aus auch dieser Herr, wenn du nochmal dieses Land betrittst.

Sie hebt den Kopf und winkt bedeutsam ein paar helfende Hände heran, die sich umgehend an ihr Gepäck machen, führt die Gruppe zu seinem sachte den Kopf schüttelnden Vater. Eine ausufernde Begrüßung findet statt, die trotzdem ohne großartige Regungen auskommt. Jara wird von einem Lakaien nach vorn geführt, verbeugt sich wie selbstverständlich und wartet auf eine Reaktion. Ihr Großvater legt seine Hände auf ihren Kopf, ihre Oberarme.

Auch Bettina und die Geheimdienstler vollführen das Zeremoniell einwandfrei, und erst jetzt wird Reza wieder klar, welche Wirkung sein Vater immer schon auf die Menschen hatte, eine einschüchternde, hoheitliche, wissende. Weswegen sich in seiner Gegenwart häufig noch der Ungehobeltste binnen kürzester Zeit von seiner besten Seite zeigt und sich so verhält, wie er glaubt, dass es von ihm erwartet wird.

Bei einem schwarzen Tee im Schatten des Haupthauses erfahren sie von den Agenten, dass es nicht gut aussehe mit der Stimmung im Land, es sei unruhig und gebe diverse Gegenbewegungen, die aber glücklicherweise noch ziemlich uneins seien. Reza merkt, wie die Augen seines Vaters zwischen dem Agenten und ihm hin- und herwandern, als würden sie Silbe für Silbe prüfen, wie er diese unheilvollen Worte aufnimmt.
– Seid ihr eigentlich ein Paar?, fragt seine Mutter plötzlich mitten ins Gespräch hinein.
– Wie bitte?, zischt Reza. Natürlich.

Kurz sieht sie zu seinem Vater, der sich nicht rührt, dann wieder zu ihrem Sohn.

– Nein, ich meine, seid ihr verheiratet?

Erst jetzt begreift Reza den Ernst der Frage, spürt Schwindel und Herzrasen, ärgert sich, nimmt sich zusammen.

– Nein, noch nicht, aber bald.

– Aber ihr habt ein Kind.

– Ja, und?

– Um Himmels Willen, Reza.

– Mutter, wir leben in Europa.

– Davon darf niemand etwas erfahren, greift sein Vater ein. Es bringt nur noch mehr Ärger und Gefahr, und davon haben wir wirklich schon genug.

Gegen frühen Abend muss Bettina mit Jara auf die andere Seite des Hofes, doch als es dunkel wird, schleicht Reza hinüber, besticht die dort sitzende Wache und erschreckt Bettina fast zu Tode, als er die Kammertür öffnet. Sie bringen Jara gemeinsam im Nebenraum zu Bett, machen es sich bequem und zeugen ihr nächstes Kind.

In der Nacht hören sie von draußen Schreie. Reza bedeutet Bettina, hinüber zu Jara zu gehen und sich ruhig zu verhalten. Langsam tastet er sich durch das Dunkel hinaus. Mitten auf dem Hof, so viel kann er auf den ersten Blick erkennen, stehen Reiter auf ihren Pferden mit brennenden Fackeln im Halbkreis, vor ihnen die Knechte seines Vaters, den er fern in der Ecke eines Fensters kauern sieht. Offenbar verlangen die Reiter nun nach ihm. In ihrer Mitte liegt einer der Knechte am Boden, über ihm ein Mann, der ihn an den Haaren hinaufzerrt und wieder von sich schleudert.

– Na los, wird's bald, wir wollen auch mal schlafen, verkündet der Stehende.

– Ich weiß nicht, was Sie von uns wollen, wimmert der Knecht. Reza erahnt seine Worte eher, als dass er sie wirklich versteht.

– Jede Menge! Also, her mit dem Alten!
– Was gibt es?, tönt es in diesem Moment von der Treppe her, Reza wendet den Kopf und sieht, wie dort mit verschränkten Armen und im weißen Nachtgewand sein Vater steht.
– Ahaaa, na wunderbar, brüllt der Reiter. Hier, dein Idiot von einem Untergebenen war bei uns im Dorf, das sich seit Langem den Farben des allmächtigen Gottes verschrieben hat, und hat es gewagt, Unzüchtigkeiten an eine unserer Töchter heranzutragen. Dieses widerwärtige Gekreuch muss auf der Stelle hängen! Wir können nichts dagegen unternehmen, wenn sich andere in Sünde und Unzucht suhlen, noch nicht jedenfalls, aber auf unseren Plätzen sind die Gesetze des Herrn einzuhalten, und wer dies missachtet, muss dafür büßen.
– Niemand hier wird büßen, schallt die Stimme seines Vaters über den Platz, und in ihr liegt eine Sicherheit, die auch den Mann kurz zu beeindrucken scheint. Bis er Luft holt und wirkt, als wolle er die Widerrede umgehend mit aller Kraft zunichte machen.
– Was war das?, schreit er und lässt eine Pause. Höre ich richtig? Das wird Konsequenzen nach sich ziehen. Die erste gleich hier, sagt er, holt mit der lodernden Fackel aus und zieht sie mit voller Wucht einmal quer durch das Gesicht des Knechts. Der kippt der Länge nach weg.
– Also, was war das?, ruft der Reiter noch einmal.
– Dazu gibt dir auch dein Gott kein Recht, sagt Rezas Vater entschieden, aber schon nicht mehr allzu laut. Der Reiter gerät langsam, aber sicher außer sich.
– Kein Recht? Hast du das gerade gesagt? Ich will kein heiliges Wort beschmutzen, indem ich es an euch Esel verschwende, aber das, das solltest du wahrhaftig nicht sagen, wenn du von nichts eine Ahnung hast. Das wird dich teuer zu stehen kommen, wenn du nicht anerkennst, zu wie vielem unser Recht reicht.

Er zieht aus seiner Innentasche einen Revolver und richtet ihn auf den Knecht. Die anderen machen einige Schritte rückwärts.

– Schön hierbleiben, Gesinde! Seht es euch genau an.

Und er schießt, dass der Sand hochpeitscht. Der Knecht schreit auf, die anderen schreien auf, Rezas Vater eilt die Treppe hinab und macht einige Schritte nach vorn. Der Mann lacht irre. Der Knecht wälzt sich auf dem Boden, zieht das Knie an, umgreift sein linkes Bein. Seine Schreie werden noch sehr weit zu hören sein, denkt Reza. Hoffentlich nicht zu weit.

– Siehst du, Alter? Das geht ganz leicht, brüllt der Reiter und schwingt sich auf sein Pferd. So ist das, wenn man sich im Weg verirrt. Gott ist groß und sieht alles, wirklich alles. Und allen, die ihm folgen, verrät er, was er sieht, und beauftragt sie, ihn beim Sühnen zu entlasten. Es wäre also auch für euch ganz einfach, sich aus dem Schlamassel, in dem ihr steckt, zu befreien. Dafür aber bedarf es erstmal der Fähigkeit zur Erkenntnis, und die sehe ich hier bislang noch nirgends.

Mit einem Wink bedeutet er seinem Trupp, sich gen Tor zu wenden.

– Deshalb, das prophezeihe ich euch, sehen wir uns wieder, schon sehr bald. Noch einmal lacht er auf. Früher als ihr glaubt.

Und mit einem Ruck, dessen Wind noch Reza bei sich im Dunkeln ankommen zu spüren meint, setzt er sich vor sein Gefolge und reitet zum Tor hinaus.

Alles ist wieder dunkel. Am weißen Stoff erkennt Reza, wie sein Vater noch immer ruhig dasteht, an den Schleifgeräuschen, wie die anderen den Verletzten bergen, und als er hinter sich etwas hört, fährt er herum und erkennt Bettina an ihrem Zittern.

Sie verbringen noch einige Wochen auf dem Gut, in denen außer Spaziergängen, dem Einnehmen von Mahlzeiten und einem für Bettinas Geschmack und trotz der Sprachbarriere auffällig zugewandten Miteinander nicht mehr viel geschieht. Selbst ihre unheimlichen Begleiter verschwinden, deren Funktion ihr Reza noch immer nicht erklärt hat, bis nach einer Weile auch Reza für ganze drei Tage und Nächte nicht mehr auffindbar ist, obwohl er vorher lediglich angekündigt hatte, vielleicht einen Tag wegzumüssen, ein paar Dinge klären.

Doch weil er ihr zuvor beteuerte, die Reise beinhalte für ihn keinerlei Gefahr, vertreibt sie die anfangs große Sorge und lernt es zu schätzen, ohne ihn Zeit auf dem Hof zu verbringen, während der man ihr unerwartet viele Freiheiten gewährt und in der sie sich auch deswegen gern mit Jara zu seinen Eltern auf die Veranda setzt, weil sie hierzu keinerlei Zwang verspürt. Im Grunde vermisst sie ihn kaum. Seltsam kommt es ihr zwar trotzdem vor, aber besser, sie fragt nicht.

Der Abschied verläuft zunächst desaströs, nimmt daran gemessen aber noch ein glimpfliches Ende. Die Tränen, die über das blutrote, verknitterte Gesicht seiner Mutter rollen, scheinen auf hundert Jahre nicht zu trocknen, und mit jeder weiteren, das weiß Reza, ohne ihn auch nur anzusehen, wird sein Vater wütender. Auf ihn, auf alle.

Jara rettet sie. Ganz langsam, aber mit Entschlossenheit schleicht sie um die Gruppe herum, bis sie neben ihrer Großmutter steht, der sie leicht mit den Fingern über den Unterarm streicht. Ohne noch richtig sehen zu können, dreht sie sich zu Jara, sieht durch die Verschwommenheit auf sie hinab, sieht die klarer werdenden Konturen des kindlichen Gesichts und erkennt, wie viel Freude darin liegt, worüber auch immer. Und in diesem Moment merkt sie, dass auch sie selbst Freude in sich trägt, selbst wenn sie sich von lauter Melancholie ganz zerfressen fühlt.

Doch was gibt es außer Freudigem an diesem Tag. Ihr Sohn hat die Welt entdeckt, hat dabei standgehalten, ist nicht untergegangen, und aus dieser fernen Welt hat er ihr nun diese Enkeltochter mitgebracht, deren Antlitz niemals ein ganz persisches sein wird, aber das macht ihr schon nichts mehr aus. Denn dafür bringt sie etwas anderes in ihre Welt, das sie ohne die Gefahr, die dieses Kind zugleich verkörpert, niemals kennengelernt hätte.

Sie beugt sich hinunter, umarmt sie sanft, und auch wenn sie die Worte Jaras nicht versteht, spürt sie ihre Bedeutung.
– Bis bald, liebe Oma, bis ganz bald.

1987

Lilienblüten in den Auslagen, heißer Wind fegt von allen Seiten in die Schneise. Mit einem Milcheis in der Hand steht Niklas vor der Passage und sieht sie als erstes kommen. Schon bevor sie in der Biegung der Fußgängerzone erscheinen, sind Trommeln, Tröten und Rufe zu hören, auch hat sich im Knick gegenüber des Passageneingangs ein Haufen Gaffer zusammengefunden, an deren Blicken abzulesen ist, dass sich dort etwas Unerhörtes nähert.

Sie sind alle nackt. Selbst wenn natürlich nicht alle nackt sind. Doch alle, die nackt sind, sind nackt. Sind es wirklich. Kommen nun so nackt aus der Kurve der Fußgängerzone, grölen, lassen sich Zigaretten anzünden. Er steht weiter ausdruckslos dort am Passageneingang, leckt stoisch an der Nusskugel, in seinem Kopf aber öffnet sich weit ein Mund, den er vorerst nicht wieder geschlossen bekommt. Behäbig schiebt sich der lange Zug voran, Schilder werden in die Luft gereckt, Trillerpfeifen gellen.

Als sei er von etwas erfasst und mitgerissen, treibt es ihn zurück ins Geschäft, das er neuerdings tagsüber meidet, lieber läuft er draußen herum. Hinten im Durchgang stehen schon alle beisammen, und er nähert sich lautlos.

– Hört mal, Frau Porsch hat gerade angerufen, sagt seine Oma zu den Näherinnen. Da waren sie schon.

– Ja, und, ist was passiert?, fragt seine Mutter und klingt nicht, als erwarte sie, dass es das sei.

– Na, ham' ordentlich randaliert. Gerda hatte zwar extra schon die Ständer in den Eingang gestellt, aber als sie dann um die Ecke kamen, war sie wohl zu langsam. Die haben ihr alles heruntergerissen und mitgenommen. Alles, was da hing.
– Sind denn jetzt endlich alle Sachen drinnen?, fragt seine Mutter etwas aufgedreht in die Runde. Wie kann man auch so blöd sein, sagt sie, damit lädt man die ja nur ein.
– Das Fräulein weiß wohl mal wieder Bescheid, sagt Elfriede Linsmayer, eine der älteren Schneiderinnen.
– Ist doch wohl klar, wird Clara lauter. Versteht jeder Affe.
– Jetzt sag mal, Berta, was schlägt deine Tochter eigentlich schon wieder für einen Ton an? … Soll erstmal selbst Ordnung kriegen in ihren Laden.
– Beruhige dich, sagt Berta, wendet sich aber auch sofort an Clara.
– Du reißt dich bitte zusammen.
– Ich bin ganz ruhig, sagt Clara.

Niklas sieht sie an und vermutet, dass sie gern ausrasten würde.
– Und was stehst du hier immer noch rum mit deinen verschmierten Pfoten? Komm bloß nirgendwo dran, sonst mach ich dir die Hölle heiß.

Die Verkäuferinnen schieben die letzten Ständer nach drinnen, die Paukenschläge nehmen zu, und eine nach der anderen drängen sie nun in Trippelschritten nach draußen, Clara und ihre Mutter zuletzt, nur Niklas genießt es, einen Augenblick allein in der Leere und Ruhe der Verkaufsräume zu stehen. Dann schleicht er hinterher.

Durch den Passageneingang werden wieder die Nackten sichtbar, die sich davor in einer Reihe aufstellen und ein Banner auf Höhe ihrer fehlenden Unterhosen halten, sodass sie Niklas kurz bekleidet erscheinen und er sich Gedanken darüber machen muss, wie es jetzt wohl wieder dahinter ausse-

hen mag, hinter den Schildern. Im Gesicht seiner Oma führt der Anblick zu einer deutlich wahrnehmbaren, aber nicht näher zu fassenden Veränderung, und als sich ihre Blicke treffen, nimmt sie ihn ins Visier.
– Du schaust jetzt aber mal woanders hin, das ist ja nicht zu glauben.
– Aber ich hab doch gar nicht da hingeschaut, Omma. Ich wollte nur sehen, was passiert.
– Ach Gott, sagt Clara, wegen so ein bisschen Haut macht ihr vielleicht mal ein Gewese.
– Mit deiner Erziehung schadest du unserem Ruf.
– Wirklich, Oma, mischt sich Niklas aufs Neue ein, ich finde es auch schlimm, ich gucke da gar nicht hin!
– Das ist wirklich lächerlich, ihr spinnt doch, seufzt Clara.
– Nun guck doch mal, was sie jetzt wieder machen, lenkt Berta die Aufmerksamkeit nach vorn, also genau dorthin, wo die Nackten sind und sie nicht wollte, dass man hinsieht, und jetzt wieder will sie es.

Auf dem ausgerollten Plakat stehen einige Wörter: PELZ STOP! MÖRDER STOP!
– Sind Tiere mit Pelzen Mörder?, fragt Niklas.
– Ach Niklas, bitte, sagt seine Mutter.
– Nieder mit dem weltweiten Pelzhandel, nieder mit den Mördern!, brüllt ein Nackter mit dichtem Bart ins Megafon, worauf auch alle anderen dreimal *Nieder mit den Mördern* rufen und die Trillerpfeifen aufschrillen. Clara erkennt erst einen, dann immer mehr Leute aus ihrer Clique, bei der sie sich kaum noch blicken lässt aus Scham.

In dem Moment wendet sich wieder ihre Mutter an sie. Mit einem Ruck dreht sie sich um, sieht Clara ins Gesicht, zügelt sich ein wenig und legt dann aber doch jede nur verfügbare Schärfe in ihre Worte.
– Da hast du den Salat mit deinem linken Pack!

Gefasst nimmt Clara es auf, zeigt kaum eine Regung.
– Meinem?
– Du ruinierst noch alles! Und meinen Ruf ganz besonders. Ich bin schließlich deine Mutter.
– Aber das hat doch nichts mit deinem Ruf zu tun, das ist der Ruf der Branche, versucht Clara sie zu beschwichtigen.
– Dass man dich aber auch zu allem so leicht verführen kann, schrecklich ist das! Das wird dich noch teuer zu stehen kommen.
– Ich wüsste nicht …, sagt Clara, aber weiter gelangt sie heute nicht mehr.
– Hast du ein Glück, dass dein Vater zu Hause sitzt und von alldem nichts mitbekommt. Wenn das so weitergeht mit diesen Protesten, müssen wir bald die ganze Produktion umstellen. Meiers machen auch schon nur noch Mode.

Meiers mit ihrem Grabbeltisch, denkt Clara, doch für heute sagt sie gar nichts mehr.

1979

Als Reza die Zeitung aufschlägt, zuckt er nur kurz, reißt die Augenbrauen nach oben, beinahe fällt ihm der Joint aus dem Mund. Er rennt hinunter ins Lokal, um die Nachrichten zu sehen. Die Tagesschau läuft bereits, durch den Dunst wähnt er den Sprecher, und unter den schimmernden Zapfhähnen schwellen Schaumkronen an.

Bilder der Ankunft von Chomeinis Maschine aus Paris laufen über den Bildschirm, hinter dem Rollfeld warten bereits frenetisch jubelnd die Massen, danach zeigen sie Bilder von Ausschreitungen in Teheran, und er fragt sich, ob nicht spätestens jetzt der Zeitpunkt gekommen ist, an dem er an einen anderen Ort gehört als diesen, und zwar ganz nach vorn an die riesige Schneise, die sich durch sein Land gräbt.

Helme, Knüppel, Barrikaden, Pflastersteine. Muss er nicht dort hinein, genau jetzt? Jeder Satz, der im Fernsehen gesprochen wird, packt ihn, greift nach ihm, und ihm ist, als wäre mit allem, was da oben flimmert, er gemeint.

Unter den Revolutionären sieht er überwiegend junge Gesichter, nicht alle sind bewaffnet, aber doch viele, mit Macheten und Knüppeln. Zugleich künden ihre Züge von einer heiligen Fröhlichkeit. Ist das etwa nicht der soziale Geist, der Wille von unten, in dem er Iran in seinen zugegeben manchmal kühnen Visionen hat leuchten sehen? Der Geist, in dem er blühen könnte?

Dann realisiert Reza, dass er nie mehr zurückkann. Chomeinis pathetische Ausführungen geben kaum Spielraum, um daran zu zweifeln, wohin der ganze Aufriss führen soll. Nicht weniger als das gesamte Schah-Zeitalter wird öffentlich beerdigt, und wie schon bei seinen Wortmeldungen aus Paris teilt Chomeini die iranische Bevölkerung in Arme und Unterdrückte einerseits, Reiche und Unterdrücker andererseits, und alle, schwört er, die Beziehungen zum Regime pflegten, gälten als schuldig. Dass er nichts beweisen müsse, sagt Chomeini, und wird es später bei vielen Gelegenheiten wiederholen, es seien keine Angeklagten, sondern Schuldige, Kriminelle.

Etwas zittert durch Rezas Knochenmark, seine Lunge entleert sich, ohne sich neu zu füllen. Nach dieser Definition handelt es sich bei seiner Familie um nichts anderes als Volksverräter, als Verräter der Religion ohnehin, und selbst, wenn sie eine der kritischsten Familien innerhalb der Monarchie waren, hilft ihnen das jetzt auch nicht mehr weiter, jetzt heißt es Auge um Auge, denkt Reza und bestellt beim Wirt ein Herrengedeck.

Irgendwie Kontakt mit seinen Eltern aufzunehmen, wird das einzige sein, womit er sich von nun an beschäftigt. Er kippt den Korn, und es fühlt sich an, als falle ihm eine Maske vom Gesicht, denn genauso begreift er, dass er von nun an ohne Schutz ist. Ob er die Botschaft anrufen soll? Vielleicht. Doch besteht die Botschaft jetzt nicht aus Feinden? Von wo aus kann er spontan jemanden erreichen? Ihm wird klar, wie lange das schon so gehen muss, dass sich die Zeiten nicht erst heute geändert haben, sondern schon viel früher. Hat er es in Hamadan nicht begreifen wollen? Er grübelt, weiß sich nicht zu helfen, grübelt weiter. Wie es gerade seinen Versendern ergeht, mag er sich lieber nicht vorstellen.

Einer der jungen SDSler mit kariertem Hemd und Bollerbuchse hebt sein Pils und sieht Reza an.

– Warum machen se nicht gleich nen ordentlichen Sozialismus, wo se schon soweit sind mit'm Revoltieren?

So nachvollziehbar, wie ihm die Frage erscheint, so falsch ist sie auch. Natürlich geht es darum, sich von den Fesseln der Armut zu befreien, und sicher handelt es sich auch um eine soziale Bewegung, doch ihr Fundament, ihre Legitimation, in dieser Weise auf die Straße zu gehen und mit aller Rücksichtslosigkeit ihren Willen durchzusetzen, bleibt ihre religiöse Verwurzelung, denn in ihren Augen bedeutet ein Leben nach Gott auch automatisch ein Leben in Gerechtigkeit, und den Reflex, seine Landsleute in Kapitalisten und Monarchisten einerseits und revoltierende Linke andererseits zu spalten, empfindet Reza als typisch westlich. Und als naiv.

Allerdings hätte er es selbst niemals für möglich gehalten, dass die religiöse Begeisterung, die immer unter der Oberfläche der öffentlichen Stimmung schlummerte, die iranische Jugend so leicht packt und mobilisiert. Immer hat er ihr Verhältnis zur Religion für ein zarathustrisches gehalten. Die wirklich Linken und Marxistischen hingegen waren immer eine privilegierte Minderheit, die in bürgerlichen Villen ihre Whiskeypartys abhielt und sich aus unerfindlichen Gründen auch politisch um nichts sorgen musste. Wahrscheinlich zahlte man immer schon genug.

Nun sitzt er hier mit dem wachsenden Gefühl, er habe sich völlig verkalkuliert. Alles wird er verlieren, seine geheime Stellung, die Aufstiegsmöglichkeiten im Apparat, seine Einlagen und auch die Staatspension, wahrscheinlich sogar das Land seines Vaters. Alles ist dahin. Oder doch nicht? Gibt es nicht gute Gründe für das neue Regime, seine Familie und ihn als Zwangsrekrutierte anzuerkennen und zu verschonen? Vielleicht übersehen sie ihn ja einfach. Doch würde das die Ungewissheit nehmen? Nie wüsste er genau, ob er sich eine Einreise wirklich erlauben darf, ohne umgehend abgeführt und nie mehr gesehen zu werden.

All das muss er unbedingt klären. Nun fühlt er sich wieder

dermaßen schlapp, dass er sich nach einem weiteren Gedeck hinaufschleppt in seine Wohnung. Am Fenster macht er es sich bequem und raucht ein Blech vom angeblich so guten Crack, das ihm jemand aus der Zelle vorgestreckt hat. In der Ferne brauen sich graublaue Wolken um den Alex zusammen, einzelne weiße Linien durchschneiden den Himmel und leuchten sekundenlang, um darauf alles um sie herum noch schwärzer erscheinen zu lassen. Nach einem letzten kräftigen Zug durch das Glasröhrchen nimmt er ein Stück Kandis aus der Schale, steckt es in den Mund, lutscht und schenkt sich vom kalten Tee ein. Was er sich nun am meisten wünschen würde, wäre ein Militärhelikopter auf dem Dach, mit dem er davonflöge. Er nimmt einen letzten Schluck, geht hinüber in den leeren, weißen Raum und wirft sich auf die Matratze. Von irgendwo ist das Grölen und Jubeln einer Feierlichkeit zu hören, und was er sich vor dem Einschlafen vor Augen hält: was kommen wird, wird kommen, und wenn, dann lieber schnell als langsam.

1991

Häufig diskutieren Erik und Niklas darüber, wer von ihnen das größere Talent am Ball habe, wobei Niklas feststellt, dass er sich sein eigenes Können immer schöner reden muss, als es ist, um nicht schlechter dazustehen als Erik, und zwar vor allem deswegen, weil auch Erik es sich immer schöner redet. Dann aber, hinten auf dem alten Bolzplatz, verspringt Erik ein Ball, und er versinkt in größte Zweifel, von denen er sich genauso wenig abbringen lässt.

Einig sind sie sich lediglich darin, dass die größten Talente ihrer älteren Geschwister darin bestehen, zu drangsalieren und zu quälen, und sie vermuten, dass auch deren Berufe später damit zu tun haben werden.

Sie selbst wollen den Menschen gern einmal helfen, halten sie fest, wenn auch Widerspruch zwischen ihnen darüber herrscht, wie sich das am schlauesten anstellen ließe. Erik möchte wie sein Vater Arzt werden. Niklas würde gern so etwas machen wie die Leute, deren Namen auf den ganzen Büchern stehen, wie auch immer sie dahingelangt sind. Vermutlich haben sie das alles aufgeschrieben, diese Schriftsteller, aber warum und was sie dazu veranlasst hat, ist ihm noch nicht ganz klar. Doch es scheint zu helfen, denn ungefähr genauso häufig, wie sie zum Arzt gehen, greifen seine Mama und seine Oma in eins der Regale und ziehen sich eine Weile mit dem entnommenen Buch zurück, woraufhin sie meistens für eine genauso lange Zeit, wie sie gelesen haben, sehr freundlich zu ihm sind.

Wie kommt einer dazu, sich alles Mögliche auszudenken, sodass die Leute sagen, so ein Buch helfe ihnen weiter? Jedenfalls scheinen diese Geschichten etwas zu sein, das möglich ist, an dem man von Beruf arbeiten kann, auch wenn niemand davon redet, die Bücher wie von Zauberhand einfach vorhanden sind und ruhig dort im Regal stehen und er noch nie jemanden kennengelernt hat, der so etwas macht. Umso erstaunter ist er, als er eines Morgens von seiner Mutter in leicht spöttischem Ton hört, sie glaube, sein Vater schreibe ein Buch. Allerdings könne sie das auch nur vermuten, man könne ja froh sein, wenn man ihn einmal in zwei Jahren sehe.

Er will also dasselbe wie sein Vater? Aber ist der nicht jetzt in der Computerfirma? Niklas versteht gar nichts mehr. Nur Erik versteht alles, denn der wusste schon vorher, was sein Vater macht, und hat von sich aus beschlossen, später genau dasselbe zu machen, weil ihn das Innere vom Menschen interessiere und man mittwochs frei habe. Als Niklas sagt, dass er dafür in der Schule zu schlecht sei, reagiert Erik nicht, nur Clara, die es im Vorbeigehen mitbekommt, motzt ihn an. Wie fies er zu Erik sei; jetzt sei es aber auch mal wieder genug für heute, Erik müsse jetzt nach Hause. Zu ihrem Erstaunen haben die beiden heute nichts dagegen einzuwenden, unten sieht Niklas ihm beim Schuheschnüren zu. Als er ihm nachwinkt, dreht Erik sich nicht mehr um.

1981

Berlin hobelt zunehmend an Rezas Nerven. Aus den Tiefen der Straßen röhren die Motoren, die Spätsommerhitze drückt sich durch das Dach und lässt einen kaum atmen, und bald schon, wenn der Winter näherrückt, geht es wieder los mit der Frierei.

Er brütet. Wie nur soll er an Geld kommen? Allmählich geht es ihm aus, auch wenn er dieses Eingeständnis bis zum letzten Moment hinauszögern konnte, und das vor allem deswegen, weil er noch nie viel Geld brauchte. Solange es bei den achtzig Mark Miete blieb, kam er immer mit ein paar Mark am Tag zurecht, konnte sogar noch einiges beiseitelegen von den Zuwendungen seiner Versender; doch nachdem er seit nunmehr zwei Jahren nichts mehr von ihnen gehört hat und auch ihre Zahlungen seither ausbleiben, kommt ihm umso weniger gelegen, dass das nächste Kind im Anflug ist. Auch hat Bettina ihn viel zu spät eingeweiht, und langsam wird ihm mulmig.

An eine Rückkehr nach Iran ist weniger denn je zu denken.

Von der deutschen Politik und den Berliner Hippies hat er die Schnauze vorerst gestrichen voll, und seine Bewerbungen bei verschiedenen internationalen Organisationen scheinen ins Leere zu laufen. Zur Berliner Landwirtschaft und deren Lobby, sollten sie irgendwo schlummern, findet er nach wie vor keinen Zugang. Für den deutschen Staat wird er ohne dessen Staatsbürgerschaft offiziell kaum arbeiten können, also mach's gut, du schöner öffentlicher Dienst. In manchen Momenten funkelt in ihm die Idee, doch einmal vorsichtig beim BND anzufragen, mit einer getarnten Bewerbung vielleicht, im mittleren oder gehobenen Dienst, und wenn er erst mal drinnen wäre, könnte er ihnen alles erzählen, alles schamlos preisgeben und hoffen, dass sie seinen Wert erkennen. Doch das würde ihn auch prompt in einen Konflikt mit seiner Unterstützung des neugegründeten iranischen Widerstandsrates bringen, der sich bemüht, eine Exilregierung gegen das theokratische System zu bilden. Und sich ausgerechnet jetzt in eine Art Doppelagentschaft zu begeben, ist das Letzte, wonach es ihm verlangt. Es bedarf einer anderen Lösung.

Das blaue Flurtelefon schrillt. Clara stolpert über den schweren Teppich und kann sich gerade noch am Türpfosten festhalten, so unerwartet platzt das Geräusch in den stillen Nachmittag, so abwesend betrachtete sie eben noch den Flieder im Garten. Doch als das Schrillen einsetzt, reagiert sie so schlagartig, als hätte sie eine Eingebung.

– Hallo, sagt sie ruhig in die Muschel.
– Clara?, flüstert Reza.
– Ja, bitte?, fragt sie.
– Ich bin es.

Sie bündelt ihre Konzentration, atmet tief ein und aus.

– Bitte, wer?
– Na, ich, zischt er.
– Reza?
– Ja!
– Was soll das, was willst du?
– Ich freue mich, deine Stimme zu hören.

Darauf bemüht sie sich erst gar nicht einzugehen, aber dann geschieht es doch.

– Ach ja, sagt sie gedehnt.
– Sehr sogar. Bist du wohlauf?

– Was willst du, Reza?
– Ach, wir haben so lang nicht voneinander gehört.
– Sicher.
– Und ich dachte ... er zögert.
– Was denn?
– Bist du nun wohlauf oder nicht?
– Geht dich das etwas an?
– Warum bist du nur so rabiat?
– Bin ich das? Sag schon, was willst du haben?
– Clara, hör mal, ich verlange gar nichts von dir, aber ...
– Aber vielleicht ist da ja doch was drin?
– Lass uns doch mal wieder zusammensetzen.
– Du bist hier?
– Noch nicht. Aber bald.
– Abgebrannt in der großen Stadt, ha.
Ein kleines Jauchzen kann sie sich nicht verkneifen.
– Es ist etwas eng gerade.
– Eng.
– Clara, du sollst mir wirklich nur helfen, wenn du auch möchtest, sagt er und kommt kaum noch gegen seine Atemlosigkeit an. Was im Iran los ist, hast du ja wahrscheinlich mitbekommen.
– Habe ich, ja. Ist es sehr schlimm für euch?
– Könnte man so sagen, ja.
– Das tut mir leid, sagt sie und findet, dass sie nun etwas zu andächtig klingt.
– Ich versuche alles, was möglich ist, um etwas in Erfahrung zu bringen, höre aber kaum was. Verstehst du? Es schickt mir schon lange niemand mehr einen Pfennig. Wenn du mir also wirklich helfen möchtest, dann könntest du mal deine Leutchen fragen. Wegen eines Jobs.
– Wie bitte?, zischt Clara. Wen meinst du?
– Na, deine Sippe, die ganzen Modetypen mit ihrer Firma.

– Was willst du denn von denen?, fragt sie und spürt ihre Empörung.
– Oder vielleicht kannst du ja erstmal ein bisschen was abzapfen? Die merken doch gar nicht, wenn was fehlt.
– Bist du jetzt völlig durchgedreht?
Ihr Ton wird nun heller und gläserner, als sie es möchte.
– Was soll ich denn sonst machen?
– Mich, ja! ... Mich! ... Aber doch nicht meine Eltern! Ich habe noch immer alles selbst geschafft, verstehst du? Verstehst du nicht, dass man sich auf nichts und niemanden verlässt?
– Doch, Clara, natürlich. Aber genauso wenig möchte ich dich belasten. Warum nicht die kürzeren Wege nehmen, wenn es sie gibt?
– Weil es dann nicht deine sind!
– Reza weiß nicht, warum, doch spürt er genau, wie ihn dieser Satz kränkt und mitten hineinschlägt in seinen empfindlichen Magen.
– Ich habe immer versucht, meine Wege zu gehen, sagt er, aber auf manche wirst du geführt.
Kraftvoll atmet sie durch die Nase aus.
– Herrgott. Du hast doch eine Ehefrau!
– Ach, bitte. Clara. Die ist froh, wenn sie ihre Kröten beisammenhat. Außerdem haben wir uns eine Weile nicht gesehen.
– Und ich? Ich bin nur Angestellte.
– Aber du, sagt er und wartet einen Moment ab, dann bringt er es doch heraus ... du hast deine Familie, deinen Vater, die Firma. Dir gehört praktisch alles.
– Ich glaub, es geht los.
– Clara, bitte.
– Ja?
– Was soll ich tun?
Sie atmet hörbar durch den Mund aus.
– Komm erstmal her, sagt sie.

Erleichterung packt ihn, er versucht sie zu verbergen.
– Gut, aber das dauert ein wenig. Papiere, Durchfahrterlaubnis, du weißt schon.
– Wie auch immer. Sag Bescheid, wenn's soweit ist.
– In Ordnung, sagt Reza. Mache ich. Danke, Clara.

Clara verlässt das Haus, es herrscht warmer Frühling, oben werden die Gardinen zur Seite geschoben, mit einem Schmatzen öffnen sich die frisch isolierten Fenster.
– Wo gehst du hin?

Sie erzählt ihrer Mutter, sie fahre bloß zu Margot, die wiederum vollumfänglich in das Spielchen eingeweiht ist, schwingt sich aufs Rad und fährt winkend davon, über die Wallstraße, hinaus aus der Altstadt, die immer beklemmender auf sie wirkt, seit sie auf der Handelsschule war. Über Alleen und Umgehungsstraßen fährt sie weiter bis zu den Äckern und benötigt eine halbe Ewigkeit, bis sie über die Feldwege an den Rand des Sauerlands gelangt, an eine Lichtung. Dort lehnt sie das Fahrrad gegen einen Baum und wartet.

An einem kleinen Wendekreis, in dessen Mitte eine kräftige Eiche steht, setzt sie sich auf eine morsche Bank. Nach einer Weile ein Röhren. Dann eher ein Heulen, und eine Ahnung sagt ihr, dass es etwas mit ihm zu tun hat. Ein grüner Volkswagen schießt um die Ecke, bremst abrupt und biegt in den Wendekreis ein. Der Wagen holpert über die trockene Erde und läuft geräuschvoll aus, schließlich öffnet sich die Tür, und hinaus tritt das größte und lebendigste Strahlen, das sie meint, bis dahin an einem Menschen wahrgenommen zu haben.

Er schmeißt die Tür zu und breitet die Arme aus, das Strahlen wird jetzt noch einmal intensiver, und auch ihr entweicht ein Lächeln, und sie geht auf ihn zu, lässt sich umarmen und küssen, küssen und umarmen, dann wirft er sie mit einem Schwung in die Luft, was sie zu einem kurzen schrillen Jubeln verleitet, und er fängt sie wieder auf, dieser kleine Mann mit seinen prallen Oberarmen, lässt sie hinab, küsst sie wieder, erst links und rechts, dann auf den Mund.

Der Moustache wirkt etwas gepflegter als beim letzten Mal, aber auch das wäre ihr egal.

– Da bist du ja wieder, brummt er emphatisch.

– Was glaubst du denn?

– Den ganzen Weg bist du mit dem Rad?

– Warum nicht?

– Hättest du doch etwas gesagt.

Raben krächzen über dem dunkelgrünen Weiher, und bevor sich das Ganze hier in überlangen Höflichkeiten ergeht, kommt sie lieber direkt zum Thema.

– Hast dich lange nicht sehen lassen.

– Na ja, du weißt ja, wie schwierig das ist.

– Stimmt, wir sind ja jetzt verheiratet.

– Du auch?

– Ach, das war dir nicht bekannt?

– Ich weiß nicht?

– Habe ich es dir nie erzählt?

Nun atmen sie beide schwer. Kurz entsteht eine Stille, die so undurchdringlich scheint, als sei von hier an jedes weitere Wort unmöglich. Aber Clara will nicht, dass das Ganze eine Rolle spielt und gibt sich einen Ruck.

– Na ja, sagt sie, es ist Shevas Vater. Es musste sein, entschuldige. Du weißt, wie lange ich dachte, du bist ihr Vater.

– Wie das so kommt, nicht?

– Ist aber bald wieder vorbei. Schon alles eingereicht.

– Wirklich? ... Wieso?

– Ach, das musst du nicht alles wissen. So ist es eben.

Das meint er nicht im Ernst, das kann er nicht wollen. Nicht jetzt, sofort. Eben noch lagen sie im Gras, jetzt hat ihn wieder eine seiner obskuren Ideen gepackt, die er im Handumdrehen in die Tat umsetzen muss. Diesbezüglich hat sich also nichts geändert.

– Wir machen einen Spaziergang durch die Stadt!

– Was soll denn das?

Wenige Minuten später stopfen sie ihr Rad in seinen Kofferraum und düsen durch die Landschaft, der Stadt entgegen. Von den Anhöhen des Haarstrangs sind die Türme der grünen Kirchen gut auseinanderzuhalten, Felder lappen hinunter bis an den äußeren Verkehrsring, und als sie am Bismarckturm vorbeikommen, fällt sein Blick zum ersten Mal seit langer Zeit wieder auf die Reaktoren, die sich tief in der Landschaft, schon fast bei Hamm, zu erkennen geben.

– Ist das nicht gnadenlos schön?, fragt er Clara.

– Was meinst du?

– Na, schau dich doch um! Deine Heimat, das alles kann dir niemand nehmen. So schnell jedenfalls nicht.

– Ach so, die Landschaft meinst du. Ja, sicher.

In der Innenstadt parken sie hinter der neuen italienischen Eisdiele. Langsam gehen sie durch die grün ummauerten Gassen hinunter zum Markt. Als sie aus dem Schatten hinaustreten in die Weite des Platzes, erschrickt Clara. Überall sind Menschen, die ganze Stadt ist unterwegs. Der Schützenverein ihres Vaters unternimmt seinen Probezug. Vor den Cafés und Restaurants findet sich kein freier Platz mehr. Und in der Ferne, mit einem Beutel aus der Firma unter dem Arm, entdeckt sie Frau Doubek.

– Ich kann das nicht, sagt sie. Das ist mir zu viel. Ich bekomme einen Heidenstress.

Doch Reza gibt nicht klein bei.

– Wir bleiben am Rand, dann ist schon alles in Ordnung.

Er zieht sie mit einer solchen Überzeugung voran, dass davon schon wieder etwas auf sie übergeht, auch wenn sie immer noch weiß, dass sie das nicht will. Sie spürt, wie eben noch unbeteiligte und dösige Blicke aufwachen und nicht mehr von ihnen weichen, schon die nächsten auf sie fallen, als sie weitergehen, und Clara sieht zu Boden, versucht sich unauffällig von seinem Griff zu lösen.

Das gelingt ihr nur bedingt, und als die Gesichter in der Menge immer bekannter werden und sie gerade noch verhindern kann, dass ihre Tante, die vor der Sparkasse steht und einen Zigarillo mit Spitze raucht, sie sieht, reißt sie sich energisch los und greift selbst nach Rezas Handgelenk, zieht an ihm vorbei und reißt ihn mit.

Sie steuert frontal auf die Fußgängerzone, in der das Gedränge weniger dicht ist, schneidet sie und zerrt Reza, der keine großen Anstalten macht, sich zu wehren, auf die Ressource, einen kleinen Nutzplatz zwischen Markt und Heuss-Park. Dort ist es wieder leer und schattig, und schnaubend bäumt sie sich vor ihm auf.

– Du hast sie ja wohl nicht mehr alle!

– Was ist denn in dich gefahren?, fragt Reza und schaut verständnislos.

– Na, das geht so nicht! Verstehst du? Ich hab eine Firma, ein Kind, bin noch immer verheiratet, ich kann nicht schon wieder hier herumrennen mit dir an der Hand!

Reza kratzt sich am Kinn.

– Das verstehe ich.

– Nein, sagt sie, das ist es ja! Wir sollten es nicht verstehen, wir sollten tun und lassen, was wir wollen. Das hier ist ein freies Land, und man muss sich vor nichts verstecken und für nichts schämen.

Aber was hast du dann?

Sie zögert.

– Ich würde es so gern einfach tun, gern da ohne einen schlechten Gedanken herumlaufen. Das ändert aber nichts daran, dass ich Angst davor habe. Und mit dieser Angst hast du mich gerade konfrontiert. Ich will es ja, aber ich muss besser darauf vorbereitet sein, ich muss mich innerlich auf die Situation einstellen. Und dann kommst du und rennst wieder alle Türen ein.

Er grinst.

– Du hast Schiss.

Ein wenig dreht sie sich zum Park hin, zwischen dessen Buschwerk der kleine See schimmert, sieht in den Himmel.

– Verdammt. Warum bist du eigentlich so anstrengend?

Weil Reza darauf nicht mehr viel einfiel, nehmen sie einen Umweg zurück zum Wagen und fahren wieder aus der Stadt hinaus. Vor einer hohen Baumreihe halten sie und laufen ins Feld. Noch immer ist es heiß, sie entfalten eine Decke und ziehen sich aus.

Nachdem sie sich geliebt haben, dösen sie im Schatten der Bäume ein. Kraniche trompeten irgendwo in der Höhe, von überall her dringt Zirpen und Summen in ihren Schlaf, und als Reza an einer besonders angenehmen Stelle seines Traumes angelangt, hört er es über sich meckern.

Er schlägt die Augen auf und sieht, wie sich ein älterer, von der Sonne runzliger Bauer über ihn beugt und drohend eine Forke hebt. Dabei schreit er.

– Verfluchtes Pack, sofort runter vom Acker!

Reza springt auf und weicht zurück, hebt beschwichtigend die Arme, und langsam regt sich auch Clara.

– Halt dir die Hände vors Gemächt, Widerling!, brüllt der Bauer.

– Ganz ruhig, Alter. Wir sind ja schon weg!

– Was ist los?, ächzt Clara verschlafen.

– Das siehst du doch. Nun komm schon.

Sie kramen ihre Sachen zusammen, stopfen sie in die zum

Beutel geformte Decke und rennen, den anhaltend schreienden und drohenden Bauern im Gefolge, zum Wagen. Noch im Rückspiegel sehen sie ihn wettern, die Gabel in den Himmel gestreckt.

Irgendwo am Rand der Stadt, unter rauschendem Ahorn, setzt er sie ab. Es verdunkelt sich, von fern ist das erste Grummeln zu hören. Reza öffnet den Kofferraum und zerrt umständlich das Fahrrad heraus, trägt es bis vor Claras Füße, die schon auf dem Bürgersteig stehen. Er setzt es ab, der Himmel leuchtet taghell auf, und einen Atemzug später kracht es, als würde ein ganzer Wald umkippen.

– Da oben kegeln sie, sagt Clara.

Reza muss lachen.

– Wer ist denn da oben?

– Ach, wer weiß, sagt Clara.

– Ja, ein großes Geheimnis.

– Wann höre ich von dir?

– Bald. Ich hoffe, bald.

In dem Moment, als sie auf die letzte Straße einbiegt, kommt der Wolkenschauer über der Weststadt an und erfasst sie mit seiner ganzen Wucht und Unbarmherzigkeit. Es gibt nicht den geringsten Übergang, nur den Beginn und das Ende, das mit ihrer Ankunft vor der Haustür zusammenfällt. Oben bewegt sich bereits wieder die Gardine, doch mehr geben die nassen Scheiben nicht zu erkennen, und sie schließt ihr Rad hinter dem seitlichen Schuppen ab. Voller seltsamer Energie fühlt sie sich, und auch wenn ihr der klitschnasse Stoff auf der Haut klebt, ist sie in einer Weise, wie sie ihr zuletzt gefehlt hat, bereit zu allen möglichen Taten, bereit, ihren Aufgaben gerecht zu werden. Schnell läuft sie durch den Garten, damit niemand es mitbekommt, hinunter zum Kellereingang, frottiert in der Waschküche die Haare und holt sich frische Arbeitskleidung aus der Lagerwerkstatt, die sie selbst erst vor wenigen Jahren hier zu Hause eingerichtet hat, nachdem ihr Vater es in seiner Entscheidungsunfähigkeit und mit dem Argument, es brauche ja auch Platz für ihre Kinder, jahrelang hinausgezögert hat. Ja, welche Kinder? Das eine, das sie hat, kommt ohnehin nie aus seinem Zimmer heraus, und wenn, dann verschwindet es auf der Stelle und ward nicht mehr gesehen.

Clara fühlt sich geradezu arbeitswütig. Nach dem Vergnügen muss es schließlich auch weitergehen. Sie packt alles Nötige in die kleine Arbeitstasche, nimmt auch jetzt wieder den Hinterausgang und radelt durch die Innenstadt in die Werkstätten, die sie für den Rest der Nacht nicht mehr verlässt.

1996

Niklas ist ein guter Redner, sagt Frau Meyerhoff, auch wenn er weiß, dass Herr Rübner ihn dafür hasst. Vor dem Fenster zwitschern Vögel. Frau Kirchner lässt wieder einmal auf sich warten, und Niklas nutzt die Gunst des Augenblicks. Er steht auf dem Lehrertisch im Klassenzimmer und gibt die Wahlergebnisse bekannt, kündigt Koalitionsgespräche an und wettert gegen die Klassensprecherin, die kopfschüttelnd und mit verschränkten Armen in der ersten Reihe sitzt. Niklas bildet mit Förster, dessen Eltern beide für die SPD im Stadtrat sitzen, genau diese. Erik ist mit den Spinnern in der CDU. Mit ein paar anderen Radikalen, die sich die übrigen Parteien untereinander aufteilen, Grüne, PDS, NPD, nötigen sie den Rest der Klasse zum Wählen. Klaas Reimert, den sie eigentlich nicht im Parlament sehen möchten, sagt, er sei die FDP. Einigen, die irgendwas anderes sein wollen oder auf das Papier schreiben, erklären sie, ihre Stimme sei ungültig und zerreißen sie demonstrativ. Alle anderen werden gezwungen, ihre Stimme korrekt abzugeben, und sei es dafür nötig, dass Erik das Kreuz für sie macht. Auch die Radikalen wollen ihre Stimmen, in einer Ecke nötigt Pedersen den stillen Kleiber, ihn zu wählen, indem er ihn in den Schwitzkasten nimmt. Nun gilt es, Niklas als Bundeskanzler zu bestätigen, und er springt hinunter vom Lehrertisch, sodass es laut klatscht auf dem hellblauen Plastikboden. Für die Koalitionsverhandlungen aber geht er zuerst zu den Grünen und den Linken statt zu Erik, der ihm staunend nachsieht.

Niklas winkt Förster heran, der als Generalsekretär die Gespräche moderieren soll. Doch sie kommen nicht weit. Als kurz darauf Frau Kirchner in die Klasse tritt und ihr einen guten Morgen wünscht, petzt Teresia Schlappner, die Klassensprecherin, alles. Auf dem Lehrertisch sind zum Beweis noch immer Niklas' Fußabdrücke zu sehen, und Frau Kirchner nimmt ihn ins Visier. Das habe sie nicht umsonst getan, flüstert Kringe von der PDS Teresia Schlappner zu.

– Was hat sie nicht umsonst getan?, fragt Frau Kirchner laut.

Kringe zuckt mit den Schultern und grient.

– So, sagt Frau Kirchner jetzt aufgeräumt und entschlossen, das klären wir dieses Mal alles ganz genau. Sie sieht in die Runde. Tickt ihr eigentlich schon wieder durch?

Nach Schulschluss müssen Niklas, Erik und die anderen Parteivorsitzenden dableiben und sich im Beratungszimmer eine Stunde lang im Beisein des Direktors anhören, wozu es die Demokratie gibt. Immer wieder werfen sie ein, genau das hätten sie ja auch im Sinn gehabt, außerdem gebe es neben dem Bundeskanzler ja immer auch einen Präsidenten, worauf der Direktor erklärt, hier in der Schule gebe es nur Klassensprecher. Und was das bitte mit dem Tisch solle, der Bevormundung der anderen? Kleibers Kopf sei rot gewesen wie eine Kirsche, er habe kaum noch Luft bekommen, wer das gewesen sei? Sie wiederholen alles immer wieder. So oft, dass es in Niklas' Kopf auf unbestimmte Zeit hin wummert.

Die Parteivorsitzenden schweigen und versuchen jeder für sich, so lange an etwas anderes zu denken, bis sie nicht mehr in diesem Raum sind. Doch nach einer Weile sind sie ausgezehrt von der Nachdrücklichkeit, vor der der enge Raum überschwappt, von der Kraft der Stimmen.

– Schon gut, sagt Erik.

– Nichts ist gut, kläfft der Direktor, jetzt nur noch halbherzig.

Frau Kirchner spricht nun wieder ruhig und mit herausgekehrter Betroffenheit.

– Ach so, Erik. Ist es das, ja? Und du erwartest wie immer, dass wir euch das durchgehen lassen und natürlich keinerlei Lerneffekt bei euch erzielen. Nicht wahr, so ist es doch. Das hoffst du!

– Ein bloßer Streich sind solche Dinge nicht, wirft der Direktor ein.

– Das war doch kein Streich, sagt Pedersen.

Weil Pedersen Naziprüche lustig findet, vertritt er die NPD. Die Blicke Frau Kirchners und des Direktors bleiben auf ihm liegen.

– Es geht um die Macht, sagt er lauter.

– Also jetzt reicht's mir, platzt es aus dem Direktor.

Keuchend steht er auf, fingert an seinem Gürtel.

– Bis morgen habe ich von jedem einen Aufsatz darüber, was an eurer Aktion falsch war und wie man sich besser in die Gemeinschaft einbringen könnte, als andere zu etwas zu zwingen und auf Tische zu klettern. Und dazu bekomme ich jeweils fünf Mal die Hausordnung, mit der Hand abgeschrieben.

Vor dem Treppenportal fragt Erik Niklas, weshalb er zu den anderen gegangen sei.

– Weil du nur in der CDU bist, weil deine Eltern die wählen, sagt Niklas.

– Das ist überhaupt nicht wahr, das ist einfach die beste Partei, sagt Erik.

– Findest du? Tja, schlimm genug.

– Zocken wir morgen?

– Vielleicht.

Niklas geht nach Hause, wo er niemanden vorfindet außer seinen Großvater, der im Rollstuhl vor dem Fernseher sitzt. Er sieht Niklas, begrüßt und bittet ihn wieder einmal, ihm ein kleines Gläschen Kirschlikör einzuschenken. Niklas folgt seinem Wunsch.

Am Abend sagt Clara, es gehe dem Opa nicht gut, sie müsse den Arzt rufen. Niklas legt sich aufs Bett und schaut an die Decke. Ihm ist in diesem Moment, als dürfe er gar nichts mehr machen, denn alles, was er anfasst und beginnt, macht ihn schuldig. Noch einmal steht er auf, sieht aus dem Fenster, öffnet es. Katzen fauchen von den Büschen her ihr aufgeregtes Gezänk, oben auf der Tanne sitzt der Bussard. Unter ihm öffnet sich die Terrassentür, und seine Mutter tritt hinaus, gefolgt von Dr. Hengstenbach. Sie stecken sich Zigaretten an, pusten den Rauch in den Abend.

– Das müssen wir wirklich beobachten, Frau Matei, das ist nicht ohne.

– Ich kann es mir nicht erklären, sagt Clara.

– Das Schlimme, sagt Dr. Hengstenbach, ist ja: ich auch nicht. Kurz entsteht eine Stille. Hat er wirklich immer alles genommen?

– Ja, natürlich, sagt Clara und klingt giftig.

– Und sonst nichts? Kein Sprit?

– Nein.

– Dann kann es dazu eigentlich kaum kommen … Aber gut, Einzelfälle gibt es immer.

– Er schnippt seine Kippe vom Balkon, doch entschuldigt sich gleich, indem er die Hände hebt.

– Ja dann, sagt er und streckt Clara die Rechte hin.

– Ich danke Ihnen … Auf hoffentlich nicht so bald.

1982

Clara legt den Kopf zur Seite und versucht, sich auf die himmelblaue Schürze des Anästhesisten zu konzentrieren. Allmählich kommt Dr. Tenenboom ins Schwitzen, beugt sich hinunter und richtet sich wieder auf, lässt sich die Stirn tupfen. Und dann muss alles plötzlich sehr schnell gehen, denn wie auch Clara mitbekommt, werden die Herztöne schwächer, aber wieder ist auf Dr. Tenenboom Verlass: Er massiert und reibt mit seinem erfahrenen und feinsinnigen Ellenbogen das Kind in die richtige Lage, drückt sich längs mit dem Unterarm gegen die Oberkante der Bauchrundung, atmet schwer, und als es schließlich herauskommt, ist es knallblau angelaufen.

– Das war jetzt aber eng, sagt Dr. Tenenboom.

– Oje, seufzt Clara und könnte sofort einschlafen.

– Dreimal hat sich die Schnur um den Hals gewickelt. Das ist wirklich selten ... Doch als er ihr fahles Gesicht sieht, sagt er: kommt aber vor!

– Und?

– Ein Junge.

– Juhu, macht Clara.

– Was war das denn?, fragt Dr. Tenenboom.

– Ich freue mich, sagt Clara trotzig.

– Aha, so klingt das. Schön!

Ein wenig mehr könnte er sich schon mit ihr freuen, denkt sie kurz. Dann aber wird ihr klar, dass sie ihren Wunsch, jemand möge sie unterstützen, nicht auf ihn münzen sollte. Auch merkt sie nun, wie sie sich doch vielleicht ein wenig zu sehr überfordert hat mit allem. Am Morgen hielt sie noch so lange wie möglich die Stellung, samt Publikumsverkehr. Noch vor Wochen wurde sie von ihrer Mutter mit den beinahe selben Worten überzogen wie damals, vor zehn Jahren, diesmal aber versteht sie sie so blendend zu ignorieren, dass es sie selbst überrascht.

Etwas indirekter sind die Worte vielleicht, bemüht um Erläuterung. Meinen aber noch immer dasselbe. Jetzt liegt sie hier und ist um ein Kind reicher, das ihr die Schwester nach laxer Ankündigung auf die Brust legt. Es gluckst und zappelt ein wenig, die Augen rollen unkontrolliert. Keinen Zweifel lassen allerdings der schon erstaunliche schwarze Putz und die kastanienfarbenen Augen, in die sie sich sofort verliebt. Nach dem Vater dieses Kindes muss man nicht zweimal fragen.

– Du immer mit deinen Ausländern.

Nicht ein Hauch Wohlwollen, keine Nachfrage, von Freude kann ohnehin nicht die Rede sein; vielmehr nichts als Herabwürdigung, wieder einmal, und jetzt ist ihre Cousine zu weit gegangen, diesmal macht Clara Ernst. Mit Schwung haut sie den Hörer gegen die Halterung an der Wand, wo er aber nicht steckenbleibt, sondern hinunterfällt und am Kabel baumelt, das gerade noch verhindert, dass er am Boden zerschellt.

– Dumme Kuh, schimpft Clara in die anschließende Stille des Raumes hinein, als es an der Tür klopft.

– Ja, bitte?

Reza hält einen Strauß aus den verschiedensten Sommerblüten, wahrscheinlich hat er ihn irgendwo zusammengepflückt. Auch eine Vase hat er sich auf der Station besorgt. Er befüllt sie mit Wasser, arrangiert alles auf der kleinen Anrichte, doch irgendwie wirkt er bedrückt auf sie. Vom Bett aus mustert sie ihn.

– Was ist los?

Er dreht sich zu ihr.

– Nichts, nichts ... Hast du gesehen, unser Sohn hat schon Haare.

– Ja, habe ich. Natürlich. Aber so richtig freust du dich auch nicht, hab ich das Gefühl.

– Ach ... ich ... Du weißt doch, dass es schwierig ist gerade. Ich kann mir das eigentlich nicht leisten.

– Bitte, was?

– Ja, es klemmt total. Bettina ... sie ist auch schon wieder ...

– Was ist sie?

– Schwanger.

– Wen wundert's. Interessiert mich aber nicht.

– Sicher. Aber ich muss mir einen Plan machen. Einen Notfallplan.

Clara schluckt.

– Piept's eigentlich bei dir? Kann sich hier auch noch mal jemand normal freuen? Ich hab dir doch gesagt, mach dir keine Sorgen! Aber nein, du machst dir nur Gedanken um die beschissene Kohle.

– Sie sieht kurz aus dem Fenster, dann wieder zu ihm.

– Los, hau ab.

Am nächsten Tag kommt Reza mit Sheva wieder.

– Wir haben noch gar keinen Namen, sagt Clara. Aber ich hab darüber nachgedacht. Wie wär's mit Nikolas, sagt Clara, mit k.

Reza und Sheva sehen einander skeptisch an, Reza knurrt leise, aber Sheva erhebt schon Einspruch.

– Das klingt doch wie Nikolaus.

Reza denkt nach, sieht zwischen ihnen hin und her und nickt schließlich.

– Finde ich auch.
– Ja, gut, was meint *ihr* denn?
– Niklas, ruft Sheva, einfach Niklas.
– Ja, das finde ich schöner, sagt Reza.

Clara betrachtet die beiden argwöhnisch, zuckt mit den Schultern, setzt einen Schmollmund auf, auch wenn sie schon erkennt, dass das die sinnvollere Wahl ist. Warum ist sie nicht selbst darauf gekommen.

– Soll das ein Scherz sein?
– Nein, nicht im Geringsten.
– Das darf doch wohl nicht wahr sein, Frau Matei.

Clara benötigt einen Moment, um zu verstehen, was er meint.

– Was geht denn Sie das an?
– Das ist doch derselbe orientalische Name wie damals. Soll das ein Witz sein?
– Nein, wieso?
– Sie machen also alle zehn Jahre gerne Scherze. Ja? Aber die werden ihnen noch vergehen.
– Von welchen Scherzen reden Sie?
– Na, alle zehn Jahre dieselbe Leier.
– Wissen Sie was, das ist eine Unverschämtheit, Herr Kaiser.
– Na, na, sagt er. Wer darf am Ende wieder in den Keller schlurfen und Ihre Mappe aus dem Archiv holen, wenn Sie in ein paar Monaten wieder hier stehen und alles ändern wollen?
– Das Kind ist von ihm, da bin ich mir sicher.
– Aber sie sind doch verheiratet!
– Nicht mehr lange.
– Und das Kind trägt den Nachnamen Ihres jetzigen Mannes?
– Genau.
– Meine Güte.

– …
– Und Sie wollen das *so* in die Urkunde eintragen lassen.
– Ja.
– Nein.
– Wie bitte?
– Nein!

Clara atmet kräftig, aber gleichmäßig und beobachtet, wie sich in seinem Gesicht alles zur Mitte hin bewegt, Stirn und Augenbrauen drängen von oben zur Nase hin, die er kräuselt, und von unten her ziehen sich seine Lippen, gedrängt von der unteren, zu einer regelrechten Schnute nach oben.

– Was haben Sie denn damit zu tun?, fragt Clara.
– Ich? Ich bin der Standesbeamte!
– Ja, eben. Mehr nicht.

Er versucht sichtlich, sich zusammenzunehmen, doch hinter seiner Stirn dampft der Ärger. Vermutlich, um Ruhe und Autorität auszustrahlen, faltet er die Hände.

– Das Kind würde somit einen Fremdnamen tragen, weder den Namen des Vaters noch Ihren Geburtsnamen.
– Aber das ist doch mein Name!
– Mit dem Namen hat das Kind nichts zu tun!
– Wenn ich ihn trage, ja wohl schon, oder?

Er antwortet nicht, führt die Faust zum Mund und räuspert sich leicht, sieht auf die Papiere vor ihm auf dem Tisch. Im Raum ist es so ruhig, dass sie auch auf die Distanz seinen Atem hört. Er sieht wieder auf.

– Also, Frau Matei. Ich werde es offenlassen, bis eine endgültige Entscheidung getroffen wurde. Gegebenenfalls müssen Sie nach Ihrer Scheidung einfach wieder ihren Geburtsnamen annehmen. Dieses ewige Hin und Her bei Ihnen, das ist ja nicht auszuhalten.
– Aber es gibt kein Hin und Her, und meinen Geburtsnamen nehme ich ganz bestimmt nicht wieder an.

– Wieso denn das nicht? Mit dem Namen Ihres Vaters können Sie überall gut vorsprechen. Verbauen Sie sich das mal lieber nicht.
– Glauben Sie also, dass meine Kinder und ich das brauchen, diesen Namen, um zurechtzukommen, ja? Halten Sie uns für so blöd? Glauben Sie, dass wir nicht selbst dafür sorgen können, erfolgreich zu sein?
– Das sagen Sie alles jetzt.

Er beugt sich unruhig über die Papiere, tippt mit dem Stift ein paar Mal auf die Schreibmatte, rutscht auf seinem Stuhl herum. Hinter dem Fenster schiebt sich eine Wolkenfront vor die Sonne und verdunkelt auch das Zimmer. Er sieht wieder auf.
– Also gut. Wir werden es als ehelich eintragen, aber ohne den Namen des Vaters schon festzuhalten. – Auf Wiedersehen!

Margot gibt Clara weiterhin den benötigten Windschatten, um sich in Ruhe und Abgeschiedenheit mit ihm treffen zu können, ohne die Sorge, jeden Moment aufzufliegen. Sie selbst kennt es nur zu gut, ausspioniert zu werden, sobald sie durch überlanges Fernbleiben vom Elternhaus auffällt. Ohnehin geht es ihr nicht besonders gut, zuletzt haben sich die Sachen, die schiefgegangen sind, ein bisschen gehäuft, und weil das Clara Sorgen bereitet und ihr zudem aufgefallen ist, dass Margot seit geraumer Zeit mehrmals wöchentlich sturztrunken ist, fragt sie eines Morgens ihren Vater, ob er nicht einen Job für Margot habe.

Seine Antwort wartet sie erst gar nicht erst lange ab, sondern veranlasst im Büro alle nötigen Schritte für eine Festanstellung.

Die Treffen mit Reza sind zwar schön und beglückend, werden aber zunehmend von einem ganz bestimmten Thema geprägt. Noch immer ist er Bettina verpflichtet, und auch wenn Clara ihm versichert, das sei doch kein Problem, alles werde sich finden, lässt ihn der Gedanke nicht mehr los, und es scheint ihr fast, als begreife er erst jetzt, in diesem Moment, was das bedeute: Verantwortung.

Er wolle es doch, schnauft er, er wolle sich um seine Familie kümmern. Nur habe er das Gefühl, nun entgleite es ihm. Und Niklas hätten sie ja jetzt auch noch.

– Das lass mal meine Sorge sein.

– Aber arbeiten muss ich schon bald mal.

– Wie wär's denn hier, in der Lokalpolitik. Da könne er sein Wissen anwenden, dafür sei er doch prädestiniert.

– Ach Gott, stöhnt er, da verdienst du doch nichts ... Außerdem, welche Partei will schon einen Iraner, von dem man kaum etwas weiß, in der Agrarpolitik? Es wird bestimmt der Tag kommen, an dem es möglich wird, sich auch als kleiner Politiker mit Migrationshintergrund zu professionalisieren und querfeldein durch die politische Landschaft zu mähen, aber schau dir das doch an, was ist denn von den Bewegungen geblieben? Das ist doch so was von muffig, dieser ganze Filz. Da kommst du nicht durch.

– Hm, macht Clara, und in welche Richtung denkst du sonst? Du bist Ingenieur ... willst du damit wieder was machen?

– Genau darüber wollte ich mit dir sprechen. Kennst du vielleicht wen?

– Ob ich wen kenne? Ach, so soll das wieder laufen. Sie macht eine Pause, atmet durch. Vielleicht schon, sagt sie dann. Ich hab Freunde, die haben so einen High-Tech-Konzern. Soll ich da mal fragen? Vielleicht können die mit jemandem wie dir etwas anfangen.

– High-Tech?

– Ja, ach, so was Innovatives eben. Ich kenn' mich da nicht aus.

Clara ist erleichtert, als das Pflückgeräusch aus der Ohrmuschel dringt.

– Stauffebesch?
– Ruth, haucht sie, ich bin es.
– Nei! Clara?
– Ja! Geht's dir gut? Ich melde mich, weil ... ich hab da eine Frage, und zwar, ob ich dir mal jemanden vorstellen darf? Ihr sucht doch so dringend, oder nicht, patente Leute, hast du mal gesagt.
– Eine kurze Stille entsteht, gegen die Clara nichts zu unternehmen weiß, aber dann ist das andere Ende wieder redlich bemüht, sie zu durchbrechen.
– Aber sicher doch, liebe Clara, selbstverständlich. Stell mir sehr gern vor, wen du magst. Hab ich das wirklich gesagt?
– Ja, letztes Jahr. Entschuldige bitte. Jemand, der mir sehr wichtig ist, braucht dringend etwas, das ihn fordert und vor allem ernährt.
– Aber wenn er so gut ist, weshalb hat er denn dann nichts? Überall suche se doch!
– Du weißt doch, wie das ist, einmal aufs falsche Boot gesprungen ... da hilft nur noch Reißleine ziehen und ab ins kalte Wasser.
– Ischa also fachfremd.
– Eigentlich nicht. Vielleicht ein bisschen.
– Und was macht da Bub?
– Ingenieur und Politik.
– Aha, aha. Ach Gott, meinetwesche. Und Clara, wieder einer außem Osten? Meinen bin ich ja nu auch los.
– Nein, nein, sagt Clara, er kommt aus dem Iran!
– Ah ja, na gut. Wenn desch so is. Wenn er will, soll er amal hergomme. Ich vermude, er wohnet bei euch in de Stadt? Der Ernst gibt ja jedem sei Chance, wir kommen ohnehin ned hinnerher mit de Uffdräge, de Kunde prügele sich um de Ernst.
– Geht es ihm denn gut?, fragt Clara. Habt ihr euch gut eingelebt? Entschuldige, ich habe mich so lange nicht ...

– Ach, Clara, des macht donnix, iggewann sehe mer uns immero wieder. Und wennsch de Systeme gut geht, dann geht's a dem Ernst gut. Also, ran mit dei Talent! Denn schaue mer.
– Ich danke dir, sagt Clara, wirklich, was würde ich sonst nur machen. Dann legt sie auf. Unter ihrer Brust spürt sie ihr aktiv arbeitendes, sich beinah überschlagendes Herz.

1983

Die Gewissheit, auf unabsehbare Zeit in diesem ihm im Grunde noch immer fremden, undurchdringlicher denn je wirkenden Deutschland ausharren zu müssen, den Weg zurück versperrt zu wissen, entwickelt sich zu einem permanenten Grundrauschen und stört empfindlich seine Sensoren. Immerhin fordert ihn die Arbeit in einer Weise, dass es sich zeitweise vergessen lässt, dieses Rauschen fast etwas Mildes bekommt, vergleichbar mit einem stark nachlassenden Schmerz, und je länger er arbeitet, desto zufriedener fühlt er sich mit seiner neuen, noch immer nur vage definierbaren Rolle. Einblicke in alles Mögliche gewährt man ihm zur Genüge, und neben den strategischen Operationen gibt es auch solche, bei denen er ganz praktisch mit seiner technischen Begabung prahlen kann. Überall klemmt es, noch läuft nichts so, wie es das eines fernen Tages tun sollte, doch er spürt, dass sie hier an Dingen arbeiten, ohne die in naher Zukunft niemand mehr auskommen wird, und so gelingt es ihm, sich im Hineinfressen in diese Tätigkeit zumindest eine neue Quelle der Zufriedenheit zu erschließen.

Wenn er sich abends erschöpft aufs Sofa wirft, versucht er noch immer etwas mehr über die undurchsichtige Gründungsgeschichte herauszufinden, das Ausgespucktwerden vom Urkonzern, das anfangs schmerzhaft war und sich letztlich als Segen erwiesen hat. Doch bald erfasst ihn der Rhythmus der Tätigkeit an sich, die sich auch für ihn selbst nicht auf einen

Punkt bringen lässt, an so vielen verschiedenen Stellen ist, manchmal nur kurz und punktuell, seine Expertise gefragt.

Die Kinder leben sich hier im Badischen schnell ein, und ganz allmählich ertrampelt sich auch Reza seine Pfade. Nur der Weg nach Westfalen ist weit und kaum zu bewältigen mit diesem Job, den Kindern und vor allem nicht mit Bettina, die ihn stark einbindet in alles Häusliche und mit der er sich entschlossen hat, hier zu leben, fern der Großstadt, fern ihrer Heimat, in etwas Neuem. Bei Clara meldet er sich kaum, nur wenn er Niklas sehen möchte. Anfangs sieht er ihn noch zwei, drei Mal im Jahr, dann eher ein, zwei Mal, bald nur noch höchstens ein Mal im Jahr. Es gelingt ihm nicht, seine Beziehung zu diesem Kind anders zu gestalten. Das nimmt er auf seine Kappe, aber eine höhere Kraft, fühlt er, weiß auch, unter welchen Bedingungen ihm dies nicht gelingt.

In den folgenden dreieinhalb Jahrzehnten wird er all das in ihm verbliebene Feuer auf die Versorgung derer verwenden, die ihm anvertraut sind. Daran ändert auch der Tag nicht viel, an dem er sich plötzlich neu verlieben wird. Einfach so, auf einem Dorfmarkt in der Nähe, es geschieht ohne seinen Einfluss. Weinschorle, Karusselllichter, Girlanden. Alles dreht sich. Die Welt erscheint ihm sofort wie neu. Ist das der letzte Moment, in dem sich an diesem Leben noch etwas ändern lässt? Oder ist es eine Falle? Ein paar Wochen lang bemüht er sich, der Sache nicht weiter nachzugehen, es als Einbildung abzutun und sich seinen Wallungen nicht hinzugeben.

Was danach kommt, ist reine Dynamik, und zwar eine, die überraschenderweise noch einmal alles übertrifft, was sich in diesem Leben ohnehin schon bei ihm zutrug, und der er sich hingibt, als sei sie allein, ihr Erleben, die Antwort auf alle Fragen.

1983

Willis Siebzigster versetzt die Belegschaft, aber auch die Schützen in helle Aufruhr. Ein wildes Treiben durchzieht die Wochen davor auf allen Ebenen, von der Schneiderin über den Hofmeister bis zu den Gesellen, und auch Clara und ihre Mutter fassen mit an, kommen kaum noch heraus aus der Dauerschleife der Vorbereitungen, lassen alles Eigene stehen und können sich auch wenige Tage vorher noch immer kaum vorstellen, wie alles glattgehen soll, doch am großen Tag selbst steht alles blitzblank. Die Eingänge von Privathaus, Geschäftsbogen und Burghof, in dem der den Vormittag abschließende Empfang stattfindet, sind mit Girlanden, Bouquets und Fähnchen geschmückt, und in einem düsteren Hinterzimmer, dessen Tür sich momentlang öffnet und Clara eine Idee von seinem Innenleben preisgibt, bereiten sich schon die Herren mit den extra aus Erwitte überführten Fanfaren auf ihren Einsatz vor. Einer der Schützen, Kurt heißt er, stellt sich neben Clara. Sie spürt, wie er nach dem richtigen Moment sucht. Dann holt er Luft.

– Du könntest ja auch mal 'n bisschen mit anpacken, Schätzchen. Durch sind wir noch lange nicht.

Clara schluckt und versucht, keine Regung in ihr Gesicht vordringen zu lassen. Schweigt.

– Na, durch sind wir noch lange nicht! Sieh dich mal um, hängt ja noch krumm und schief alles.

– Ach, meinst du, ja?

Dass die Missachtung sie auf diese Weise, beim Geburtstag ihres Vaters, wieder einholt, war zwar denkbar, aber doch eher eine abstrakte Angst, die nun binnen weniger Sekunden real wird und Clara angesichts ihrer Überraschung umso mehr ärgert, und ohne sich das Geseier noch länger anzuhören, wendet sie sich den Blumenkindern zu, die gerade ein letztes Mal ihren Einmarsch proben.

– Na hömma, darf ja nicht zu viel verlangt sein, Mädchen.

Sie fährt herum.

– Ich glaube, du vertust dich, Alter.

Sein Gesicht verzieht sich so schnell, dass es ulkig wirken würde, wenn nicht so viel Unheilvolles dahinter steckte.

– Noch ein so'n Spruch, droht sie, und du bist weg hier.

– Ach ja? Da bekomm ich aber richtig Angst jetzt.

Seine Lippen sind aufeinandergepresst, die hohe Stirn läuft rot an.

– Du bist doch hier der Nichtsnutz. Ich meine, was hast du denn hier schon zu tun. Du stehst nur sinnlos rum und verdingst dich als irgendein stolzes Arschloch, aber sonst hast du doch nichts auf dem Kasten.

– Wa...was?

Sie lächelt ihn an.

– Du spinnst wohl!, brüllt er los.

– Klar, sagt sie, du aber noch mehr!, und lacht es frei heraus.

– Gleich setzt es was, schnaubt er und holt aus, doch etwas reißt seinen Arm nach hinten, eine kräftige Hand, die seinen Knöchel umklammert, und schon liegt er am Boden.

– Das glaubst aber auch nur du, dass du die Tochter vom Geburtstagskind anfasst.

Claras Onkel, einen Kopf größer als der Rest der Familie, lehnt sich über den Liegenden, schüttelt den Kopf.

– Und jetzt husch, husch vom Gelände. Werd den Alten mal fragen, wie wichtig du ihm bist. Wenn du Glück hast, darfst du dich zur Abendfeier wieder melden und entschuldigen. Aber jetzt ist Sense.

– Aber …, versucht der andere einzuhaken.

– Nichts *aber*, Abmarsch!

Er reißt ihn hoch und zeigt mit dem Finger zum Tor.

– Los, geh!

Aufgelöst, noch immer hadernd, entfernt er sich langsam, sieht sich immer wieder nach den Zurückbleibenden um. Fast humpelt er, aber nicht vor Schmerz, höchstens vor Empörung.

1996

Ein taubes Gefühl macht sich in Rezas Ohr breit. Was er gerade noch versteht, dass er sich um seinen Sohn kümmern soll, wird übertönt von dem Hallen ihrer Stimme im Hörer und dem Druck, den sie mit diesem Tonfall ausübt und der nichts anderes zur Folge hat, als dass er sich in den kommenden Wochen noch weniger melden wird. Ein tief in ihm wohnender Trotz einer solchen Maßregelung gegenüber verbietet es ihm, ein Trotz, gegen den er erst gar nichts versuchen braucht zu unternehmen und der ihn fortan nicht nur räumlich, sondern auch innerlich immer weiter abschottet von allem, was nicht mehr mit seiner unmittelbaren Umgebung in Verbindung steht.

Der Wunsch, dass es anders sein könnte, gärt immer in ihm, zugleich das Grundgefühl, dass es ihm unmöglich sein wird, allen Seiten gerecht zu werden; auch wenn andere das können, ihm wird es nicht gelingen. Zu verwickelt fühlt er sich in alles. Und das hier ist vielleicht, und nicht nur vielleicht, seine letzte Chance, und die Umgebung, in der sie hier wohnen, ist malerisch und zugleich gut angebunden, vor allem kann er hier gut einsam und für sich sein. Für seine kleine Familie, für die er sich entschieden hat, vor sich hinwerkeln.

Womit er nicht rechnet, ist, dass die Frau vom Chef ihre Ohren überall hat, und als Clara in einem ihrer wieder häufiger werdenden Telefonate mit ihr nebenbei erwähnt, wie wenig er sich neuerdings für seinen Sohn interessiere, ist sie schwer empört und erzählt es ihrem Mann.

Der aber betrachtet die Sache allenthalben wertfrei und betont, das Wichtigste sei die gute Arbeit, die Reza leiste. Solle man deswegen jetzt das Arbeitsverhältnis belasten? Zu einem solchen Zeitpunkt? Also bitte. Solche Leute bekomme man nicht mehr mal so eben. Leute, die sich von heute auf morgen in alle möglichen technischen Probleme hineinfressen können und dabei nicht immer wieder die alten ausgelutschten Ingenieurs-Leiern spielen. Nein, der Reza habe Ideen, verkündet er. Sein weißes Haar glänzt noch ein wenig mehr, während er das sagt, findet seine Frau.

Kurz vor Feierabend kann sie es trotzdem nicht lassen, sich Rezas Büro zu nähern. Durch die steinernen Jugendstilgänge tastet sie sich heran. Noch immer sitzt er da, mit konzentriertem Blick, versunken in all das, mit dessen Erfüllung er sich jetzt am meisten befasst. Komplizierter Stoff. In seinen Gläsern leuchten die blauen Quadrate.

Gerade, als er ein ausführlicheres Update starten will, erschreckt ihn ein Geräusch, er sieht zur offenen Tür, in der sie nun erscheint. Kurz mustern sie einander wortlos, dann setzt sie sich in Gang und stolziert auf ihn zu, jetzt ohne ihn anzusehen. Sie beschreibt eine leichte Kurve, sodass sie nicht vor seinem Schreibtisch zum Stehen kommt, sondern rechts daneben.

– Hallo, guten Abend! Das freut mich aber, sagt Reza und steht auf.

– Bleib ruhig sitze. Ich möcht es eh kurz mache. Was isch mit deim Sohn? Kümmerschd dich ei Kehricht, hör ich?

– Wie kommst du …?

– Des is jedschd egal! Kei Sorge, wir lausche dich schon ned aus. Aber diese Sach isch nu mal wichtig. Und jedeschd gehd's eschdmal nur um de Sach an sich.

Reza fehlt jegliche Idee, wie er darauf reagieren könnte.

– Das ist schwierig, sagt er, sieht nach unten, grübelt.

– Freundschen, droht sie.

Er sieht wieder auf in ein wuterfülltes Chefinnengesicht.

– Des war die Abmachung!

– Ja, sagt er.

– Ist doch wohl ned zu viel verlangt, oder?

– Eigentlich nicht.

– Eigentlich gibd's ned! Damit wir uns unmissverständlisch verstehe, derlei werde wir uns ned biede lasse! Haschd du des verstanne?

– Natürlich, ja.

Sie stampft hinaus und knallt die Tür. Reza bleibt noch einige Minuten sitzen und starrt aus dem großen Fenster, hinter dem es langsam dämmert, dann fährt er alles herunter.

Genau in dem Augenblick, als sein Vater seine erste Familie verlässt, kommt es Niklas vor, als würde er damit auch sie verlassen. Gesprenkeltes Sonnenlicht flimmert im Rhythmus der Bäume auf seiner Hose. Er sitzt auf der Rückbank im Wagen seiner Mutter, vor ihm auf dem Beifahrersitz sitzt Reza, dessen Gesicht er nicht sieht. Sie sagt schon lange nichts mehr, zieht sich immer mehr in sich zusammen, zu einem pulsierenden Knäuel aus Wut und Hass, und er vermeidet, durch den Spiegel in ihr Gesicht zu sehen.

Offenbar haben sie völllig vergessen, dass er hinter ihnen sitzt, oder sie denken, er würde ohnehin nichts von dem begreifen, was sie reden oder eben nicht reden. Aber er hört doch alles und versteht das Schweigen genauso wie die wenigen Worte, auch wenn sie ihm hirnrissig und falsch vorkommen, und in dieser zähen Art und Weise hört er eigentlich nur Menschen sprechen, wenn auch seine Mutter am Gespräch teilnimmt.

Etwas aus dem Mund seines Vaters, das zwar verständlich war, für Niklas aber keinen Sinn ergibt – es sei wieder etwas unterwegs, aber nicht mit ihr, er hätte jemand anderen – macht sie nun so unübersehbar zornig, dass sie nichts mehr herausbringt, nicht einmal die Gegenrede, die sie Niklas erklärt hat und von der sie sagt, dass sie das Wichtigste am ganzen Sprechen sei. Doch alles, was seine Eltern jetzt beim Sagen tun, stimmt für Niklas nicht. Im Grunde ist er nicht übel darin, Gesprochenes zu ignorieren, er hat es in der Schule gelernt, wenn die anderen Wörter benutzen, die nicht stimmen. Aber auch zu Hause. Gerade jetzt, wo ihm das Ignorieren besonders helfen würde, kann er es nicht. Was sie dort sagen, ignoriert so sehr, dass er anwesend ist, dass er es nicht ignorieren kann.

Helfen würde es besonders deswegen, weil er fühlt, wie ihn das Schweigen seiner Mutter, genauso aber das von langen Pausen unterbrochene Flüstern seines Vaters auf eine Seite ziehen sollen, ja, ihm ist, als richte sich von hier an jeder Satz an ihn.

Dass er aber nicht gegen jemanden und damit auch nicht für jemanden sein möchte, zeigt ihm nur, wie unmöglich genau das ist, macht die unüberwindbare Grenze in der Mitte seiner Eltern nur umso sichtbarer. Eine Grenze, von der sie beide weit entfernt stehen und sich noch zögerlich, aber ohne Umkehrmöglichkeit wegbewegen, hinein ins Landesinnere.

Warum aber tut sein Vater etwas, das keinen Sinn ergibt? Warum hat Niklas darauf keinen Einfluss? Warum wird da vorne so sinnlos geredet? Warum diskutieren sie vor ihm über etwas, das für *ihn* keine Rolle spielt, weil es auch vorher nicht war, wie es sein sollte? Und es für ihn keinen Unterschied macht, weil es um etwas ganz anderes geht? Warum reden sie miteinander und verschleiern, dass sie eigentlich etwas von ihm wollen? Und warum überhaupt wollen sie etwas von ihm statt voneinander?

Als Reza aus dem Wagen steigt, noch einmal die Hintertür aufreißt und ihn kräftig drückt und küsst, ist es schon wieder, als sei das alles eben gar nicht gesagt worden. Jedenfalls haben sie sich nach einer Weile beide so verhalten, sprachen plötzlich wieder vom Richy, dem es so schlecht ginge, und davon, wie froh sie sein könnten angesichts ihrer beruflichen Erfolge. Ja, wenn das so ist, denkt Niklas, warum genießt ihr dann nicht eure Zeit und macht auch mich froh?

Nachdem Erik über den gesamten Zeitraum der Anklage hinweg tapfer stillgehalten hat, obwohl Niklas wusste, wie plötzlich und unerwartet Enttarnung und Verbote über ihn kamen, er schließlich die langen Monate zur Ableistung seiner Sozialstunden im Diakonischen Werk wie in einen Winterschlaf zusammengeknäult ertrug und zwischenzeitlich sogar Anzeichen von Freude an seiner Arbeit erkennen ließ, scheint seine Empfänglichkeit für die spannenderen Dinge wieder zu wachsen, und diesmal ist es nicht Erik, der antreibt, es ist Niklas.

Die Nacht fühlt sich an wie ein Schnellzug im Tunnel, ohne Ausgang. Sie pirschen durch die Gassen in Richtung Süden und erreichen bald das im Dunkeln liegende Schulgelände, nur am Lehrereingang die kleine Leuchte, und sie schleichen möglichst nah an den moderigen, von Spinnenweben und Efeu übersäten Steinen des Altbaus entlang, nehmen den hinteren Weg durch den noch düstereren Schulpark. Sie halten sich im Dickicht, der Raum zwischen den massiven Bäumen schluckt jedes Licht. Immer weiter gehen sie. Durch das Gebüsch werden die Konturen des Sportplatzes sichtbar, der wie eine Lichtung am Waldrand daliegt. Es knackt unter ihren Sohlen, und Erik gibt ein warnendes Geräusch von sich, eine Art Zischen. Doch schon scheinen von der Rückseite des Neubaus die Lampen der Notausgänge auf den Weg neben der Turnhalle, und mit ein paar Sprüngen sind sie am Hintereingang. Nun muss Niklas Erik nicht mehr großartig motivieren. Aus dem Steinbett rings um das kleine Aschefeld fürs Kugelstoßen reißt Erik eine der locker sitzenden Platten, hievt sie zum Notausgang der Turnhalle und schleudert sie mit einem flotten Schwung durch das Glas.

Kurz splittert und klirrt es, danach hört sich die Stille noch stiller an. Sie betrachten die Tür und horchen, ob sich irgendwo etwas regt. Als sie sich einigermaßen sicher sind, dass so schnell nichts kommen wird, greifen sie durch das geschaffene Loch und legen den Hebel um.

Erik ist jetzt kaum noch zu halten, er läuft durch den Flur zwischen Umkleiden und Turnhalle und sucht nach einem Eingang. Vor dem ersten Gang bleibt er kurz stehen, läuft weiter, am zweiten stürzt er gleich vorbei. Beim dritten wird er fündig, dreht sich zu Niklas um und winkt.

Niklas läuft hinterher, und als er auf der richtigen Höhe ankommt, strahlt aus dem Inneren der großen Halle schon das Licht. Und er hört einen Ball, vermutlich einen Basketball, unaufhörlich auf das Parkett donnern. Durch den kleinen Seitentunnel nähert er sich, und als er eintritt, versucht Erik sich gerade an einem Dreier. Die Halle ist hell erleuchtet. Der Ball springt vom Brett an den Korb und zurück ins Feld, Erik sprintet wie ein Irrer auf ihn zu und fängt ihn mit einem weit ausholenden Sprung ab, bevor er den Boden berühren kann. All das macht einen so unglaublichen Krach, dass Niklas ganz anders wird, denn schon bei Tag kann man im Biologieunterricht sehr oft das Dribbeln hören, sein Hallen gegen den roten Backstein. Wie klingt es dann erst jetzt, in der Nacht? Die Schule hat Nachbarn, direkt hinter der Halle und ein wenig Gebüsch, und zumindest früh morgens stehen diese Leute nicht ungern auf ihrer Terrasse herum.

– Sssssssssst!, macht Niklas.

Wie betäubt spielt Erik weiter, hämmert den Ball und seine Sohlen in den Bodenbelag.

– Los, Mann!, zischt Niklas, komm doch mal her!

Aber es geht nicht anders, er muss hinlaufen und ihn zur Besinnung bringen. Dabei erfährt er sogar einiges an Widerstand, Erik versucht ihn in einen Zweikampf zu verwickeln.

– Mensch! Hör auf jetzt!

Erik macht einen Sternschritt, dribbelt wieder los, und tut, als setze er zum Dunking an. Natürlich kommt er nicht so hoch.

– Das hört man in der halben Stadt!

– Erik stoppt, sodass es quietscht, hält den Ball fest.

– Wieso, ist doch geil. Lass doch mal ein bisschen abgehen.

– Wenn du wieder Ärsche abwischen willst, klar.

– Ich hab keinen Arsch abgewischt!

Niklas dreht sich um und sieht, dass auch die Geräteräume hell erleuchtet sind. Er gibt Erik ein Zeichen, und durch eine der Garagentüren gehen sie hinein, vorbei am Kasten mit den Basketbällen, dessen Gitter aufgeklappt auf den Turnmatten liegt. Sie entdecken die anderen Bälle, allerdings sind nur die Volleybälle zugänglich, vor den anderen Gitterkästen hängen schwere Schlösser. Leider auch vor den Fußbällen.

– Endlich mal gegen die verfickten Volleybälle pölen, schreit Erik.

Was natürlich stimmt. Niklas nimmt einen aus dem Korb und wirft ihn Erik zu, auch den Basketball nehmen sie und ein paar Leibchen. Weil abgesehen von Turnmatten, Holzbänken und Klopapier alles niet- und nagelfest ist in der Halle, klemmen sie sich je einen Ball unter den Pullover, knipsen das Licht aus und stehlen sich zügig durch den dunklen Flur zum Ausgang.

Draußen wieder die Stille, nur hier und da ein Säuseln des Windes, dann aber meinen sie etwas anderes zu hören. Erik schüttelt den Kopf, in einem der angrenzenden Gärten bellt ein Hund. Und wieder Stille. Ob sie schon spinnen? Da! Sie hören es beide. Atemlos schlagen sie sich unter die Tannen neben der Aschebahn. Niklas ist überzeugt, selbst keinen Mucks zu machen, aber Eriks Hecheln ist eindeutig zu laut. Er drückt ihm mit der Faust in die Seite, Erik wendet ihm den Kopf zu, hält inne, sieht nach unten. Die Geräusche nähern sich über den seitlichen Steinpfad dem Hintereingang. Auch Niklas duckt sich. Jemand kommt. Lichtpunkte fliegen über den Boden.

– Das ist ja nicht wahr.

– Traurig, aber na ja.

– Hör mal. Ich glaub, die sind nicht weit.

– Willst du da rein, in den Busch?

– Wir können ja warten. Drei Stunden, und es ist hell.

– Kannst du gerne machen, aber ohne mich. Mensch Günter, wirklich. Wir sichern das jetzt, dann ist gut.

– Gut?

– Ja, wieso nicht?

– Weil wir jetzt die Chance haben! Jetzt könnten wir endlich mal welche auf frischer Tat ertappen, mit ein bisschen Einsatz, aber den Herrschaften ist das ja immer alles zu viel.

– Welchen Herrschaften? Jetzt vergleich mich nicht mit anderen, Günter.

– Alle nichts in der Hose!

– Weißt du was?

– Was denn?

– Ach, leck mich.

Der andere knipst seine Leuchte aus und verschwindet wieder hinter der Ecke, doch sein Kollege hat noch nicht genug. Er macht ein paar Schritte auf das ihnen gegenüberliegende Buschwerk zu und leuchtet hinein, lässt den Schein kreisen. Dann dreht er sich zu Niklas und Erik um und leuchtet auf den Baum, hinter dem sie zwischen Büschen und Laub liegen. Niklas spürt, wie Erik zu zittern anfängt, fasst ihn erst am

Arm, dann hält er ihm die Hand auf den Mund und drückt ihn an sich. Die Lampe ist so hell, dass er selbst hier im Dunkeln gut Eriks schreckgeweitete Augen erkennen kann. Erik schüttelt kaum merklich den Kopf. Niklas presst noch fester auf seinen Mund.

– Ich krieg euch, glaubt mir, ich krieg euch. Ich weiß, dass ihr da seid. Ich weiß es.

Dann knipst auch er das Licht aus und verschwindet.

In der Schule wird am folgenden Tag nicht von dem Vorfall gesprochen. Als sei er gar nicht geschehen. Als hätte niemals jemand davon erfahren. Zunächst glauben die beiden, das sei nur die Ruhe vor dem Sturm. Irgendwann wird der Direktor in die Klassen stürmen und es verkünden, oder ein Schreiben wird an die Eltern gehen. Aber nichts davon. Gar nichts.

Erst einen Tag später entdeckt Niklas doch noch eine Reaktion auf ihren Einbruch, allerdings an einem Ort, mit dem er nicht im Geringsten gerechnet hat, obwohl er eigentlich naheliegt: die Zeitung.

Und er wundert sich sehr. Seiner Schule fehle die Zeit, lautet die Überschrift. Die Zeit? Die ersten Wörter klingen seltsam, doch schon nach einem Absatz ist klar, dass es um *sie* geht. Alle Sportuhren seien entwendet worden, heißt es in dem Artikel. Niklas ist einen kurzen Moment lang verwirrt, dann begreift er, ohne es schon benennen zu können. Das wird Erik übernehmen, und das Wort an sich hat etwas so Spezielles, dass Niklas es von nun an in seinen Kanon der gern verwendeten Wörter übernimmt: Versicherungsbetrug. Ja, so würde man das bezeichnen, belehrt ihn Erik. Na gut, und jetzt? Sie feixen und beschwören einander – denn dieses Komplott haben nur sie entdeckt. Sie fühlen sich wie in einem Spionagefilm – ja sie, sie beide, niemand sonst habe es erkannt. Nun wüssten sie also, wie das alles funktioniere. Einer der Männer müsse zurückgekommen sein und die Sportuhren entwendet haben, oder sogar beide. Wahrscheinlich waren die beiden Lehrer. Oder das ganze Sport-Kollegium hat sie untereinander verteilt. Wegen des Einbruchs habe man sie als gestohlen gemeldet. So können sie neue bekommen und die alten behalten.

Auch deswegen wird Niklas das Wort Versicherungsbetrug besonders oft an anderer Stelle verwenden: weil sie jetzt, wo sie einen solchen Versicherungsbetrug aufgedeckt haben, ihn nicht verraten können. Sehr schade finden sie das und grübeln noch Wochen darüber, wie es gewesen wäre. Gewesen wäre, wenn.

Schade, dass er selbst nicht Kemper heißt, er würde den Namen sicher gut vertreten. Sein Großvater und er selbst sind die einzigen repräsentativen Mitglieder der Familie Kemper, findet Niklas. Die einzigen, auf die man immer zählen kann. Auch wenn er nur noch im Rollstuhl sitzt, weiß sein Opa Bescheid, hat es einfach als einziger verstanden und weiß, was es bedeutet, die Würde zu wahren. Weil er weiß, und es auch nicht ignoriert, wie auf Familien mit einer solchen Geschichte geschaut wird, kennt er die Folgen, angesichts derer alle anderen Familienmitglieder meistens müde abwinken, denn sie fühlen sich frei, frei wie Fische. Und Niklas merkt, wie ihn das stört.

In Willi walten ähnliche Gedanken. Weil seine Tochter wie seine Eltern und Geschwister geraten ist und er eine Frau geheiratet hat, die zwar in wirtschaftlichen Fragen sehr streng, in allen anderen aber ebenfalls genau wie seine Vorfahren ist, nämlich schlichtweg nicht auf das nötige Maß an Haltung bedacht, wird Willi in der Unbeweglichkeit seines Gefährts so unerbittlich von einer Welle der Ohnmacht erfasst, dass er bald wieder versucht, so nah wie möglich an die Glasvitrine heranzufahren, um vielleicht doch etwas von dort zu ergattern. Ohne das geht es einfach nicht mehr, noch ein Tag in diesem verfluchten Stuhl ohne seinen klaren Wacholder oder einen Eierlikör, und er lässt sich bei nächster Gelegenheit auf dic Straße rollen.

Er bittet Niklas, ihm zu helfen.

– Das geht doch nicht, erwidert er kleinlaut.

– Was geht nicht?

– Ich darf dir doch nichts geben.

– Was darfst du nicht? Na, das möcht ich aber überhört haben. Nun los, schieb sie zur Seite.

Niklas greift mit den Fingerkuppen in die Perforierung der Scheibe, drückt sie zögerlich nach rechts. Dahinter stehen Dutzende von Flaschen, grüne, braune, durchsichtige.

– Siehst du den Kräuterlikör, da links.

– Den hier?

– Nee, das ist Eckes Edelkirsch. Einen weiter!

Niklas' Finger gleiten über das Glas, von einer Flasche zur anderen, verharren, umgreifen und heben den Likör hinüber auf den Serviertisch des Rollstuhls.

– Na, siehste. Prima, Junge. Und bist du so gut und schaust in der Küche nach 'nem Pinneken?

Auch das bringt ihm Niklas nach kurzem Suchen, sofort schenkt Willi ein und kippt.

– Aahhh, macht er. Herrlich.

– Schmeckt es dir, Opa?, fragt Niklas und betrachtet die zähschwarze Flüssigkeit in der Flasche.

– Na was glaubst du denn. Und wo wir gerade dabei sind, schauen wir mal, ob der Keller offen ist. Wenn ja, holst du mir ein kühles Pils.

Niklas ist einverstanden. Sie begeben sich zum Treppenabsatz, wo sein Opa stehenbleibt.

– Dann guck mal, sagt er.

Die Tür ist verschlossen, doch auf dem Stromkasten, das erkennt Niklas schon von hier aus, liegt der Schlüssel. Er schließt auf und schaltet das fahle Licht ein, am Sockel steht die Kiste Pils.

– Hol mal gleich zwei, da kann ich eine gut beiseitelegen, hört er von oben rufen.

In der Kiste selbst befinden sich ohnehin nur noch fünf volle Flaschen, und kurz denkt er daran, dass es sofort auffallen könnte. Dann aber hört er ihn wieder rufen.

– Und? Ist noch was da?

Niklas rennt wieder nach oben, Willi frohlockt, und sie gehen und fahren ins Wohnzimmer zurück. Er greift zum silbernen Nussknacker auf der Kommode, es zischt, und Willi nippt abwechselnd am Pils und einem weiteren Likör, den Niklas ihm auf ein Handzeichen hin eingeschenkt hat. Es geht ihm sichtlich gut, er setzt ab, nickt und lächelt beinahe. Schmal die Augen, kehrt Ruhe in seine Züge und Bewegungen, kontrolliert führt der Arm das Glas zum Mund, worauf sich die Augen schließen, und weil sie in katholischer Religion zuletzt viel über Falsches gesprochen haben, das auch richtig sein kann, kommt es Niklas vor, als habe er hier das beste Beispiel aller Zeiten dafür gefunden.

Nach einer Weile erklärt ihm sein Opa, dass bald die Pflege komme, er möge die Flasche gut wegstellen und sich nach oben verkriechen. Nachdem er noch ein bisschen durch das Abendprogramm gezappt hat, wird er müde und legt sich hin. Es scheint tief in der Nacht zu sein, als die Tür aufgeht, das Flurlicht auf sein Bett fällt und ihn vermutlich seine Mutter eine Weile lang beobachtet. Dann wird die Tür mit einem Ruck wieder zugerissen, auch die im Zwischengeschoss kracht. Aus der Ferne hört er uneindeutige Geräusche, doch er ist zu verschlafen, um ihnen weiter nachzulauschen, und darum reißt es ihn kurz darauf auch wieder davon, hinein in eine milde Nacht.

VIERTES BUCH

1997

Tabakkrümel in den Tastaturritzen, nur noch wenige Menschen im Büro, der Sommerregen lässt die monströsen Scheiben beschlagen. Reza greift gleichzeitig zu Blättchen und Hörer.

– Du kannst jetzt kommen ... Doch, komm mal bitte her, ich möchte dir jemanden vorstellen.

Ohne Vorwarnung, grinsend, hält er Niklas die Muschel vor die Nase, als würde er mit *ihr* hören. Niklas nimmt ihm den Hörer aus der Hand, muss aber husten, und das so sehr, dass er glaubt, nicht mehr aufhören zu können. Den Hörer hält er falsch herum, sodass er in die Sprechmuschel hustet, während die Hörmuschel nach unten baumelt.

Vielleicht war es keine gute Idee, nach so langer Zeit, spontan und bloß auf dem Weg nach Südfrankreich hier vorbeischneien zu wollen, ohne Vorankündigung. Erik und die anderen hat er in der Altstadt zurückgelassen, um es nicht zu kompliziert zu machen, und schon als er ankam, war er von der Schwüle und seiner inneren Unruhe vollkommen durchnässt. Sein Vater schärft seinen Blick, reißt ihm wieder alles aus der Hand.

– Was machst du denn da?

– Was soll das denn werden hier?

Reza aber spricht wieder in den Hörer und dreht sich dabei auf seinem Bürostuhl, die Füße gleiten vom Tisch.

– Sei nicht so anstrengend, sagt er der anderen Seite. Bis gleich!

Er legt auf.
– Na, jetzt pass mal auf.
– Was soll ich denn aufpassen?

Es vergeht eine knappe Stunde, während derer sie Firmenkaffee trinken und eine Art Tennis der halbgaren Sätze spielen. Bis es klopft, Reza sich aufrichtet und mit dem Stuhl zur Tür dreht. Ein kleines, blasses Mädchen mit dunklem Haar tritt ein. Laut und beschwingt beordert Reza sie zu ihnen herüber, doch sie folgt seinen Anweisungen erst, nachdem sie mehrmals zwischen ihnen hin- und hergesehen hat. Je näher sie kommt, desto größer wird der Schock, der sich in ihrem Gesicht ausbreitet, sodass Niklas unwillkürlich beginnt, sich für seinen Anblick zu schämen.

Und von diesem Moment an bekommt der Nachmittag etwas von einem undurchdringlichen Traum, von dem sich später nicht mehr sagen lässt, wovon er handelte, der aber genauso wenig wieder aus der Erinnerung verschwindet, er glüht einfach immer weiter, dahinten irgendwo im Cerebrum.

1999

Eines Tages kommen plötzlich Anrufe, nicht für Clara, sondern für ihre Mutter. Die sitzt mit hochrotem Kopf im Sessel und ahnt bereits, wer da schon wieder an der Strippe ist, die sie immer häufiger nicht als Erste erreicht, weswegen sie es aufgegeben hat, aufzuspringen, wenn es plötzlich in die ruhige Kühle des Nachmittags hineinschrillt.

Sogar ihr Mann, der prinzipiell überhaupt nicht mehr ans Telefon geht, kam ihr, weil er gerade so halb sinnlos im Flur stand, ausgerechnet bei einem dieser speziellen Anrufe zuvor, während sie auf halber Treppe stehen blieb und lauschte, und Berta ahnt, dass Willi durchschaut, was es mit den Anrufen auf sich hat, auch wenn er sich bislang nichts anmerken ließ und auch danach nur in aller Beiläufigkeit erwähnte, dort habe so ein alter Bekannter für sie angerufen, der sich aber sicher wieder melde.

Unbeweglich sitzt sie nun da auf ihrem Wohnzimmerthron und weiß genau, dass auch Willi in der offenen Küche am Mittagstisch sitzt und jedes Wort, das Clara dem Anrufer erwidert, mit spitzen Ohren verfolgt.

– Ja, ich verstehe, sagt sie. Einen Moment bitte, ich schaue einmal nach.

Clara legt den Hörer aus der Hand und geht hinüber zu ihrer Mutter, die sich weiterhin nicht rührt. Als sie eintritt, sie so erstarrt dort sitzen sieht und gerade ansprechen will, tönt es etwas krächzend, aber entschlossen aus der Küche.

– Das ist ja wohl eine Frechheit, um diese Zeit. Was sich die Leute einbilden, ungeheuerlich ist das.

Clara dreht bei, geht einmal quer durch die Wohnung, macht knapp vor ihrem Vater Halt und beugt sich zu ihm hinunter. – Pass mal auf, Freundchen, du brauchst hier gar nicht zu krakelen, klar? Was sich über dich nicht alles sagen ließe. Das wollen wir mal lieber nicht hervorkramen. Oder?

Reglos und glasig sieht Willi geradeaus. Sie lässt ihn sitzen.

Als sie das Wohnzimmer wieder betritt, sieht Berta auf, betrachtet Clara, hebt auf einmal ihren Arm und winkt kraftvoll ab, wobei sich in ihrem Gesicht für einen kurzen Moment etwas wie Abscheu offenbart. Clara geht zurück zum Telefon und bekundet höflich, es gebe keinerlei Interesse an diesen Angeboten, man möge doch bitte von weiteren Anrufen absehen.

Später am Abend hat sie die Eingebung, das könne ein geeigneter Zeitpunkt sein, um ihren neuen Freund in die Familie einzuführen, was einiger Vorsicht bedarf, handelt es sich bei Medy schließlich nicht um die Art von Person, die ihr Vater bis heute von ihr zu erwarten scheint und an der sie keinerlei Interesse hat.

Sie ist schon froh, dass Niklas nicht aufmuckt und hält die Voraussetzungen für günstig, denn ihr Vater, ohnmächtig an seinen Stuhl gebunden, ist nun zumindest seinen geheimen Widersacher los, ohne dass er dafür sein Gesicht verlieren musste. Genau das hätte es für ihn bedeutet, offiziell davon zu erfahren und sich im schlimmsten Fall auch noch der ganzen Angelegenheit erwehren zu müssen, indem er darüber mit seiner Frau diskutiert. Clara hat es ihm abgenommen, all ihrer möglicherweise etwas rohen Worte zum Trotz, doch jetzt, wird sie gleich merken, erinnert er sich schon nicht mehr.

Sachte schiebt sie die Wohnzimmertür auf, grüßt in die Runde, zu der zu ihrer Überraschung auch ihr Sohn zählt, der sich wieder einmal bei seinen Großeltern herumfläzt, offenbar Schnäpse mit ihnen konsumiert hat, wie sie erschreckend schnell erkennt, und Springreiten sieht, wobei Berta gerade mit der Fernbedienung auf den Bildschirm zielt und, wie sie beteuert, nur einmal schnell zur Volksmusik wechseln will.

Clara ignoriert den Alkohol, dafür ist ihr diese Gelegenheit zu wichtig, und winkt ins Dunkle hinter dem Türrahmen.

– Raus, platzt es aus Willi, raus!

Niklas und Berta starren ihn an, dann den Besucher.

– Wird's bald!

– Willi, maßregelt Berta, bitte. Beherrsch dich.

– Schafft den hier raus!

– Aber warum denn, Opa?, fragt Niklas gereizt.

– Davon verstehst du nichts, sagt Willi.

Doch in Niklas legen sich in einer Weise Schalter um, wie er es bislang nicht erfahren hat in seinem Leben, etwas anderes als alles bisherige strömt durch ihn hindurch und nimmt Beschlag von seiner Brust und seinen Schläfen, öffnet ihm die Kehle und hellt die Höhlen in seiner Stirn von innen auf, und ohne nachdenken zu müssen, beginnt er zügellos zu reden.

– Nein, sagt er und presst dieses schöne Wort energisch hinaus, davon verstehe ich glücklicherweise wirklich nichts, und davon werd ich auch nie was verstehen. Aber man muss es auch nicht verstehen, um es zu durchschauen! Es ist so banal … wie dreiunddreißig. Und alles, was davon bleibt, ist diese Leere! Die müsstest du doch eigentlich kennen, Opa, oder nicht? Wenn man bloß dasitzt und nur noch kippen möchte? Weil man im Grunde alles hatte, nur das, was man wirklich haben wollte, die Macht über alles und jeden im Leben, die bekommt man nicht?

Niklas stapft an allen vorbei nach oben, schüttelt noch im Vorbeigehen die Hand von Claras Begleiter, und zum ersten Mal seit langer Zeit merkt er wieder, wie sie sich anfühlen kann, die Wahrheit.

Erik, muss Niklas feststellen, ist mit dem Einsetzen der Oberprima endgültig zum Konservativen mutiert, auch wenn der behauptet, Niklas sei ja wohl selbst konservativ. So geht das nicht. Wenn dieses alberne Verhalten konservativ sein soll, dann ist es nicht das, was Niklas interessiert. Oder? Immer schien es ihm, dass gerade die Leute, denen es gut geht, eine besondere Verantwortung tragen, aber nicht nur durch den marxistischen Deutschlehrer, den sie seit der Zwölf haben und der die Weltbilder aller, die ihn bislang noch nicht kannten, gewaltig durcheinanderwirbelt, sondern auch aus eigener Anschauung und aktivem Nachdenken heraus kann für Niklas nichts anders im Mittelpunkt stehen als die sozialen Fragen. Was ist das eigentlich für eine Position, fragt er sich, die er da vertritt, die ihm niemand vermittelt zu haben scheint, die einfach aus ihm herauskommt?

Dabei stimmen sie doch in so vielem überein, dem Hang zur Geradlinigkeit und Ehrlichkeit, doch was alles Soziale betrifft, findet Niklas, lässt sich mit Erik nichts anfangen. Auf der anderen Seite nervt ihn die Agitation einiger Stufengenossen, die viel zu unausgegoren daherkommt, auf stumpfen Krawall aus ist. Aber besaufen kann er sich auch ohne Politik.

Auf den Satz stößt Niklas bei einem düsteren, angeblich aber noch gerade so marxistischen Philosophen. Nur wenn, was ist, sich ändern lässt, ist das, was ist, nicht alles, lautet er, und nicht nur wegen dem schönen Unsinn, der darin liegt, klingen bald auch all die anderen Sätze, die rings um ihn herum liegen, zunehmend wie Musik in seinen Ohren, selbst wenn die Linken im Park, zu denen er sich manchmal auf die Spielplatzbank setzt, um zu kiffen, den Philosophen ein Weichei nennen und als artifiziell verteufeln.

Niklas aber ist beim Lesen hellauf erregt. Es erscheint ihm wie ein schwerer, alter Vorhang, den dieses Werk vor alle Zusammenhänge schiebt. Es schafft gedankliche Unordnung, wogegen sich Niklas anfangs vehement wehrt, doch nach und nach fühlt er sich in unfassbare Höhen der Abstraktion aufsteigen, sodass er nach seinen Meditationen manchmal nicht mehr weiß, woran er sich angesichts dessen, wo er dort gerade war, angesichts der Erkenntnisse oder besser Nichterkenntnisse, noch festhalten soll, weil alles von einem schwarzen Bann überzogen ist, sodass man wieder nicht weiß, ob das, was er eben noch für eine existente Gewissheit hielt, jetzt nur nicht mehr sichtbar ist oder sich schon in Luft aufgelöst hat. Liest er sich aufmerksam durch die Schwaden der geworfenen Nebelkerzen hindurch, wird ihm schnell klar, dass dem Philosophen nicht viel mehr standhält außer Beethoven, Hieronymus Bosch und drei, vier Schriftsteller, die sich Niklas notiert und von da an ebenfalls liest.

Dabei versucht er so zu lesen, dass der Leseakt möglichst keinen typischen Konsum darstellt, sondern anstrengend, zäh und nachhaltig ist, so wie der Philosoph es in seinen Schriften fordert. Wenn er genug von dem Geschwafel der Linken hat, legt er sich ein Stückchen abseits ins Gras und liest für sein Abitur, und zwar nicht die Sekundärliteratur, die ihm für die Literaturanalyse eigentlich aufgegeben wurde. Er liest die neuentdeckten Schmöker.

Sein Vertrauen auf die Einschätzungen dieses und anderer Denker aber ist in einer Weise grenzenlos, dass er sich ihnen völlig überlässt, die Schullektüre in Deutsch, Sowi und Philosophie meidet und von da an nur noch für Biologie paukt, und vielleicht noch ein bisschen Englisch. Wie sehr sich diese Vorgehensweise lohnen wird, ahnt er angesichts der Leichtigkeit, die ihm dieser Umgang mit Texten verleiht, bislang nur, sicher scheint es ihm noch nicht. Erik und einige andere warnen ihn, damit werde er noch auf die Schnauze fliegen. Aber ihm gefällt es, an das zu glauben, woran keiner glaubt. Denn steht das nicht auch am Ende einer der magischen Schriften, nur *solches* Denken sei solidarisch mit Metaphysik im Augenblick ihres Sturzes?

Clara steht unter Starkstrom. Immer mehr gerät sie außer sich, sie brüllt ihren Sohn an, was ihr zwar sofort leid tut, aber gerade geht es nicht anders. Hitze steigt in Niklas' Kopf und erschwert es, irgendwie angemessen zu reagieren. In einer halben Stunde schreibt er die letzte Matheklausur seines Lebens, hat sich entgegen aller Erwartbarkeit gründlich darauf vorbereitet, auch wenn er in der ersten Klausur ein sagenhaftes befriedigend plus erreicht und sich eigentlich für immer vom Fach Mathematik verabschiedet hat. Auch ein ungenügend würde ihm jetzt nicht mehr gefährlich. Und im Grunde war es niemand sonst als sie, die ihn dazu bewegt hat, sich noch ein letztes Mal aufzuraffen und diese elende Klausur nicht freiwillig abzuschenken. Auch das sind Punkte, hat sie gesagt. Und so sehr Clara sich bewusst sein muss, dass er mit Müh und Not seine Konzentration aufrechterhält, um die für ihn unnötige und im Abitur abwählbare Oberstufenalgebra in seinem Kopf zusammenzuhalten, so erbittert ignoriert sie es nun auch, als sei ihr jede innere Ordnung abhandengekommen.

Die Klausur verläuft so schlecht, dass es beinahe schon wieder amüsant ist. Einige Aufgaben durchdringt er rein von der Fragestellung her schon nicht, die Bernoulli-Ketten und die Wurzelfunktionen lässt er gänzlich unangetastet, nur die Vektorenberechnungen kommen ihm entgegen. Nach einer knappen Stunde gibt er ab und erntet am Pult tiefe Betretenheit.

Als er nach Hause kommt, verkündet seine Mutter, sie habe die Firma verkauft. – Habe? Nicht zumindest werde? Doch er begreift schnell, dass es nicht mehr rückgängig zu machen ist.

In hauchfeinen Schichten, über Unzeiten hinweg, setzt es sich ab. Dunkle Patina, von der niemand weiß, was sie ist. Man fragt nicht mehr nach, akzeptiert und dämpft sein Interesse, ballt die Faust in der berühmten Tasche. Seltsame Töne entstehen. Ein dauerhaftes Knistern scheint sich eingeschlichen zu haben, ob nun unbemerkt oder verdrängt, und so sehr man sie auch zu lieben hat, die eigene Kindheit, so sehr bricht sich das Begreifen darüber Bahn, dass bestimmte Erfahrungen in ihr einem nicht hätten zugemutet werden dürfen.

Unverantwortlich möchte man sie nennen, die eigenen Eltern, ungeradlinig, flüchtig und unberechenbar, ihr undurchschaubares Süppchen brauend. Dabei bedarf es, und diese Erkenntnis wächst zu etwas Mächtigem heran und durchdringt alle Windungen, doch der Transparenz im Leben. Es bedarf der Genauigkeit und Mitteilung untereinander, weswegen man so handelt und nicht anders. Das muss doch, lässt sich erwarten, für die anderen Menschen nachvollziehbar sein?

1955

Es ist tiefe Nacht, und in ihrem Bett wird Clara wach. Sie muss ganz dringend, traut sich aber nicht hinaus, muss noch dringender, schleicht über den Flur ins Bad, hält ihren Hintern über den Blechtopf. Obwohl es Sommer ist und die Luft auch jetzt noch drückend in den Zimmern steht, friert sie. Das Prasseln ihres Strahls auf dem Blech hallt von den Badkacheln zurück, und unwillkürlich sieht sie zur Tür. Doch kommt niemand, um nach ihr zu sehen.

Als sie fertig ist, schleicht sie langsam hinüber zum Schlafzimmer ihrer Eltern. Nur den Kopf schiebt sie vorsichtig durch den schmalen Spalt, drückt die Tür mit Stirn und Ellenbogen noch ein bisschen weiter auf, späht hinein und findet im Zwielicht ein leeres, zerwühltes Bett. Vor Schreck zieht sie den Kopf zurück, ein wenig zu schnell, und knallt dabei mit dem Kinn gegen die Türkante, prompt muss sie weinen.

Schnell läuft sie hinüber in ihr Bett, wo sie merkt, dass sie sich fürchtet, wenn niemand in der Nähe ist. Reglos liegt sie da, zieht die Bettdecke bis unter die Augen, rollt sich ein. Doch wenn sie so daliegt, ändert sich auch nichts. Als sie das verstanden hat, fällt es ihr leicht, die Tränen zu stoppen. Sie wischt ihr Gesicht am Kissen trocken und steht auf. Fuß vor Fuß setzt sie in die Dunkelheit. Dann erinnert sie sich, dass man im Dunkeln besser sieht, wenn man vorher eine Weile die Augen schließt und sie dann wieder öffnet. Sie bleibt stehen, lässt die Lider sinken, wartet ab, öffnet sie wieder. Schon erkennt sie die Konturen des Treppengeländers. Vorsichtig geht sie hinunter, klammert sich an die Holzstreben, ertastet die nächste Stufe mit den Zehen. Es dauert alles sehr lange, und in jedem Moment glaubt sie, dass als nächstes die Tür aufspringt und ihr Vater im Flur steht.

Doch es geschieht nichts.

Unten kommt sie nicht ganz bis an die Türklinke. Aus der Ecke zerrt sie den Hocker heran und steigt hinauf, drückt die Klinke mit beiden Händen hinunter, steigt hinab.

Sie tritt aus dem Haus, der Boden ist warm und die Luft kühl, sogar ein bisschen windig ist es, und das Windige macht Clara Angst, auch wenn es schön ist. Sie versucht sich aufs Laufen zu konzentrieren. Barfuß trippelt sie über den halben Platz, nähert sich der Passage, erkennt ein erstes Licht aus ihr dringen, wird langsamer und horcht. Am Eingang angekommen, hockt sie sich hin, beugt sich langsam vor und schiebt ihren Kopf um die Ecke, blinzelt.

Was sie zuallererst sieht, ist der Kopf ihres Vaters mit einem jetzt bösen Gesicht darinnen, seinen Augen, die sofort da sind, auf sie gerichtet, nachdem sie um die Ecke schaut. Das Gesicht ihres Vaters verändert die Farbe, spannt sich, die Augen werden klein. Er spannt auch die Arme an und setzt sich in Gang, seine Augen weichen nicht von ihr, die Absätze klingen laut auf den gelben Steinplatten. Clara springt auf und rennt los.

Die Tür hat sie angelehnt, die Treppe hinauf geht es viel schneller als hinunter, und als sie in ihrem Zimmer ankommt, wirft sie sich aufs Bett und deckt sich zu, versucht ihren rasenden Atem zu unterdrücken und horcht hinein in die Stille des großen Hauses.

Doch von draußen hört man wieder das Hallen, es geht sehr schnell. Als würden die Absätze auf die Steine im Boden einschlagen. Die Schritte verschwinden von der Straße, und jetzt nähert sich von innen ein Rumpeln. Er kommt. Nur noch ein paar Sekunden dauert es jetzt, bis die Tür aufspringt und es bloß noch drei, vier Schritte sind zwischen einer wuchtigen Männerhand und Claras blankem Hintern.

2006

Links und rechts die Jünger mit dem Bierkrug, davor auf dem Tisch der Schweinskopf und der Schinken, daneben Schnapsgläser. Er kennt es. Der Dozent macht eine unverwandte Geste, deutet auf Niklas.

– Sie, Herr ... danke, Entschuldigung ... wie ist das? Stammen Sie nicht dorther?

Die Nasenwurzel des Dozenten kräuselt sich leicht, während er das sagt, was Niklas einen Augenaufschlag lang ablenkt, doch als er die Brauen hebt und den Mund spitzt, reagiert er. Vielleicht etwas zu überstürzt.

– Ja, doch, sagt Niklas und legt den Zeigefinger an die Wange. Er möchte jetzt um keinen Preis unaufmerksam wirken.

– Dann haben Sie sich wahrscheinlich schon zu Schulzeiten ausführlich mit dem *Westfälischen Abendmahl* beschäftigt. Sehr heidnisch alles!

Der Dozent lacht, denn natürlich soll das ein Witz sein. Niklas holt Luft.

– Nur in der Grundschule.

– Ach ... wirklich?

– Ja. Danach nicht mehr. Vielleicht, weil es ohnehin jeder kennt.

Das stimmt nicht ganz, denn den meisten Leuten ist es piepegal, was da Besonderes in ihrer Kirche hängt. Den anderen, vor allem Lehrern und Pfaffen, ist es derart wichtig, dass sie die Grundschüler so lange damit behelligen, bis denen das Ganze nur noch als eine dieser vielen unvermeidlichen Absurditäten des Daseins auf einer kirchlichen Schule erscheint und es niemanden mehr annähernd interessiert. Das aber kann er jetzt nicht sagen. Wie viel sinnvoller es gewesen wäre, das Fenster wenigstens in der Oberstufe noch einmal ausführlich zu behandeln – ob nun in Kunst, Geschichte oder Religion – statt einzig und allein Grundschulkinder im Sachkundeunterricht damit zu peinigen, um das Thema danach, an den Gymnasien, nie wieder aufkommen zu lassen, wird Niklas umso klarer, als der Dozent sagt, der unbekannte Maler habe für seine Zeit Maßstäbe gesetzt in Sachen Originalität und Weiterentwicklung eines gängigen Motivs. Und überhaupt, warum muss ihm das alles schon wieder bis hierher folgen?

Doch sind Kirchenbilder ohnehin nicht seine Spezialität, hierfür fehlt ihm das theoretische Besteck, auch die liturgische Herangehensweise, und schon mit dem ersten Wort seiner Ausführungen erscheint es ihm, als langweile er die Leute hier im historischen Kunstseminar mit seiner Form von Reflexion.

Doch dass er sich nicht auskennt, ändert nichts daran, dass er nun Gewährsmann und Experte seiner Heimat sein soll.
– Was würden Sie denn sagen, welche Zuschreibungen hat dieses Bild?, nutzt der Dozent, Krämer heißt er, eine kurze Gedankenpause, zu der Niklas gerade angesetzt hat, ohne dabei absetzen zu wollen. Und führt weiter aus. Ich meine, darauf muss ja erstmal jemand kommen, den Heiland kurz vorm Tod am Kreuze Bier saufen zu lassen.

Das soll offenbar sein nächster Witz sein.
– Ja, seltsam, sagt Niklas, obwohl er im Grunde aus dem Effeff weiß, was dahintersteckt.
– Seltsam? Nein, gar nicht. Schauen Sie: Es fügt sich ein in das Selbstverständnis der Stadt und der Region überhaupt, man war immer schon sehr *eigen*, denken Sie nur an die Fehde mit

Köln und den Arsch der Bürgermeisterfrau, den sie zum Beweis, dass die Einwohner, die sogenannten Ackerbürger, gut genährt waren und eine lange Belagerung problemlos durchstehen würden, über die Stadtmauern gehievt hat. Hierzu gibt es übrigens eine exzellente teilkolorierte Stuckfreske im Burghof, einem Patrizierhaus, das Sie sicherlich kennen werden, und schließlich hat die Stadt auch im …

– Ja, ich kenne die ganze Story!, funkt Niklas ihm dazwischen.

– Ach ja?, sagt der Dozent, der einen Moment leblos wirkt, um schon im nächsten wieder maschinengleich zu rhetorisieren. Aber offenbar haben Sie Ihre Bedeutung noch nicht so ganz erspürt.

– Doch, schon. Natürlich. Aber wissen Sie …

Das war ein Fehler, denkt Niklas sofort, jetzt hat auch *er* rhetorisch ausgeholt. Der Dozent betrachtet ihn in freudiger Erwartung, deutet ein unterschwelliges und nur zu erahnendes Nicken an. Hat Niklas tatsächlich nie ihren wahren Wert zu schätzen gelernt, dieser an manchen Stellen beinahe zerfallenden, aber gerade dort umso urtümlicheren und geheimnisvolleren Stadt, zwischen deren grünen Mauern er all die Sommer umhergestromert ist mit dem Gefühl, es würde für immer so bleiben? Aber das eine ist doch nicht zu denken ohne das andere. Oder doch?

– Wissen Sie, es verändert sich alles, der ganze Blick auf die Sache in dem Moment, wo eine Beziehung zu einem solchen Ort existiert.

Er sieht hinunter auf die Maserungen des Tisches, kann nicht verhindern, dass seine Hand und Finger, die auf ihm liegen, irgendetwas Unkontrolliertes vollziehen, zieht sie weg und faltet sie im Schoß.

– Da juckt Sie eben was ganz anderes, und vieles von dem, das vielleicht wichtig, anmutig, schön ist um einen herum, kann man als solches gar nicht mehr erkennen, weil man es in Hunderten ellenlangen Monologen ins Gehirn gepumpt bekommen hat. Sieh, wo du herkommst! Und schon sieht man gar nichts mehr.

Durch Niklas' Windungen fließen die Ströme, er hat seine Aussage gemacht und ist aus seiner Sicht durch für heute, hat Feierabend, und nun rechnet er nur noch damit, zu diesem Feierabend final abgewatscht zu werden. Krämer aber springt auf, wie frisch gepackt von neuer Energie, und wendet sich an die anderen.

– Wenn Sie noch nicht da waren, beschwört er sie, in der Heimatstadt vom Herrn Matei, dann fahren Sie unbedingt mal hin. Das ist kunsthistorisch vom Allerfeinsten, dazu der grüne Stein, die verwinkelten Gassen, fast märchenhaft. Alles scheint aus einer anderen, fernen Zeit. Laufen Sie an den Mauern der Gärten entlang, die Rilke beschrieben hat, betrachten Sie die Werke von Kükelhaus und Morgner in den Parks und kleinen Kunsthallen, und fragen Sie sich danach, wie Sie leben wollen. Bis nächste Woche!

Zwischen den Büschen hinter dem Schlossgarten, in den sie ihn vermutlich schon nicht mehr hineinlassen, raschelt ein Obdachloser auf der Suche nach Pfand. Falter kapriolen über der Treppe zum Garten, und allmählich verspürt Niklas Durst. Er deutet auf den Kiosk gegenüber, und gemächlich gehen sie auf das Fenster zu, in dem einer der Clan-Söhne hockt, die ihn betreiben. Niklas bestellt eine Johannisbeerschorle.

– Woher kommst du?, fragt der andere, als er vom Kühlschrank zurück ist und sie auf den Tresen stellt.

Niklas lässt eine Münze auf die Schale fallen.

– Von daher, wo du nicht herkommst.

– Nein, Mann, sag mal. Woher?

– Wie woher? Aus NRW.

Niklas greift zur Flasche und dreht sie mit einem Ruck auf, sodass es knackt.
– Verarsch mich nicht, Bruder. Welches Land?
– Wie jetzt?
– La-hand!
– Also, ich komme aus Deutschland. Und Sie?
– Nein, ich meine woher du eigentlich kommst. Du bist doch irgendwas.
– Hast du sie noch alle?, sagt Niklas jetzt. Er sieht hinüber zu Christin, mit der er am Abend noch ein Referat halten soll, und es hat nicht nur den Anschein, als wolle er sich mit Blicken rückversichern, dass es schon in Ordnung ist so. Niklas ist in einer misstrauischen Phase, er bekommt das Misstrauen nicht mehr aus sich heraus. Er wendet sich wortlos vom Kiosk ab, in dem der Verkäufer gerade laut wird und verkündet, auch herauskommen zu können aus seinem Kabuff, und sieht, dass Christin vehement den Kopf schüttelt, ihre Hand eine Aufforderung zum Mitkommen macht und sie weiterläuft. Er beschleunigt, schließt auf, und über den Campus gehen sie hinunter zur Altstadt.
– Ich mach dich platt!, schallt es hinter ihnen, sofort zupft Christin an seinem Ärmel.
– Schön weitergehen.
– Was ist das schon wieder für ein Müll?
– Bitte, lass uns jetzt erst mal weitergehen. Alles Weitere später.
– Das *war* mal so ein Moment, weißt du?
– Was für ein Moment denn?
– Na, genau das, was du mir nie glaubst. Dass es *oft* so ist.
– Aber ich glaube dir das doch.
– Tust du?
– Ach komm, Niklas. Habe ich jemals gesagt, dass ich dir nicht glaube?

– Du verhältst dich nicht gerade so.
– Ach ja? Wie verhalte ich mich denn deiner Ansicht nach, wenn ich dir glaube?
– Na, nicht *so*!
– Was mache ich denn?

Aber Niklas starrt schon in den Himmel.

Das darauf folgende *Gut* soll ihm bedeuten, dass sie seine Meinung nachvollziehen kann, sich aber dennoch distanziert. Dinge in dieser Weise immer gleich zu Ende zu denken, erregt seit jeher Christins Skepsis, alles allzu Eindeutige bedrückt sie insgeheim, und es kostet sie mehr Kraft, als Niklas glaubt, ihre Gewissheiten über den eigentlich doch gutwilligen Menschen gegen seine bohrenden Fragen aufrechtzuerhalten. Geht es ihr mehr darum als um die Wahrheit? Genau dies fragen sie sich in diesem Augenblick beide, aus verschiedenen Richtungen. Er fast wieder mit mehr Verständnis für ihren Standpunkt als sie selbst. Er hat ja recht, denkt sie. Es tut mir leid, denkt er. Die Sonne brennt in ihren Nacken, und fast intuitiv biegen sie gleichzeitig ab in eine schattige Gasse.

– Bro, Bruder, sagt Niklas. Was soll das? Jemand wie ich kann kein Bruder sein, schon gar nicht für den, ich bin vollkommen unbrüderlich groß geworden, unter wohlhabenden deutschen Frauen, der Vater nicht da, die Brüder nicht da. Eh fast nur Schwestern! Was soll ich mit Brüderlichkeit?

Etwas zu milde lächelt sie, aber weil sie ihn eigentlich versteht, sagt sie nichts.

– Und, was sagst du?
– Wozu?
– Dass ich mich damit nicht identifizieren kann mit diesem verbindenden Streben der Migranten … das ist doch das Gleiche wie bei Nichtmigranten, wenn sie immer fragen, woher jemand kommt. Sobald mir eine solche Frage auch nur irgendwo begegnet, möchte ich nichts mehr damit zu tun ha-

ben. Ich möchte weder daran erinnert werden noch ihm eine Bedeutung beimessen.

– Das musst du doch auch nicht.

– Nicht? Man wird aber trotzdem damit gleichgesetzt, nicht immer, aber oft genug. Für mich ist diese Gleichsetzung dasselbe, als wenn man Dicke oder Arme immer nur vor allem damit gleichsetzt, dass sie dick oder arm sind.

– Ja, total ...

– Und du siehst doch, was passiert.

– Der hat es aber, glaube ich, auch missverstanden.

– Ach? Hat er? Warum interessiert ihn denn nur das? Warum fragt er nicht, ob wir an der Uni sind oder zum Handball gehen? Nein, er hat es voll akzeptiert, er strebt in seiner Rolle. Das ist nicht mehr als Fügung, dem Druck gegenüber.

– Vielleicht.

– Er hat die Erwartungen an sich akzeptiert. Und genau das scheint mir manchmal das Problem: Es wird erwartet, von einer bestimmten Erscheinung wird erwartet, ach was, von Migranten wird erwartet, dass sie streben. ... Und andere, Nazis zum Beispiel, erwarten, dass genau das nicht geschieht. Aber alle erwarten was.

– Damit könntest du mehr recht haben, als dir klar ist.

Niklas stutzt.

– Ach so, ja? ... Auf einmal?

– Was hast du eigentlich heute?

– Heute, sagt er wieder lauter, was hat das mit *heute* zu tun?

Wortlos gehen sie eine Weile am Fluss entlang, der parallel zur Altstadt verläuft. Zu ihrer Linken erscheint die alte Mühle, durch deren Räder das Wasser rauscht. Schwäne zupfen Moos von der Außenmauer, irgendwo schreien Kinder.

– Soll ich jetzt Versuchskaninchen werden?, sagt er plötzlich.

– Ach, Niklas. ... Damit will ich doch nur sagen, dass das schon nicht ganz unwichtig ist alles.

– Weißt du, was das Schlimme an dem Ganzen ist?
– Nee, was denn?
– Ich habe mich daran gewöhnt, ohne es zu akzeptieren.
– Vielleicht.
– Ein anderes Problem ist ja: Niemand kommt auf dich zu und sagt, *Guten Tag, als Rassist lehne ich Sie ab*, höchstens Nazis machen das und denen ist weder zu helfen noch durchdringen die, was sie da tun. Rassismus wird nicht in erster Linie von Nazis gemacht, denn dass die sich nicht schämen, ihn offen zu zeigen, ist klar – er wird von Leuten wie uns gemacht, die es nicht bemerken, oder aber von anderen Leuten, die es bemerken und schlau genug sind, das große R von sich fernzuhalten. Sie praktizieren es einfach. Aber weil man nie in die Köpfe schauen und damit nur schwierig zwischen ihnen unterscheiden kann, muss man alles bekämpfen. Alles. Es zählt nur die Sicht der Verfolgten.

Zwei Kinder in leuchtenden Jacken springen vor ihnen aus einem Fachwerkhaus. Krümel von Gebäck um den Mund, zerren sie einen quietschenden Bollerwagen über das Pflaster.
– Das ohnehin, sagt Christin, es geht ja auch erstmal nicht darum, jemanden zu beschuldigen, sondern ihn im besten Fall darüber aufzuklären, warum sein Verhalten nicht hinnehmbar ist.

Oben unterm Giebel wird ein Fenster aufgerissen, eine Frau schreit den Kindern etwas hinterher. Christin und Niklas schauen hinauf und schauen beim Anblick des grantigen Gesichts gleich wieder weg.
– Und wenn er das dann verneint, ergänzt Niklas, darf man sagen: Hey, Ihr Verhalten ist aber rassistisch!

Auch die Kinder schauen mit etwas Verzögerung hinauf und machen beschwichtigende Gesten. Christin schnauft.
– Na ja, nicht sofort, sagt sie. Man muss erklären, warum es so nicht geht.

Sie knibbelt an ihrer Lippe, dreht sich um und sieht wieder hinauf zur schreienden Mutter, die innehält.
– Aber klar, fährt sie fort, ohne vom Fenster wegzusehen. Natürlich. Irgendwann ist Schluss.

In den Semesterferien hat sich Niklas trotz Zweifeln dazu durchgerungen, einen Teil davon zu Hause zu verbringen. Und wenn er schon hinfährt, will er sich auch die Zeit nehmen, gewissen Dingen, von denen er in der Ferne des Studiums endlich einen halbwegs gesunden Abstand gewonnen hat, auf den Grund zu gehen.

Er klaubt den Kellerschlüssel vom Stromkasten und will ihn gerade ins Schloss stecken, als Clara um die Ecke kommt. Sie stutzt und bleibt stehen.
– Was machst du denn da?
– Ach nichts, schon gut.
– Wolltest du in den Keller?
– Nur mal kurz nach was schauen.
– Wonach denn?
– Nur ein paar Unterlagen, die alten Briefe, weißt schon. Die wollte ich mir doch immer mal ansehen.
– Du gehst da jetzt nicht rein.
– Wieso nicht?

Sie läuft die vier Stufen hinunter und greift nach seinem Arm, dann nach dem Schlüssel.
– Gib mir den Schlüssel, sagt sie.
– Nur einmal, bitte.
– Was einmal?
– Du weißt genau, was ich meine.
– Was weiß ich?
– Ich will doch nur …
– Nein! Niemand geht in diesen Keller.
– Das ist ein ganz normaler Keller, unser Keller!

– Was willst du denn da jetzt? Du hast da nichts drin verloren!
– Ich will doch nur einmal nachlesen, wie das alles so war. Kannst du dir vorstellen, dass mir das wichtig ist?
– Also, jetzt nicht. Ich muss das vorsortieren. Du bringst mir meine ganze Ordnung durcheinander.

Es ist eine absolute Spätkultur, schreibt Niklas auf den Block, während er im Park am Großen Teich im Schatten der Linden sitzt. Diese Stadt, wird er vor dem versammelten Auditorium sagen, seht euch das an … sie hatte ihre Blüte schon vor 400, 600 Jahren, auch vor 800 schon, da noch mehr, im Maßstab betrachtet, und auf den kommt es ja an. Es hat sich alles gut erhalten, nur das Wachstum hat sich schon vor so langer Zeit erschöpft, dass jetzt auf ewig alles bleibt, wie es ist. Hieraus wird nichts Weltliches mehr, aber eben auch nichts ganz Kleines, weil sich die Geschichte hier so eingenistet hat.

Beim leisen Sprechen dieser Worte überkommt ihn eine gewisse Sicherheit. Früher war an der Stadt, aus der er kommt, für ihn kaum etwas *nicht* negativ aufgeladen, nun wird sie Niklas zunehmend zu einem anregenden Rätsel. Sie und ihre Mentalität sind hochentwickelt und zugleich im Verfall begriffen. Nirgends kann er das, was er in den Büchern schwarzmalerischer Philosophen als Niedergang des Abendlandes serviert bekommt, so eindringlich nachempfinden wie dort, wo er herkommt. Am Einzigen, was an ihr erhaltenswert wäre, der stummen alten Welt mit ihren unheimlichen Gärten und Winkeln, den trüben Gassen, moosigen Stufen und massigen Reihen uralter Bäume, wird sich vergangen. Der Stein bröckelt, und wo das noch nicht der Fall ist, verschandeln sie ihn mit Durchgängen, für die sie archaische Grünsteinmauern einreißen, denkmalgeschützt. Die Leute ziehen sich auf ihre Eigenheiten zurück, das öffentliche Leben bekommt einen immer pragmatischeren Klang und wird ganz verwaschen vom Tourismus, dessen Laute zwischen den Gemäuern schwingen. Die alten Fassaden werden mit Sprühpistolen von den Zeichen befreit, die die Zeit hinterlassen hat, die Rundgänge mit Strahlern, Buchsbäumen und Bänken aus hochwertigem, mehrfarbigen Holz aufgewertet, die braune Palette einmal rauf und runter, und den Bach legen sie an Stellen frei, an denen ihn seit Jahrhunderten niemand mehr vermutet hat. Lichtensembles werden in die Treppe zum Wasser eingelassen. Auch die Uferbegehung schon mit einem neuen, cremeweißen Stein, und vor dem Bauwagen liegen Sandplatten, hell und massiv. In die alte Mauer zur Südseite haben sie ein neues Loch gerissen. Niklas kommt es vor, als meine das Loch ihn.

2002

Konzentriert und bedächtig schiebt Berta den Rollator voraus, setzt zaghaft Fuß vor Fuß, in ihrem Korb zwei pralle Beutel voller Lebensmittel. Auch an jedem Griff ihres Gefährts noch ein leichterer, und es wird zunehmend weniger, was sie sieht; dafür, denkt sie, ist es aber immer noch genug, und die Brille setzt sie nur zu Hause auf.

Schon das Hörgerät ist ihr zu viel. Eine Böe weht ihren hellbraunen Trenchcoat in die Höhe, was sie ablenkt und zu spät erkennen lässt, dass sich ihr Frau Sontheimer nähert.

– Das ist ja eine Überraschung!, setzt sie schon ein, bevor sie bei ihr ist, und streckt die Arme nach vorn, lässt sie aber sofort wieder auf halbe Höhe sinken und setzt ein amüsiertes Gesicht auf, das Berta nur erahnen kann.

– Berta! Hallo! Sie habe ich ja lange nicht gesehen.

– Ach, Anni. Na, fleißig unterwegs?

Das Spöttische wird sie wohl nicht mehr ablegen in diesem Leben, funkt es durch Frau Sontheimers Gedanken.

– Nur ein paar Besorgungen …

Doch Berta redet einfach weiter.

– Für Ihren Mann? Der gibt Ihnen zu tun, nicht?

Frau Sontheimer erschrickt, holt Luft, dann platzt es aus ihr heraus.

– Berta, es tut mir leid. Das mit Ihrem Mann, meine ich, meine außerordentliche Anteilnahme.

– Wie bitte?

Sie macht einen Schritt nach vorn, beugt sich ganz nah zu Berta hin. Sie spricht durchdringend, fast dröhnend, sodass sich eine der wenigen Passantinnen umdreht, und bewegt in übertriebener Weise ihre Lippen.

– Ihr Mann, mein Beileid! Möchte ich ausdrücken.

Ein leises Pochen, weiße Leere, ein fernes Klingeln, dann ist Berta wieder da.

– Ach, winkt sie ab, das ist doch schon Jahre her!

– Oh, wirklich? Sind Sie sicher? Und Ihnen, wie geht es Ihnen denn jetzt?

Bertas Stimme hebt an, fast wie ein Trillern klingt es.

– Mir? Sie macht eine Pause, um betont zu lachen. Mir geht es so gut!

– Ach, ja? Das ist aber erfreulich.

– Ich hab jetzt ein so ruhiges Leben, und den Niklas, den hab ich auch noch. Mehr brauche ich nicht.

2009

Noch sieht es niemand. Noch weiß er nicht, was heranrollt. Die Flure sind still und leer, als er das Büro für seinen Termin verlässt, seinen Termin mit ganz oben. Er lauscht seinen Schritten, ihrem kalten, offenen Klang in dem weiten Gewölbe. Noch weiß er nicht, was vor sich geht, was ihn gleich treffen wird, wie viele andere auch, wenn er die Tür des Raumes öffnet, er vom Ehepaar und den anderen Vorstandsmitgliedern empfangen und gebeten wird, sich doch zu setzen, es gebe keine Eile, und während sich noch eine Hand in sein gefrorenes Sichtfeld bewegt und ein Wasserglas auf das silberne Tablett neben ihm stellt, wird er gewahr, dass er auch gleich wieder aufstehen kann, denn diese Kulisse sieht nicht erfreulich aus.

Sie nimmt Reza von vornherein ins Visier. Ihr Mann hat wie üblich den weißen Kopf nach hinten gelehnt, mit entrücktem Blick zur Zimmerdecke. Die anderen Direktoren starren betreten in ihre Schöße.

Verkauft. Frührente. Bedauern. Eigenes Wohl. Wörter springen ihm entgegen, fauchen, werden zu kleinen angriffslustigen Tigern. Aussortiert, will er schreien, aber schon ist alles vorbei – *vorbei, ein dummes Wort*, denkt Reza, wer sagte das noch, es ist doch nie vorbei –, und er kommt erst vor dem Gebäude wieder zu sich.

Der Nachmittag ist kühl, dunkelgraue Turmwolken ziehen vom Rhein herauf, und auf einem Spielplatz gegenüber prügeln sich zwei Jugendliche, während andere um sie herumstehen und sie anfeuern. Ein Müllfahrzeug kreuzt die Anlage, auf den Trittbrettern kein Mann.

Eine Hupe schreit auf, aus dem Inneren grölen Leute. Reza fühlt sich außerstande zu fahren und steigt deshalb in die Tram. Nach zwei Stationen steigt ein junger Junkie zu. Obwohl er einige Meter entfernt steht, erkennt Reza sofort die Pigmentierungen in den Armbeugen, die sich hell abhebenden Vernarbungen, auch die fleckige Gesichtshaut erzählt ganze Odysseen. Auf seinem Handrücken klafft ein Ödem von den sklerosierenden Zusatzstoffen.

Sie lassen die Stadt hinter sich. Mit leichter Apathie sieht der Junkie Reza mitten ins Gesicht, Reza erschrickt, wendet den Kopf nach links, sieht aus dem Fenster, doch er spürt, wie der Blick des anderen auf ihm liegen bleibt, und es kommt ihm vor, als könne dieser Junkie seine Unsicherheit sehen, weil er mitten aus der Härte der Straße kommt und sofort erkennen muss, dass Reza in diesem Moment keiner solchen Härte mehr gewachsen wäre, er riecht es förmlich, denkt Reza, und gleich kommt er und droht mit der Spritze, damit ich ihm mein Geld gebe, aber ich habe doch selbst nie Geld bei mir, ich brauche doch nichts.

Oder? Brauche ich etwas, was ich ohnehin schon lange nicht mehr habe und mich deshalb gar nicht mehr zu wollen traue?

Jetzt reicht es ihm aber, und er blickt streng zurück. Schon ist es zu spät, und der Junkie scheint sich seinerseits beobachtet zu fühlen.

– Was glotzt du so beschissen, Alter, he, was gibt's? Reza schluckt und sieht wieder weg.

– Sag mal, Mullah, was gibt's zu glotzen?

Etwas, das ihm vertraut vorkommt, durchfährt Rezas Glieder, er spürt eine alte, längst vergessene Kraft in sie zurückströmen, eine Kraft, die etwas damit zu tun hat, frei zu sein. Frei?

Wie lange geht das schon so? Wann hat er sich von der Freiheit verabschiedet? Reza steht auf, in seinen Oberarmen schwillt die alte Kampfeslust, er sieht jetzt nur noch das Würstchen und seinen Hochmut, findet sich in einem Zustand äußerster Konzentration wieder, die etwas anderes ist als die angespannte Haltung, mit der jeder im Büro herumrennt, und fühlt nur noch seinen Arm mit der geschlossenen Faust daran. Noch drei Schritte vielleicht, das Gesicht vor ihm verzerrt sich zu einer Mischung aus Panik und Aggression, was Reza nur noch ruhiger, noch entschiedener werden lässt, als der Zug in die nächste Station einfährt, die Hydraulik zischt und drei Sicherheitsleute in die Bahn steigen, was der Junkie noch nicht sieht, gleich aber registrieren wird, denn sie nähern sich ihm von hinten.

Reza schreckt zusammen, ändert die Richtung und trudelt seitlich aus dem Waggon, dessen Türen sich piepsend schließen. Vom Bahnsteig aus erkennt er noch, wie sich ein gestenreiches Wortgefecht zwischen den Sicherheitsleuten und dem Junkie entzündet, bis seine Hand einmal in ihre Richtung jagt, woraufhin sie sich auf ihn stürzen, ihn zwischen ihren wuchtigen Körpern verschwinden lassen und in die Tiefe zerren. Hinter den Scheiben der anrollenden Tram verlieren sich ihre Schatten. Weil er ein Dorf zu früh ausgestiegen ist, entscheidet er sich dafür, die paar Kilometer den Hang hinaufzugehen, anstatt zu warten, denn nun hat er ja Zeit. Auf dem Weg durch das Nachbardorf isst er eine Kleinigkeit in einem Bistro, auch das hat er noch nie getan, obwohl diese Umgebung unbestreitbar hübsch ist und sich wunderbar hinaufschauen lässt in die vom Wein übersäten Hänge. Hat er etwa versucht, ein anderes Leben anzunehmen, ohne zu sehen, was dieses andere Leben ist? Er legt seine letzten Münzen auf die Theke und schleppt sich nach Hause, wo er eine Woche lang nichts von seinen heutigen Erlebnissen preisgeben wird und zur Ausrede den Kranken mimt, obwohl es ihm fast schon überdeutlich an nichts Körperlichem fehlt.

Es wird heiß. In den folgenden Wochen, nachdem er es plötzlich doch nicht mehr allein aushielt mit der Gewissheit über sein kommendes Rentnerdasein und seine junge Frau informiert, die mit lächelndem Verständnis jeden Anflug von Enttäuschung, der in sie fährt, im Keim erstickt, zieht er sich in die Kühle seiner abgeschotteten Arbeitsetage zurück, in der sich auch eine mit Leinentüchern verhangene Liegeecke befindet, trinkt fleißig Tee aus dem Samowar und zieht im Internet ein.

Und ihn holt ein, was noch dazu in der Lage ist. Über Teheran braut sich eine ungemütliche Suppe zusammen, die Präsidentschaftswahlen stehen an, und nie hat er aufgehört, ihm aufmerksam zu lauschen, dem sehr leisen und doch stetigen Summen unter der Oberfläche der iranischen Zivilisation, das von der jederzeit möglichen Umkehrung der Verhältnisse kündet, dessen aufklärerische Kraft und Überzeugung nach seinem Verständnis nur mit Wenigem auf der Welt vergleichbar ist, der französischen Revolution vielleicht oder auch dem Westfälischen Frieden, in dem die ganze Unbestechlichkeit eines Volkes verborgen liegt und von dem er sich nichts sehnlicher wünscht, als dass es endlich wieder lauter und für alle Ohren hörbar werden möge. Er tippt Sätze und Stichwörter in den Browser, dreht dünne Zigaretten, springt auf und rennt durch das Zimmer, sieht aus dem Fenster, rennt wieder zum Schreibtisch.

Als Sherin, die ältere seiner jüngeren Töchter, ihren Kopf durch die Tür steckt, um sich zu vergewissern, dass er zumindest noch da ist, findet sie ihn tief versunken, die Augen nah vor dem Bildschirm, flüsternd.

– Es geht wieder los …

Schnell zieht sie den Kopf zurück und schleicht in ihr Zimmer.

Es ist, als wolle ihm das Internet von vorne bis hinten Recht geben, bis in die kleinsten Fragen und Nebensächlichkeiten hinein, die rund um das Thema aufkreuzen und von denen er während seiner kurzen Ausflüge in die Küche oder auf die Terrasse den Umstehenden erzählt. Mit allen Mitteln versucht er seiner Familie zu erklären, was in den nächsten Tagen alles auf dem Spiel steht. Doch seine Schwiegermutter winkt ab.

– Des esch ähn alder Liechesächer!

Seine Töchter verdrehen die Augen, sein kleiner Sohn sieht ihn mit dieser unerträglichen Leere an, und seine Frau bedeutet ihm, dass er sich später gern mit ihr darüber unterhalten könne, jetzt aber sei es genug. Dazu muss sie gar nichts sagen, da kennt er sie.

– Des ech aach nid sou wichdich, raunzt Reza in die Runde und verschwindet wieder in sein Domizil.

Als er am nächsten Morgen aufwacht, ruft er den Livestream des großen arabischen Nachrichtensenders auf, da man die persischen schlecht bekommt, und schaltet bis zum Abend nicht mehr ab. Die Auszählung beginnt, erste Prognosen laufen über den Ticker, doch es dauert noch einen Tag, bis Bewegung in die Sache kommt.

Als er am darauffolgenden Tag auf dem Sofa neben seinem Schreibtisch aufwacht, läuft der Livestream noch immer. Unruhig stromert er durch das Haus, die Treppen hinauf und hinab, und bekommt vor lauter Zerstreutheit schon nicht mehr mit, wie ihm aus schmalen Türspalten misstrauische Augenpaare folgen. Am Nachmittag verkündet die Wahlbehörde das Ergebnis, einen haushohen Sieg des fundamentalistischen Amtsinhabers, und ihn erfasst eine Atemlosigkeit, die so stark ist, dass er das Bewusstsein verliert und sich eine halbe Stunde später am Fuß seines Schreibtisches wiederfindet, das Gesicht ganz nah am Müllkorb, die Stirn brennend.

Er schleppt sich ins Bad, betrachtet im Spiegel die glücklicherweise nur leichte Beule und will in die Küche, um etwas zu trinken.

– Was hast *du* denn gemacht?, kommt es plötzlich von der Seite.

Wieder die Atemlosigkeit, er sinkt ein wenig zusammen, richtet sich wieder auf.

– Ach, hallo. Ich?

– Ja, deine Stirn, was ist passiert? Ihre Stimme sendet die grellsten Alarmtöne aus.

– Ach, nur gestoßen.

– Was machst du denn nur, Reza? Du wirkst auch fürchterlich ... so ungreifbar in letzter Zeit. Geh doch mal raus und schau dir was anderes an, jetzt hast du doch endlich Zeit. Dieses Gegammle vor dem Internet!

– Gegammle?

Er setzt einen Fuß auf den Treppenabsatz und ist schon wieder auf dem Sprung, sich für Wochen abzuschotten. Kein Jota will er ihr entgegenkommen, wenn sie derart unempathisch ist.

– Ich beschäftige mich mit Politik!

– Was für Politik?

– Die Politik meiner Heimat!

Sie betrachtet ihn ruhig, schüttelt kaum merklich den Kopf.

– Ist Heimat nicht, wo die Rechnungen ankommen?

Er weiß, dass er hinaus müsste. Hinaus, gehen, immer weiter gehen, weg von hier, alles hinter sich lassen, um kein anderer mehr, sondern bloß wieder er selbst zu werden, aber wo wurde er von sich selbst so abgehängt? Das Flanieren durch die Weinhänge, mit dem er sich ab und an noch Abwechslung verschaffte, befriedigt kaum noch den Drang, sich ungehindert zu bewegen, und in seinem Kopf entfaltet sich in diesem Moment ein Antennensystem, das insgeheim noch immer mit allem in Verbindung steht, was da jemals war an Gutem und Schönem. Ihm kommt seine Schwester in den Sinn. Wo ist sie jetzt, was macht sie? Ist sie in Gefahr? Womöglich, denn angesichts ihrer Haltung gegenüber dem Regime, die sie ihm beim letzten Telefonat vor fast einem Jahr gesteckt hat, und vor allem gegenüber Ahmadinedschad, dem es nicht einmal zu peinlich war, eine Holocaustleugnerkonferenz zu organisieren, sieht er sie schon vor sich, wie sie mit hochrotem Kopf in erster Reihe demonstriert und abgeführt wird.

Wie lange hat er schon nicht mehr den Zettel mit ihrer Nummer zur Hand genommen, der in seiner Schublade liegt, neben dem guten Gras und ein paar anderen Nummern und Adressen, die er nur analog aufbewahrt, da er nach einem digitalen Verlust nie mehr an sie herankäme.

Er rennt fast zur Schublade, reißt sie auf, greift nach dem richtigen Zettel, wählt. Es klingelt mechanisch, ein Faxlaut aus einer vergessenen Zeit.

Sie nimmt ab. Er begrüßt sie auf Farsi, sie geraten binnen Sekunden aus dem Häuschen, fassen sich fast im selben Moment, worauf das in ihr Gespräch eingekehrt, was er nur aus solchen mit Persern kennt. Ein ernstes Sinnieren, ein Miteinander-Sinnieren, ein Lauschen und Ergänzen, voller Bedacht. Bis die sich schon immer hiermit abwechselnde Glut zurückkehrt.

– Und du bist wirklich wohlauf?
– Na, was denkst du denn?
– Und draußen, was ist da los?
– Frag lieber nicht. Siehst du es nicht im Fernsehen?
– Ja, natürlich. Und du hast das alles bei dir vor der Tür?
– Mach dir keine Sorgen. Hier oben ist es sicher.

– Im wievielten Stock wohnst du?
– Im vierten.
– Das ist ja nicht besonders hoch.
– Es geht schon.
– Hm. Aber du machst da ja nicht in irgendeiner Weise mit, oder?
– Würde ich ja. Aber die Knie wollen nicht, da läge ich nach ein paar Minuten unter der Panzerkette.
– Gott, Esra ...
– Nicht nur du wirst älter, mein Lieber.

Es geschieht, als sie ihren Vater erwähnt.

– Etwas loswerden? ... Was wollte er denn loswerden?
– Es ging um damals, als du weg bist ...
– Weg musstest!
– Ja, sicher. Es war ganz komisch, er hat mir erzählt, dass er schon vorher davon wusste.
– Wie bitte? Wovon?
– Ich weiß nicht, er hat so leise gesprochen. So genuschelt.
– Ach ja? Der Vater hat doch nie genuschelt, auch nicht auf dem Sterbebett.
– Sagst du, ja? Obwohl du nicht dabei warst?
– Wenn er geredet hat, dann immer mit Bedacht und Rücksicht auf den Zuhörenden. Auch wenn er sterbend dagelegen wäre, hätte er noch einmal alle Kräfte gesammelt, nur für diesen Moment, wenn es denn noch etwas zu sagen gegeben hätte, und es dir klar und deutlich vermittelt. Das weißt du genau. Also los, sag schon!
– Ist das wirklich notwendig? Ich meine, es ...
– Könntest du bitte endlich anfangen?
– Er hat gesagt, es hätte keinen Unterschied gemacht, ob du zugeschlagen hast, du wärst so oder so verschickt worden. Es war der ideale Vorwand. Er stand in der Schuld beim Schah und musste so etwas wie einen Pakt eingehen. Es gab offen-

bar mehrere harte Vereinbarungen, und eine war, dass sie dich eine Zeit lang haben dürfen. Eine Zeit lang.

Ein neues, unbekanntes Geräusch fällt in Rezas Ohr ein, der Moment verändert seinen Ton. Als würde sein Zeitgefühl jucken.

Es ist wie damals, sie spielen ihnen in die Karten. Der Mob auf den Straßen wird Ahmadinedschad und den Mullahs nur als ein weiterer, selbstverständlich evidenter von unendlich vielen Beweisen für den dämonischen Einfluss von außen dienen, und wieder hockt er hier und knetet seine kräftigen Hände. Wenn es dieses ganze Gewese, die permanente Einflussnahme und Manipulation, das Intrigieren und Hineinpfuschen durch die USA und andere Staaten niemals gegeben hätte, denkt Reza im Schneidersitz und greift zum Darjeeling, dann wäre auch dieses Massaker nicht nötig, doch es ist, als müsse aus irgendeinem geheimen Grund alles an weltlichen Konflikten auf dem Boden seines Heimatlandes ausgetragen werden, und zwar unter den Iranern selbst.

Alles erscheint ihm nun als ein höllischer Zirkel. Es muss mit der Offenherzigkeit des Schahs gegenüber dem Westen begonnen haben, denkt er, die schließlich in eine eklatante Abhängigkeit mündete, mit seinem verlotterten Reformprogramm, das niemandem half und mit dem er Chomenei schon sehr früh Gelegenheit gab, die ganze Staatsform in Schutt und Asche zu reden. Daraufhin war dem Schah nichts anderes eingefallen, als ihn verhaften zu lassen, was abermals die Gewalt auf die Straßen brachte, die wiederum niedergeschlagen wurde, und so fort, und so fort. Auch da war Reza schon lange weg aus seinem Land. Wäre es anders gekommen, wäre er dort gewesen? Hatte er nicht insgeheim vorgehabt, hinauszugehen und mitzumischen im Kampf um Gerechtigkeit und Ordnung?

In seinem Kopf toben die Worte seiner Schwester. Was, wenn es wirklich so ist? Wenn gar kein anderer Weg für ihn vorgesehen war? Was wäre gewesen, hätte er nicht zugeschlagen damals? Hat er sich die ganzen Jahre zu Unrecht Vorwürfe gemacht? War alles ein bodenloses Spiel?

Wäre die Welt nicht eine andere, das Leben in Iran nicht ein anderes, von ihm moderiert, seinem politischen Gespür und Geschick? Ist das der Fehler und die Intention zugleich, dass er nicht dort ist, sondern hier, wo er sein ganzes Können niemals anzuwenden in der Lage war und sich der Arbeitsteiligkeit unterwarf, der sich diese sturen Deutschen so sehr verschrieben haben? Doch als er hinaussieht, ist der Himmel blau und herrlich.

Er springt auf und rennt auf den Balkon, schnappt nach Luft. Gleich zieht er wieder am Joint, dreht sich und will zurück nach drinnen, stolpert an der Schwelle, fällt auf die Knie. Eine Spannung liegt auf seinen Augen wie auf einem frischen Glas Kranwasser. Er rafft sich hoch und rudert leicht übergebeugt nach vorn, hält sich am Querbalken fest. Er zittert. Von draußen hört er den Wind durch die Kronen rauschen. Nachdem er sich zum Kühlschrank geschleppt und eine halbe Flasche Apfelsaft hinuntergestürzt hat, greift er auf dem Flur das Schlüsselbund ab und stürzt aus dem Haus.

Das Ortsende ist schnell erreicht, und über die noch kargen Felder, die zu Füßen der Weinhänge liegen, fährt er eine Weile, bis er an einen Waldrand gelangt, vor dem er den Wagen stehenlässt und tief hineinläuft ins Holz.

Uhus gurren. Ein Knacken hier und da, und ihn erfasst die Kühle des Waldes, in dem sich kein Anzeichen seines Sterbens findet. Irgendwo in der Höhe zwitschern Meisen, vor dem zur Hälfte ausgetrockneten Tümpel finden sich die Hinterlassenschaften einer Wildschweinhorde; aufgefurchte Hügel und Böschungen, das Ufer nicht mehr begehbar.

Kräftige Böen fahren durch die Äste. Doch auch wenn man sie hören kann, scheint es hier unten still wie in einem Keller, über dem unerbittlich, aber fern der Straßenverkehr rollt. Immer tiefer saugt es ihn hinein ins Dunkel. Er rennt, stolpert, sieht nach links und rechts, bleibt an einem querliegenden Stamm hängen und rollt sich auf dem weichen, aber von spitzen Astresten und Wurzeln übersäten Boden ab.

Vor seinen Augen beginnt es zu flimmern. Er hört etwas aufspringen und davonjagen, kann es aber nicht verorten. Verwirrt rafft er sich hoch, lehnt sich gegen eine morsche Fichte.

Was nun, was verdammt noch mal? Weiter, in die Dunkelheit, an deren Rand sich, je weiter er in sie vordringt, umso stärker das Licht abzeichnet.

Wie lange er so zwischen den Bäumen umherirrt, weiß er nicht mehr, als er nach einer Weile hinaustritt aus dem Dickicht und sich auf einer Landstraße wiederfindet, in Sichtweite ein Dorf. Aus dessen Innerem ragt eine Kirchturmspitze, morbide wirkende Höfe tun sich auf vor dem Ortseingangsschild, und je mehr er sich ihm nähert, desto vehementer scheinen die unsichtbaren Hunde hinter den vom Steinfraß befallenen Mauern zu bellen.

Kein Mensch in Sicht weit und breit, doch nach einigen Metern beginnt er, Stimmen zu hören, wie aus einer fernen Zeit. Schunkelige Stimmen sind es, in die sich das Klirren von Gläsern mischt, heiteres Gewölk, beherzter Umgang.

Als er um eine Ecke biegt, entdeckt er den Eingang, steigt das breite Portal hinauf und öffnet die Tür. Sofort scheint es stiller zu werden. Feuchte Hitze, beißende Fettwolken, und hinter dem Tresen nimmt ihn die Wirtin ins Visier. Fahlweiß und ein wenig knittrig das Gesicht, würde sie für seinen Geschmack eher in eine Berliner Kneipe passen als in diese Gegend. Der Laden scheint voll bis in die hinterste Ecke. Lammkeulen werden serviert, man prostet sich zu, einige Leute sehen

zu ihm herüber. Die Wirtin sieht weg, schiebt ein paar Dinge zurecht, sieht mürrisch wieder auf und spricht ihn ohne Gruß an.
– Was darf's denn sein, der Herr?
– Danke, nichts. Oder doch. Einen Wacholder bitte.
– Aha? Na dann. Aber kein Auto mehr fahren, Sie sind ja offenbar nicht von hier. Der Wachtmeister wohnt gleich um die Ecke.
– Welcher Wachtmeister?, fragt Reza vielleicht etwas stumpf.
– Na, unserer! Ein ganz lieber ist das, sagt sie und schraubt gedankenverloren am Flaschendeckel, aber mit dem sollten sie keine Schwierigkeiten bekommen. Dann wird er ungemütlich.
– Kann ich auch werden.

Mit einem Anflug von Erstaunen sieht sie auf, mustert ihn von Neuem.
– Vorsicht, Freundchen! Der ist hier der Chef.

Reza muss sich das Lachen verkneifen; grinst sie aber dennoch unverhohlen an.
– Ach ja? Interessiert mich nicht.
– Sag mal, jetzt hab ich aber gleich den Kaffee auf. Würde mich an deiner Stelle schwer in Acht nehmen. Woher bist du?
– Durch den Wald und dann die Weinstraße runter. Halbe Stunde vielleicht.

Sie lacht schrill und schüttelt den Kopf.
– Nein, aus welchem Land meine ich natürlich.

Reza bekommt kleine Augen.
– Ist bei Ihnen noch alles gerade? Er sieht einmal quer durchs Lokal. Wo bin ich hier überhaupt?
– Ach, das weißt du also nicht? Was willst du dann hier? Hier weiß jeder, wo er ist.
– Ach, tun Sie mal nicht so zünftig. Hier ist ein Kaff wie das andere. Wald, Kaff, Wald.

– Na, also … sie wendet den Kopf hin und her … jetzt ist's aber genug. Rudolf, kommst du mal?

Ein feister Mann mit rundem Schädel kommt angewetzt.

– Was gibt's denn?, ruft er zuversichtlich ins Offene hinein.

– Der Herr hier möchte, glaube ich, gleich wieder gehen. Wenn du ihn wohl rausbegleitest?

Zackig der Ausdruck in dem kleinen Gesicht, sieht der Mann zwischen ihnen hin und her, bleibt am Ende auf Reza liegen.

– Sie haben es gehört, wenn Sie mir dann wohl folgen wollen.

Mit der offenen Hand deutet er zur Tür.

– Was willst du denn, Rumpelstielzchen? Ich bin genauso Kurpfälzer wie du.

Doch statt zu antworten, schnaubt sein Gegenüber, lacht etwas gequält nach innen und winkt ein paar Unterstützer herbei, die sich ohne weitere Umstände, ohne nachzufragen auf Reza zubewegen und ihre Arme ausstrecken.

Er schlittert auf das Pflaster vor dem Haus, oben schlägt die Tür zu, und unter seiner Schädeldecke legt sich der Schalter für Toleranz um. Die Sicherung sprüht Funken. Und schaltet alle Ströme gleich.

Der Marsch fühlt sich gut an, und durch seinen Instinkt dafür, in welcher Richtung die Autobahn liegt, ist auch eine Tankstelle nach einiger Zeit gefunden.

Er kauft Brause in einer kleinen Glasflasche, ein silbernes Benzinfeuerzeug zum Aufklappen und einen Plastikkanister. Auch nach einer Werkzeugkiste fragt er, er brauche nicht viel. Der Tankwart wiegelt zunächst ab, doch als er erkennt, dass er einen verlässlichen Handwerker vor sich hat, der alles zurückbringen wird, nickt er und holt ein handliches Exemplar aus seinem Verschlag.

– Wo steht denn der Wagen?

– Keine Sorge, ich mach alles hier. Um die Ecke.

Leicht irritiert weicht der Mann zurück, zieht die Mundwinkel nach unten, doch er fragt nicht weiter nach. Reza trinkt noch vor der Kasse die Flasche leer und nimmt sie mit hinaus. An der Zapfsäule schießt er nur einen Spritzer mit der Pistole in den Kanister. Ein Centbetrag rasselt auf. Durch das Fenster betrachtet ihn der Tankwart, Reza gibt ihm ein Zeichen, dass er später zahlt.

Er begibt sich seitlich in die Büsche und merkt, dass ihm die Geduld fehlt für eine komplexere Konstruktion, darum zieht er den Schnürsenkel aus seinem linken Schuh, bindet eine kleine Kordel und stopft sie in die Flasche. Weil es ihm damit noch nicht stabil genug erscheint, zieht er auch aus seinem andern Schuh den Schnürsenkel, verknotet ihn, stopft ihn dazu und verknotet alles.

Das Werkzeug rührt er nicht an. Eigentlich ist das hier seiner Fähigkeiten nicht würdig. Aber er hat es eilig. Die Wut in ihm schwindet bereits wieder, und schon schafft sich das erste Anzeichen von Gleichgültigkeit Platz.

Schneller. Er kippt vorsichtig das Benzin in die Flasche, bis sie gut gefüllt ist und oben etwas Luft bleibt, stellt es beiseite und bringt dem Tankwart, der nur spröde und mit offenem Mund nickt, das Kleingeld für das Benzin und den unbenutzten Werkzeugkasten.

Der Weg zurück ist eine der lustvollsten Wanderungen, die er seit vielen Jahren unternommen hat, in seiner Hand die kleine Flasche, die sich dort sehr richtig anfühlt, und zwischendurch geht es mit ihm durch, und er beginnt laut zu pfeifen, kraftvoll und fröhlich.

Als er das Ortsschild passiert, wird er schneller. Die offene Flasche balanciert er mit leichter Hand. Er sieht nach links und nach rechts und befindet sich mit einem Mal in der persischen Steppe. Ja, die persische ist es, keine andere kann es sein. Er blickt wieder nach vorn und läuft ungebremst auf einen Stützpunkt zu, ein mit schwerem Gerät verbarrikadiertes Fort, das vermutlich den Irakern gehört. Explosionen in der Ferne, Störfeuer von hier oder dort, brennende Öltümpel. Auf einem Turm in der Ferne und Höhe sieht er die schwarze Silhouette einer Figur, die gerade anlegt, sich zwischen die Schießscharten kniet und langsam das Gewehr auf ihn richtet.

Da erscheint wieder die Kneipe in seinem Sichtfeld, der milde Spätsommerhimmel, ein paar Wolken und viel Blau. Kurz verlangsamt er seinen Lauf, klappt das Feuerzeug auf. Augenblicklich schnellt die kräftige Flamme hervor und versprüht ihr Benzinaroma, dann entzündet er den nur leicht mit Benzin benetzten Schnürsenkel, der umgehend zu lodern beginnt, und während die Flamme nach unten züngelt, nimmt Reza einen mächtigen Anlauf und geht, nur noch wenige Meter vom Eingang entfernt, in die Pose des Speerwerfers über, lässt Körper und Arm in einer weichen Bewegung ausschwingen und öffnet seine bis gerade noch das Glas umkrallende Hand, aus der sich nun das Geschoss löst und auf den Flug ins Kneipenfenster begibt, dessen dünne Scheiben es mit schreiendem Klirren passiert.

– Halt!, ruft Reza.

Das ist der Moment, in dem er nicht mehr will. In dem es nicht mehr sein *müsste*. Doch in der Pinte lodert es schon, panisches Kreischen und Quieken geht ihm durchs Mark und erfüllt die dörfliche Luft.

Wieder beginnt Reza zu rennen, nun in die andere Richtung. Erst sieht er sich dabei noch um, dann aber wird er schneller, immer schneller, hält auf den Wald zu, verschwindet darin und fühlt, dass dies der Ort wäre, an dem er bleiben müsste, bleiben, wenn er frei wäre. Doch ein Wald ist noch lange kein Wald. Es ist deutscher Wald. Deutscher Wald rettet ihn nicht.

2010

– Können wir noch einmal an den Anfang zurück?
– An welchen Anfang?
– Also, Sie sagten, er hätte nicht zurückkehren können. Sagten Sie doch, oder nicht. Wegen der Mullahs.
– Das ist nicht der Anfang.
– Nicht?
– Nein, da sind Sie schon mittendrin.
– Ach so. Ja. Aber war das nicht der Knackpunkt?
– Der Knackpunkt ist aber nicht der Anfang.
– Können Sie sich vorstellen, soweit sie ihn einschätzen können, ob er nicht doch ... mit denen ... irgendwie verbunden geblieben ist?
– Also, ich glaube, nein. – Nein, beim besten Willen nicht.
– Aber später ist er doch wieder hingeflogen?
– Moment, da haben Sie ihn gleich verhaftet.
– Für uns nicht zweifellos zu verifizieren.
– Drei Tage und drei Nächte hat er da in einem schwarzen Loch gehockt.
– Es ist gut vorstellbar, dass uns gerade das ein Alarmsignal sein sollte. Im Knast hätten sie ausgezeichnet und unter Ausschluss jeglicher Öffentlichkeit mit ihm beratschlagen können. Eine als Arrest getarnte Rückkehr ins Hauptquartier, und das nach zwanzig Jahren. Was für eine Vorstellung! Wissen Sie es so genau?
– Nicht besser oder schlechter als Sie jedenfalls.

– Wir haben exzellente Quellen, glauben Sie mir.
– Das steht doch außer Frage. Und wie nutzen Sie die?
– Junger Freund, wenn sich der iranische Geheimdienst in unserem Revier herumschleicht, glauben Sie ernsthaft, wir merken das nicht?
– Sofern Sie unterscheiden können, was der iranische Geheimdienst ist und was nicht.
– Das zweifeln Sie also an. – Na ja. Wäre das Leben nicht eine Freude, wenn immer alle miteinander kooperieren würden?
– …
– Nicht?
– Ach …
– Bitte?
– Sie werden ja wissen, wovon Sie sprechen.
– Das Gute in solchen Fällen ist immer, dass durch den hohen Grad des öffentlichen Interesses am Ende doch meist Licht kommt in die Sache.
– Welche Sache denn?
– Das ist geheim.
– Bitte, lassen Sie meinen Vater frei.
– Womit, glauben Sie, hat er acht Kinder durchgebracht?
– Mit der Hilfe seiner Frauen.
– Wissen Sie so genau, was er den ganzen Tag lang treibt?
– Ich bitte Sie, er ist ein alter Mann. Er hat gearbeitet, wurde entlassen und rennt dann verwirrt durch die Gegend. Es erscheint mir nicht ganz untypisch, dass er in einem solchen Moment so empfindlich reagiert, das ist irgendwie ein bisschen angelegt bei ihm in Extremsituationen.
– Wegen einer Kündigung eine Kneipe anzünden?
– Natürlich hätte ich nicht gedacht, dass es solche Dimensionen annehmen kann.
– Haben Sie sich nie gewundert, weshalb er so abwesend war?
– Nie.

2011

Legeres Interieur, Heimeligkeit, Talblick. Auch wenn sie noch immer auf dem Flur stehen, ist er unübersehbar, als würde der Hang unmittelbar hinter der mächtigen Frontscheibe abklappen und es steil in die Tiefe gehen. Es wird sich wild begrüßt, eine Kulisse wie am Theater, nur ohne das dazu eigentlich notwendige Selbstbewusstsein; alles flötet sich dezidiert Wohlgesinntes, aber unüberhörbar Verlegenes zu, und Niklas findet, es sind keine schönen Geräusche, die dabei entstehen.

Auf ein einladendes Wort seiner Schwester hin bewegt sich der Tross zögerlich ins Wohnzimmer.

Als er die Schwelle übertritt, verstärkt sich das Pochen in Niklas' Hals, das er schon seit dem Betreten des Hauses verspürt, und ihm ist, als würde er eindringen in diesen geschützten Raum eines fremden Lebens.

Ob es Schuld ist, fragt er sich, die er fühlt, oder doch bloß Scham und Überforderung?

Oder alles zusammen?

Nur ein einziges Mal hat es das bislang gegeben, alle Kinder seines Vaters zusammen in einem Raum, und da waren noch immer nicht alle geboren, die jetzt anwesend sind. Außerdem verlief es sich in den Weiten einer Hochzeit, die ohnehin alle nur aus Pflichtschuldigkeit besuchten, sich darum wegschossen und hinter ihren Cliquen verschanzten.

Darin, wenn überhaupt, haben vielleicht alle etwas gemeinsam, denkt Niklas, sich einzumauern hinter Verpflichtungen und komplizierten sozialen Konstrukten, die eben nur ihr Gebiet sind und in keinem Fall das des anderen. Wer versehentlich oder mit Absicht bis dort hinein vordringt, sollte gewappnet sein. Wem es etwas ausmacht, zurückgewiesen zu werden, hält sich besser zurück.

Es klirrt. Mit schreckhafter Geste wacht Niklas auf aus seiner Reglosigkeit, während jemand ihm ein Sektglas entgegenstreckt.

– Na dann, auf die Familie, sagt Arvid, sein Bruder.

– Ja total, sagt Niklas, greift nach dem Gemisch aus Orangensaft und Prosecco und mischt munter mit beim Geklirr.

– Wie das alles so zusammengefunden hat, sagt Arvid, diesmal so beiläufig, dass es außer ihm niemand hört. Kurz wartet er, bevor er antwortet.

– Würdest du das so nennen, ja?

Etwas Starres fährt in den Ausdruck, ohne dass sich an seinen Zügen viel verändert. Nur starr werden sie.

– Na, wie denn sonst?

Niklas hat das Wort schon, tut aber noch so, als überlege er.

– Zusammengewürfelt eher, sagt er. Aber du hast schon recht, man kann ja froh sein. Also, ich kann froh sein.

Arvid zögert, streckt sich leicht.

– Wieso denn das?

– Na, euch hat man den ganzen Spaß ja lange genug vom Hals gehalten. Euch hat man unwissend gelassen.

– Unwissend worüber?

– Na, worüber wohl. Erstmal einfach über meine Existenz. Ihr musstet nur die anderen verdauen und nicht auch noch mich.

Arvid senkt den Blick, hebt die Augenbrauen.

– Genügt das also nicht?

– Na, na, was ist denn da wieder los, ihr beiden?, tritt eine ihrer großen Schwestern dazwischen, sieht erst Niklas, dann

Arvid tief in die Augen, dann wendet sie sich wieder zu Niklas und führt ihn mit einer kräftigen Aufforderung ab. Am Buffet platziert sie ihn zwischen den Jüngeren und ihrer Schwiegermutter.

Sie essen vorzüglich, Salat, Ente und Pudding. Einer seiner Schwager erläutert, woran sich der regionale Einschlag der einzelnen Gänge erkennen lasse. Die Kinder werden hinausgeschickt zum Spielen. Durch das Fenster zum abgesenkten Garten erkennt Niklas, wie einer seiner kleinen Neffen dem anderen eine Schüppe ins Gesicht schlägt, schräg und stumpf.

Er schenkt sich Rotwein nach und greift in seine Innentasche, zückt den unbehandelten Tabak und schickt sich an, einen Joint zu bauen, womit er, noch während er den Tabak auf dem langen Blatt verteilt, den Tisch in zwei Fraktionen spaltet. Wilde Proteste hier, helles Entzücken dort.

– Ach Niklas, komm. Ist es das, wonach es aussieht? Muss das jetzt sein?

– Wieso, mischt sich seine jüngere Schwester ein, lasst ihn doch. Was habt ihr denn damit zu tun?

– Genau das hat den Papa so crazy gemacht, zischt es aus der anderen Ecke.

– Bitte was, das bisschen Kifferei, lässt sie nicht locker, davon soll das alles kommen? So ein Blödsinn! Das kommt, wenn man so ein Leben hat! Wenn man von Weitem zuschauen muss, wie alles, wovon die eigene Hoffnung gelebt hat, von der Zeit gefressen wird.

– Es ist bestimmt das Opium, kündet es von der anderen Tischseite. Die Spätfolgen und alles.

– Ach, weil er vor hundert Jahren mal ein bisschen Klatschmohn von den Feldern gekaut hat? Ich lach mich tot.

Da singt die Schwiegermutter auf.

– Ich verstehe nicht, wie ein Mensch sich das alles antun kann. Geht's ihm denn jetzt besser?

Niklas trennt mit der Gabel ein Stück vom Strudel ab und pickt müde hinein.
– Soweit davon die Rede sein kann, schon.
– Na, aber wo ischa denn dann?
– Das fragst du mich?
– Ja, wieso nicht?
– Weil ich nicht sein Vater bin, sondern sein Sohn.
– Das sind immer Verhältnisse, sagt sie.
– Bitte, mischt sich wieder seine Schwester ein, was meinst du denn damit jetzt schon wieder?
– Ah ja, sagt sie. Macht halt.

Doch Niklas will das letzte Wort behalten in dieser Sache, egal was kommt.
– Was machst du dir eigentlich solche Sorgen? Genieß doch mal den schönen Tag. Ich mach mir keine Sorgen. Sorgen rauben dir den Atem.

2011

Ob sie nicht mal wieder etwas machen wollen, so wie früher, etwas unternehmen. Sie würde ihm so gern den Ort zeigen, an dem sie damals waren, sein Vater, ihre Spezies Rolf, Peter und sie. Im Norden Mallorcas liege er und habe nicht viel zu tun mit dem Rest der Insel und ihren Besäufnissen, die Landschaft dort sei menschenleer, weit und grün, auch ein wenig hügelig, und eine frische Brise wehe einem ins Gesicht, wenn man über die Felder fahre. Überall gedeihe es wild und sei vollkommen unangetastet. Da wolle sie so gern wieder hin.

Port de Sóller, so heiße der Ort, liege in einer nicht sonderlich großen, dafür sagenhaften Bucht, alle Häuser seien weiß, und es gebe nur stilvolle Hotels, von denen keines zu groß sei. Da fände man sicher Ruhe, um mal wieder vernünftig zu sprechen. Niklas grummelt, runzelt die Augenbrauen und schnauft, senkt seinen Blick.

– Meinst du wirklich? Das wird doch nur wieder anstrengend.

– Anstrengend.

– Ja, einfach etwas zu …

– Also, ich fasse es nicht. Dass man nicht einmal einen Vorschlag machen kann, ohne sich so etwas anhören zu müssen.

– Aber es ist doch so!

– Ist ja auch sehr interessant, dass du eine Reise mit deiner Mutter anstrengend findest.

– Aber du weißt doch, wie ich das meine.

– Wie meinst du das denn?

– Na, alles ist so angespannt.
– Ach, und alles natürlich meinetwegen?
– Früher war es oft wegen dir, jetzt ausnahmsweise mal nicht.
– Na danke. Du kannst dir doch überhaupt nicht ausmalen, wie das ist als Alleinerziehende!

Clara sieht Niklas etwas irre an.
– Was soll das denn immer mit dem alleinerziehend?, fragt Niklas mit nörgelnder Stimme. Da waren ja auch noch andere.
– Da kannst du wohl von Glück sagen, dass die da waren. Und ich auch.

Niklas zögert.
– Muss das denn gleich heißen, dass Dinge nicht hätten anders sein können?

Ihre Empörung wird jetzt übermächtig.
– Willst du eigentlich jetzt, wo sich alles so gut gefügt hat, wieder von vorn anfangen, ja? Willst du das?

Doch bevor Niklas darauf etwas einfällt, ist sie durch die Terrassentür hinaus, greift nach dem Eimer, kniet sich auf den Rasen und beginnt, Walnüsse zu sammeln.

Wenige Wochen später rauschen sie mit dem kleinen flotten Mietwagen, den Clara aus Angst, man könne vor Ort übers Ohr gehauen werden, schon vorab samt Rabatt gebucht hat, durch die Dünenlandschaft. Ihr Fuß tritt das Pedal in den Boden, während Niklas mürrisch das Tachometer betrachtet.

Sonderlich viel gesprochen haben sie bislang noch nicht. Dafür fehlt noch die Konzentration, denkt er. Weil er aber weiß, dass sie trotz ihrer immer noch intakten Abwehr diesen Themen gegenüber momentan verhältnismäßig offen ist und es nun einmal zu den Intentionen dieser Reise gehört, miteinander zu reden, wenn man sich schon zu ihr entschließt, unternimmt er einen neuen Versuch.
– Ich möchte wirklich nur einmal wissen, warum ihr immer

so wenig mit mir darüber gesprochen habt. Ich meine, ich habe schon so oft gefragt, warum manches so oder so gewesen ist, und jedes Mal wurde gleich von vornherein nur gesagt, ich soll nicht immer so viel fragen. Aber wenn ich nie eine Antwort bekomme, muss ich nur immer mehr fragen, worauf dann wieder gesagt wird, dass ich nicht schon wieder damit anfangen soll, was mich noch ungeduldiger und wütender gemacht hat, und immer so weiter. Findest du, das ist gute Didaktik?

– Ach Gott, seufzt Clara gedehnt, jetzt kommen wieder diese schlauen Reden. Wann hört das nur mal auf?

– Ich rede nicht schlau. Wenn das schlaues Reden sein soll, dann hör ich nie auf! ... Was ist eigentlich so schlimm daran, nach ein bisschen Klarheit zu verlangen? Die Oma war immer ganz klar zum Beispiel.

– Das glaubst du also?

– Ja. Und ob.

– Jetzt hör mal gut zu, mein lieber Sohn, du kannst gern so spießig leben, wie du willst, aber mach mir nicht die Freiheit madig, die ich mir und die auch andere sich unter ständiger Angst ganz langsam erarbeitet haben. Du hast ja keine Ahnung, wie das war.

– Ich will ja auch niemanden angreifen. Ich will einfach etwas für mich! Ich will erfahren, was ihr euch dabei gedacht habt, und darüber nachdenken. Das ist eine Chance für dich, verstehst du?

Clara schnaubt und schmunzelt.

– Leb du erstmal, sagt sie, dann sprechen wir uns wieder.

In diesem Moment wirkt es auf Niklas, als würde es um sie herum immer heller, der Himmel lichter und noch blauer als ohnehin schon, und als sie eine kräftige Steigung hinter sich lassen, taucht es vor ihnen auf, schaumig und unruhig, das Meer. Der Wind wird noch einmal kühler, nachdrücklicher, sodass Clara mit dem kleinen Knopf die Scheiben hochfährt. Neben ihnen taucht eine schmale Straße auf, die den Hang hinunter zur Bucht führt, und nun wirkt es auf Niklas, als brächte es angesichts des dort unten auftauchenden Ortes ohnehin nichts mehr, etwas zu sagen. Nun muss er warten, wie seit eh und je.

Clara aber erfasst neuer Schwung. Leicht werden ihre Lenkbewegungen, die Griffe zur Schaltung. Blankes Staunen durchfährt sie. Niklas beobachtet, wie sich der Kopf seiner Mutter hin- und herbewegt, vom Meer zu Niklas und wieder zurück.

Sie gelangen an die Promenade, sofort fährt Clara rechts ran. Ein nachtblauer Sportwagen überholt sie und hupt. Clara öffnet die Tür und steigt aus, läuft über die Straße zum Wasser. Niklas folgt ihr, aber beinahe noch mehr ihrem Blick, der schon weit draußen ist, erkennt erst nach einigen Metern, als sie sich nach ihm umsieht, die Tränen, versucht zu begreifen, was sie dort sieht, und weiß nicht, dass es schon nicht mehr das *was* ist, das sie packt, sondern das *wie*. Als würde sie von Neuem beginnen, zu sehen.

DANK

Ich bedanke mich bei Hannah Frischkorn für Verständnis und Rückhalt jeder Art, bei Angela Tsakiris, ohne die dieser Text zwischenzeitlich auch hätte implodieren können, bei Lara Sklorz, Hermine Born, Christel Mahnke, Matthias Barella und Reynol Perez für Gespräche über Familie, Motivik, Vergangenheit und Zukunft, bei Kelly Coutinho Szinovatz und Andreas Szinovatz für das zeitweise Überlassen eines ganz besonderen Ortes. Und vor allem bedanke ich mich bei meiner Mutter.

Die Wendung, jemanden so lange freundlich anzusehen, bis es nicht mehr freundlich ist (S. 23), habe ich aus Ralf Rothmanns Roman *Hitze*. Die Selbstreflexion Claras (S. 275) ist inspiriert von einer solchen im Roman *Genau mein Typ* von Björg Magnúsdóttir. Das Ringen Rezas mit sich selbst, die eigene Heimat für immer zu verlassen (S. 88) ist angelehnt an eine Phantasmagorie aus Tomas Espedals Buch *Gehen. Oder die Kunst, ein wildes und poetisches Leben zu führen*. So viel zu meinen Fundstücken im Strandgut.

Der Autor dankt der Kunststiftung NRW
für die Unterstützung der Arbeit an diesem Buch.

FSC
www.fsc.org
MIX
Papier aus verantwortungsvollen Quellen
FSC® C083411

Erste Auflage 2019

Umschlaggestaltung: Nurten Zeren, www.zerendesign.com
Satz: Fagott, Ffm
Gesetzt aus der Sabon und der Pacific
Druck und Verarbeitung: CPI books GmbH, Leck
Gedruckt auf säurefreiem und chlorfrei gebleichtem Papier
Printed in Germany
ISBN 978-3-8321-8367-7

www.dumont-buchverlag.de